Geschichte Dithmarschens

Verein für Dithmarscher Landeskunde e.V.
Redaktion: Martin Gietzelt

GESCHICHTE

1559–1918

DITHMARSCHENS

BOYENS

Herausgegeben vom Verein für Dithmarscher Landeskunde e. V.

ISBN 978-3-8042-1404-0
© 2014 by Boyens Buchverlag GmbH & Co. KG, Heide
Alle Rechte vorbehalten
Herstellung: Boyens Buchverlag
Gestaltung: Dörte Kromrei
Druck: BELTZ Bad Langensalza GmbH, Bad Langensalza
Printed in Germany

www.buecher-von-boyens.de

Inhalt

Exkurs:
Dithmarschens Köge

Exkurs:
Literatur aus Dithmarschen

Exkurs:
Kunst und Kunstgewerbe
in Dithmarschen

Quellen- und Literaturverzeichnis   184

Vorwort

Als im Jahre 2000 das umfangreiche, aufwändig illustrierte und 560 Seiten starke Buch mit der „Geschichte Dithmarschens" im Verlag Boyens erschien, konnte niemand ahnen, wie schnell es vergriffen sein und wie bald sich die Frage stellen würde: Zweite Auflage oder überarbeitete Neufassung. Verlag und Herausgeber entschieden sich für die Neufassung in drei Bänden. Sie halten den zweiten dieser drei Bände in Händen, in dem Sie die nach neuesten Forschungsergebnissen aktualisierten Beiträge und etliche neue Abbildungen finden werden. Mit diesem zweiten Band der Geschichte Dithmarschens begeben wir uns in eine Zeit, die auf den ersten Blick weniger aufregend ist als das 20. Jahrhundert, von dem der 2013 erschienene erste Band handelt, weniger erdgeschichtlich umwälzend als die Frühzeit und weniger geschichtsträchtig als die Periode der Bauernrepublik, von denen der dritte Band berichtet, der im nächsten Jahr herauskommen wird. Trotzdem geschah in den Jahren zwischen 1559 und 1918, die dieser Band umfasst, nicht nur in der großen Welt, sondern auch im überschaubaren Dithmarschen Vieles, was Leben und Landschaft dauerhaft veränderte Europäische Kriege gingen nicht spurlos an Dithmarschen vorbei, die Fürstenherrschaft führte zu Veränderungen in Rechtsordnung, Verwaltung und Kir-

che, Seuchen, Sturmfluten und Missernten erschütterten das Land, Deichbau und Landgewinnung machten Dithmarschens Fläche größer. Bedeutende Männer betraten die Szene, allen voran Carsten Niebuhr . Schleswig-Holstein und damit Dithmarschen wurden preußisch, ein sozialer Wandel setzte ein und der Erste Weltkrieg forderte auch in Dithmarschen seinen Tribut. Die 359 Jahre zwischen 1559 und 1918 waren vielleicht nicht so spektakulär wie die Zeit unmittelbar zuvor, als um den Erhalt der Bauernrepublik gekämpft wurde, oder die Zeit danach, als Dithmarschen in den Strudel der NS-Zeit geriet, als der Zweite Weltkrieg, die Nachkriegsjahre, Industrie und Windkraft unsere Region veränderten. Aber für das Selbstbewusstsein, das Selbstwertgefühl der Dithmarscher und für die Entwicklung des Gebietes zwischen Nordsee, Eider, Gieselau und Elbe, waren es äußerst bedeutsame Jahrhunderte. Der Verein für Dithmarscher Landeskunde als Herausgeber der „Geschichte Dithmarschens" dankt allen Autoren und allen Dithmarschern, die Bildmaterial zur Verfügung stellten. Ein besonderer Dank gilt Herrn Bernd Rachuth als Vertreter des Hauses Boyens Medien in Heide und Herrn Martin Gietzelt, der wiederum die Redaktion für dieses Geschichtswerk übernommen hat.

Anneliese Peters
Stellvertretende Vorsitzende des
Vereins für Dithmarscher Landeskunde

Hans-Harald Böttger
Leiter des Arbeitskreises
„Geschichte Dithmarschens"

Zu diesem Buch

Der zweite Band der Neuauflage der „Geschichte Dithmarschens" umfasst den Zeitraum von 1559–1918 und enthält zusätzlich Exkurse zur Kunstgeschichte und zum Deichbau. Er bildet damit das chronologische Mittelstück der Gesamtgeschichte Dithmarschens. Während die Geschichte des 20. Jahrhunderts bereits seit 2013 als Neuauflage vorliegt, wird der Abschnitt Ur- und Frühgeschichte bis 1559 im nächsten Jahr herauskommen.

Mit Blick auf die Erinnerungskultur der Dithmarscher wird von Fachleuten hin und wieder etwas spöttisch formuliert, dass das Interesse der Dithmarscher an ihrer Geschichte mit der Niederlage von 1559 und dem Ende der Eigenständigkeit endet. Historisches Bewusstsein für die eigene Geschichte sei an der „großen" Zeit der Republik Dithmarschen orientiert unter Ausblendung anderer Leistungen und des eigenen Versagens.

Sollte an diesem Verdacht etwas dran sein, so dient der vorliegende Band dazu, das Verständnis für den Zeitraum von 1559–1918 zu heben, in dem Dithmarschen nur noch ein kleiner Teil größerer staatlicher Einheiten ist. Zudem bleibt es fortan für mehr als zwei Jahrhunderte geteilt. Beides aber bedeutet ein Spannungsverhältnis von Handlungsspielräumen und Abhängigkeiten, das herausgearbeitet werden muss. Es öffnet den Blick für die besonderen Dithmarscher Leistungen im beschriebenen Zeitraum.

Beginnend mit der klugen Verhandlungspolitik der Dithmarscher Unterhändler bei den Kapitulationsverhandlungen von 1559, zeigt sich eine historische Linie der Sicherung von Dithmarscher Sonderrechten, die erst mit der Einbeziehung in den preußischen Staat 1867 in wesentlichen Aspekten endet. Eine zweite Linie besteht in der Nachverfolgung des Verhältnisses der beiden Landschaften Dithmarschens zueinander auch und im Besonderen als Teile ihrer streitenden Landesherrschaften. Ob die Vereinigung im dänischen Gesamtstaat ab 1773 einen realen und mentalen Effekt in Dithmarschen hatte, ist eine Teilfrage im Gesamtkontext.

Eine weitere wichtige Frage ist, ob die europäischen revolutionären Entwicklungen zur Mitte des 19. Jahrhunderts in unserer Region einen starken Widerhall gefunden haben. Diese kann mit der Biographie eines der bedeutendsten Dithmarscher Persönlichkeiten – Hans Reimer Claussen – nur begrenzt beantwortet werden, denn Claussens politischer Weitblick hatte nur eine geringe Verwurzelung im politischen Bewusstsein der Dithmarscher.

Wer nach Bedeutung von Dithmarschen und Dithmarschern in der Geschichte sucht, wird in der Literaturgeschichte fündig werden. Mindestens Boie, Niebuhr, Hebbel und Groth haben weit über die Grenzen Dithmarschens und Schleswig-Holsteins hinaus ihren Rang. Sie künden von einer erstaunlichen kulturellen Blütezeit im späten 18. und 19. Jahrhundert, der allerdings wenig und wie im Falle von Gustav Frenssens auch Zweifelhaftes folgte.

Insgesamt betrachtet, gibt es also in diesem Abschnitt der Dithmarscher Geschichte vieles zu fragen und mit der Beantwortung eine Menge zu entdecken.

Für die Erstellung des Buches gilt mein Dank zuallererst den Autoren, die als Fachleute für die jeweiligen Kapitel stehen. Für die Bebilderung habe ich wiederum Hilfe von landeskundlich Interessierten erfahren, durch die manche Abbildung ergänzt werden konnte. Hans-Peter Peters, Kai Rönnau, Manfred Schlüter und Dr. Hans-Karl Wrede bin ich dafür zu Dank verpflichtet. Nicht zum ersten Mal muss ich aber Hella und Jürgen Christiansen besonders herausheben, die beide schon viele Jahre zeigen, wovon Landeskunde in der Region lebt – nämlich von „preußischen Tugenden" sowie Interesse an und Leidenschaft für die Sache.

Abschließend gilt mein Dank Bernd Rachuth, dessen professionelle und persönliche Begleitung immer Ermutigung und Ansporn sind.

Martin Gietzelt

Dithmarschen unter der Fürstenherrschaft (1559–1773)

Von Reimer Witt

1. Die Neuordnung

a. Die Kapitulationsurkunde

Sehr zur Überraschung der Sieger, wie der Ausruf: „Gottes dusent! de Buer will sick geven!" bei der Ankunft von drei Dithmarscher Predigern im fürstlichen Lager verdeutlicht, hatte sich das Kollegium der Achtundvierziger noch am Abend der Schlacht um Heide in Wöhrden zusammengefunden und sich zu einem Verhandlungsangebot durchgerungen. Die Übergabe ihres Schreibens bildete den Beginn eines überaus zähen Ringens um die endgültige Fassung der Unterwerfungsbedingungen. Die jüngere Forschung ist sich durchaus einig, dass am Ende der Verhandlungen ein gegenseitig beschworener Vertrag stand und kein Unterwerfungsdiktat vergleichbar dem Versailler Frieden von 1919.

Dennoch war es ein langer und keineswegs selbstverständlicher Weg bis zum Vertragsschluss. Schon bei der Ankunft der Dithmarscher Unterhändler stellte sich im Zelt des verwundeten Herzogs Adolf, in dem sich die Fürsten und Befehlshaber mit Rücksicht auf den Verwundeten versammelt hatten, die Frage, „efft man de Ditmerschen vordan [fortan] dorch Kri[e]g vorhe[e]ren unnd vorderven scholde, edder efft [ob] man se tho Gnaden anne[h]men solte." Es wird Herzog Adolf von Freund und Feind und auch in der Forschung hoch angerechnet, dass er trotz seiner schmerzhaften Wunde dafür plädierte, die Feinde in Gnaden anzunehmen und mit ihnen Frieden zu schließen.

Die Friedensbereitschaft der Fürsten war insbesondere von zwei Gründen getragen. Zum einen hätte die Vernichtung der Dithmarscher unabsehbare Schäden für die weitere Zukunft bedeutet. Ein entvölkertes und verwüstetes Land hätte keine Steuern eingebracht. Die Infrastruktur, wie Dämme, Schleusen und damit auch weite Strecken der Marschländereien und nicht wenige Wege, Felder, Dörfer und Kirchen wären zerstört worden, und keine landeskundigen Einwohner hätten sie wieder herrichten und an die blühende Wirtschaft des Bauernstaates anknüpfen können. Zum andern wäre zu befürchten gewesen, dass sich landhungrige Obristen und Soldaten der Siegerarmee in dem fruchtbaren Dithmarschen eingenistet und wieder einen ständigen Unruheherd gebildet hätten. Man hätte also den Teufel mit dem Beelzebub ausgetrieben.

Neben den materiellen Überlegungen standen aber auch politische Gründe, die Ansätze für den Weg zum modernen Staat kennzeichnen. Günter Will hat in seinen Untersuchungen besonders herausgearbeitet, dass „der Erfolg eines Krieges ... nicht vom Sieg auf dem Schlachtfeld bestimmt [wird], sondern von der erfolgreichen Gestaltung des Friedens. ... Die Forderung, dass das ‚Kriegsziel' ein ‚Friedensziel' sein muss, geht aus der Idee der neuzeit-lichen Staatlichkeit hervor." Sie verlange das Alleinrecht legitimer Gewaltanwendung zur Friedewahrung nach innen und nach außen. Diesem Gedanken – so Will – seien die modernen Fürsten besonders verbunden gewesen, während die Dithmarscher „Landgemeinde noch keine [entsprechende] politische Instanz entwickelt hatte, die eine Friedensordnung innerhalb ihres Landes zu garantieren vermochte".

Gegen diese vermeintliche Rückständigkeit des bäuerlich-genossenschaftlichen Gemeinwesens sprechen im Allgemeinen nicht nur die Forschungen Heinz Stoobs, sondern in dieser speziellen Situation auch die geschickte Diplomatie, mit welcher die Achtundvierziger jetzt in der entscheidenden Verhandlungsphase Möglichkeiten der Friedensgestaltung durch ihre Unterhändler ausloteten und ihren Vorstellungen entsprechend nutzten. Natürlich war ihr optimales Verhandlungsziel nicht erreichbar, wie die dänische Königinwitwe es in ihrem Plöner Schreiben vom 15. Juni 1559 an Elisabeth von Mecklenburg formulierte: Sie „wollten die Fürsten für ihre Obrigkeit erkennen, doch mit der Bitte sie bei ihrer alten Freiheit zu lassen. Weil aber solches in keine Wege gelegen, ward eine andere Capitulation vorgeschlagen".

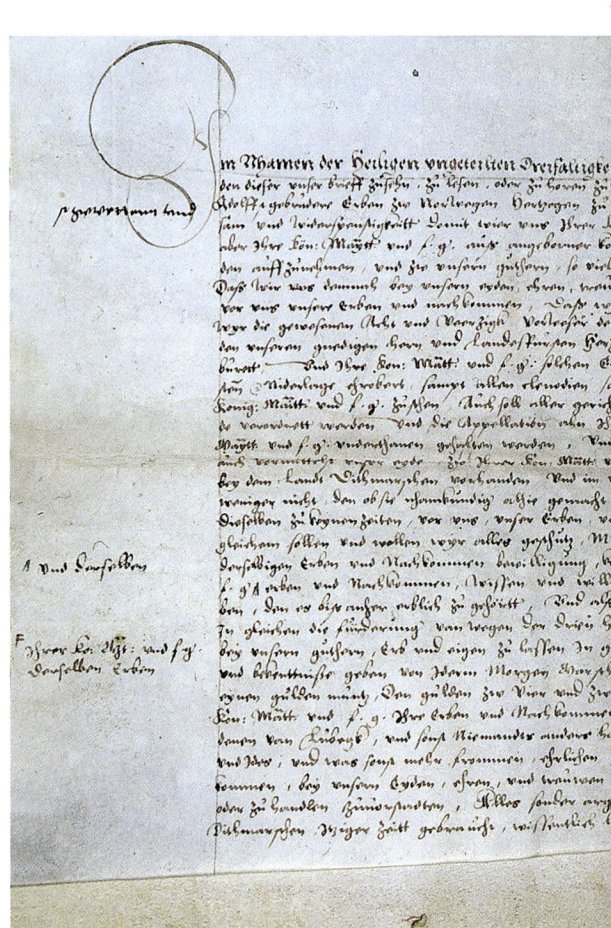

Am Anfang stand ein „Bedenken", das der Feldmarschall Johann Rantzau und die fürstlichen Räte nach ersten Gesprächen mit den Dithmarschern aufgestellt, nach Erörterungen mit den Fürsten aber schon abgemildert hatten. So blieb den Dithmarschern die schmähliche Bestimmung erspart, dass ihnen nur ein an der Spitze abgebrochenes Messer zum Brotschneiden gelassen werden sollte. Beschränkungen des Versammlungsrechts wurden zurückgenommen und die Erwähnungen von „verordneten Amptleuthen und Bevelichhebbern" der Fürsten im unterworfenen Land fallengelassen.

Wohl aber fanden sich auch in der ersten Fassung der Kapitulation, die den Bauern ausgehändigt wurde, noch deutliche Härten, wie die Aufgabe aller Hoheitsrechte, die Übernahme der gerichtlichen Berufungsinstanz durch die Fürsten, die Festlegung hoher Abgaben von Äckern und Weiden, die Erstattung von Kriegskosten in Höhe von 600000 Reichstalern (Rtl) und die Errichtung von drei Festungen auf Dithmarscher Boden. Hinzu kamen die Forderungen nach Rückgabe der Beute von Hemmingstedt, darunter insbesondere der Fahnen mit dem Danebrog und der Juwelen der Fürsten, ferner die Ablieferung aller Waffen, die Schleifung der Hammen, die Aufsagung aller

Bündnisse, die Auslieferung von allen Urkunden und Verträgen mit dem Papst, Kaiser und Bremer Erzbischof oder den Hansestädten Hamburg und Lübeck.

Die Argumentation der Achtundvierziger zeigt deutlich, dass sie keinen Zweifel an der Notwendigkeit ihrer Unterwerfung hatten: „dar it anderst ja nicht sin kan!" Die Regenten entsagten ihrer „gehapten regierung und verwaltung" und übertrugen alle Hoheits- und Schutzrechte, Regalia und Gerechtigkeiten auf die neuen Landesherren.

Im Übrigen war ihr Streben aber darauf gerichtet, unbillige Härten zu mildern und möglichst auch besondere Bedingungen zu erreichen, die sie mit ihnen verwandten, genossenschaftlich geprägten Gebieten gleichstellten. In langem und zähem Ringen gelang es ihnen nach mehrfachen Zwischenschritten, die Kriegskosten abzuhandeln, die Errichtung fester Häuser und damit verbundener Hofdienste abzuwehren, in Steuerangelegenheiten mit dem Ackerschatz von dem Marschland und der halben Aussaat von der Geest eine Rücksichtnahme auf die natürliche Beschaffenheit ihres Landes durchzusetzen und in Fragen des Besitz- und Erbrechts an Boden, Häusern und Vermögen sowie in den Untertanenpflichten eine bevorrechtete

Kapitulationsurkunde (Verschreibung) der Dithmarscher vom 20. Juni 1559.

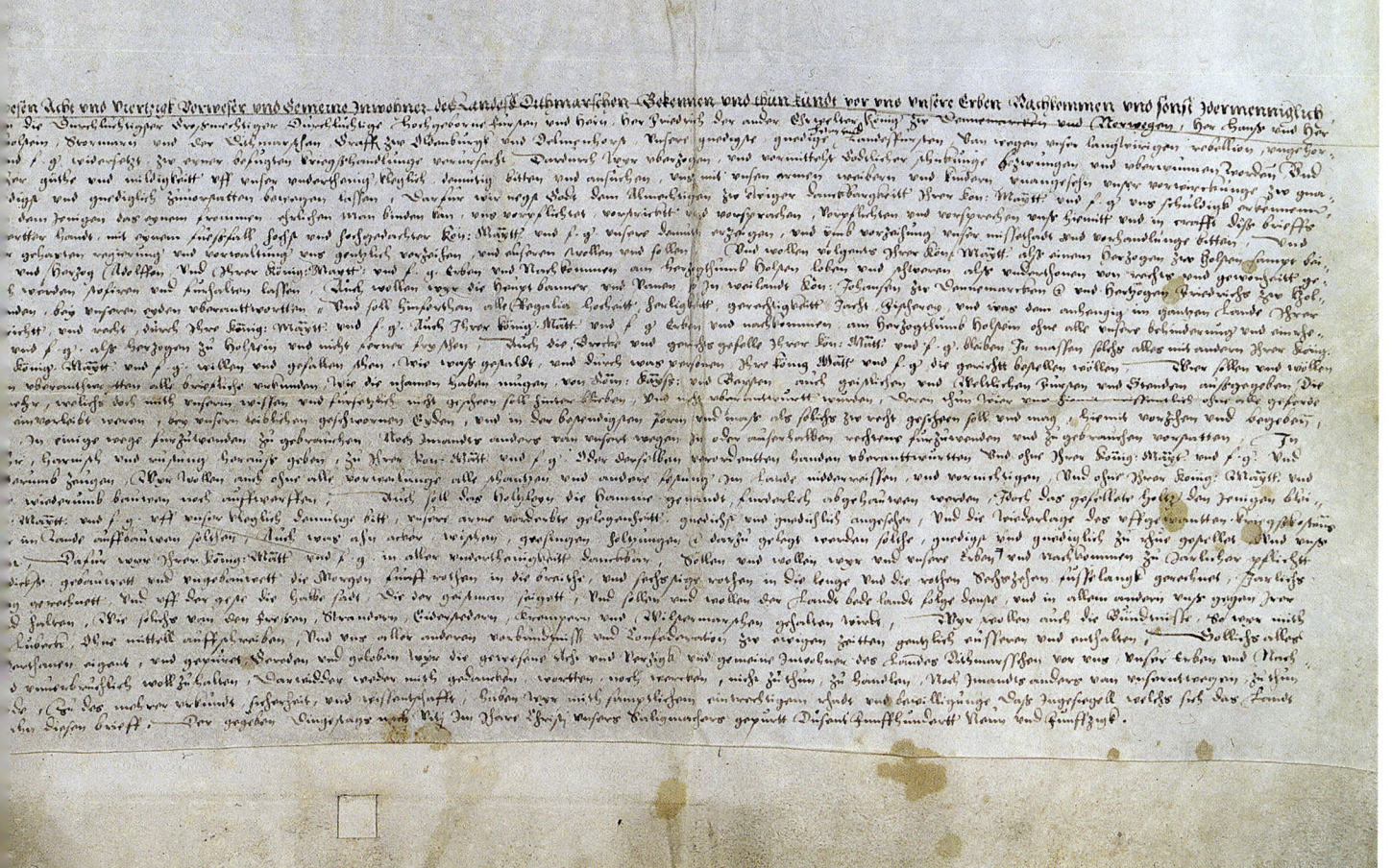

Umstrittener Grenzverlauf zwischen dem Norder- und Mitteldrittenteil Dithmarschens von Süderdeich (unten) bis Süderheistedt (oben), 1567/68. Die Karte zeigt links nach Norden, rechts nach Süden.

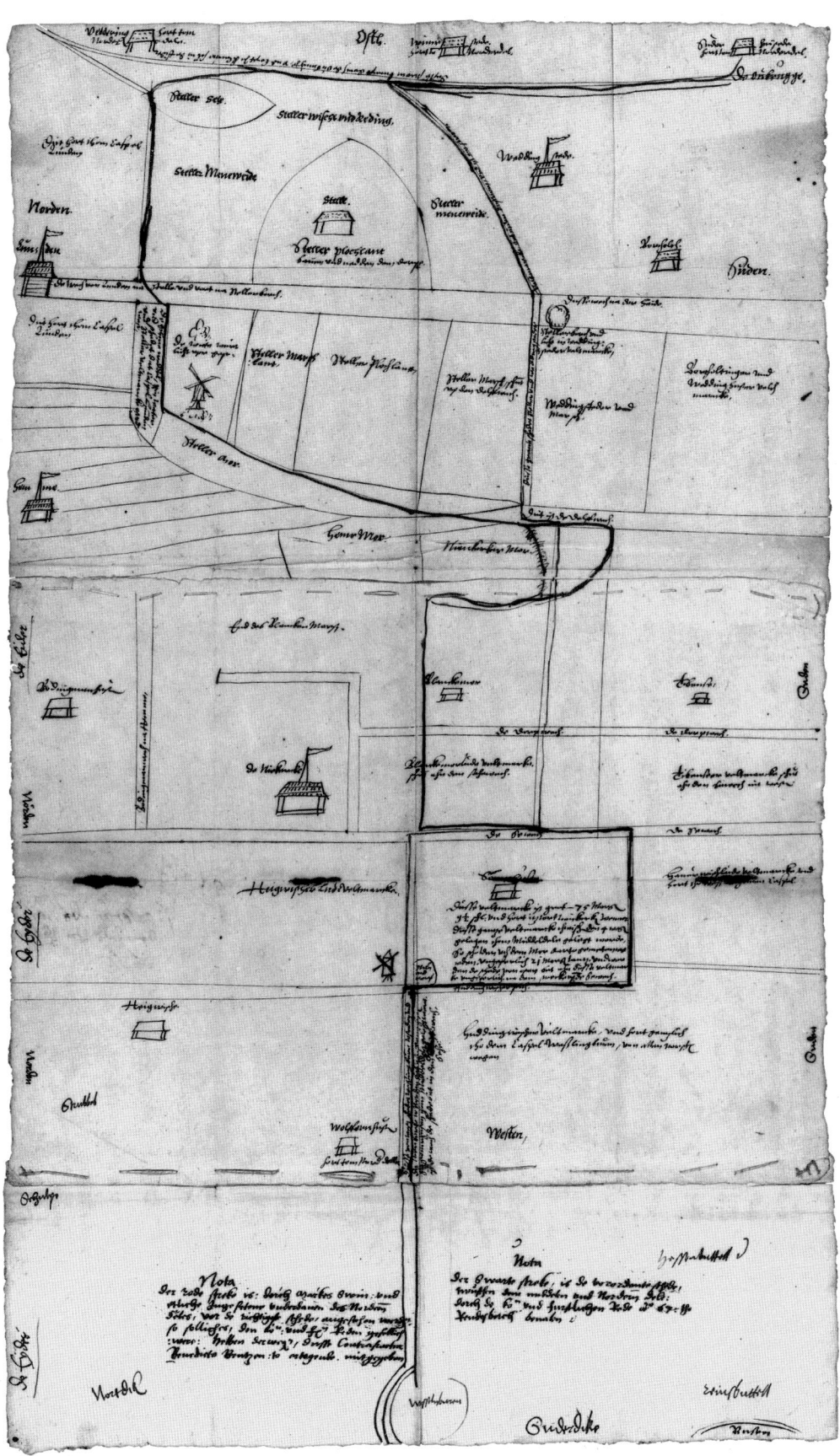

Stellung wie die benachbarten Nordfriesen zu erreichen. Von großer Bedeutung waren auch die Garantien der Landesherren für den Rechtsschutz und die Freizügigkeit der Dithmarscher in den Herzogtümern.

Die umfassenden Vereinbarungen wurden in sogenannten Verschreibungen, den Kapitulationsakten, vom 19. und 20. Juni 1559 niedergelegt. Sie bilden mühsam ausgehandelte, gegenseitig beschworene Vertragswerke. Bemerkenswert ist, dass die Dithmarscher Ausfertigung später ausgestellt wurde als die fürstliche und erst nach der Huldigung unterzeichnet und ausgehändigt wurde – ein Zeichen mehr, wie hartnäckig die Dithmarscher Diplomaten bis zum letzten Moment gerungen hatten. Jedoch muss ebenso herausgestellt werden, dass ein endgültiger Schlussstrich unter den Dithmarscher Freistaat gezogen war

Der Verlust der Freiheit wurde für alle schmerzlich in der Huldigung offenkundig. Am Montag, dem 19. Juni 1559, morgens um 10 Uhr kam die Dithmarscher Mannschaft mit ihren Waffen, Spießen, Gewehren, Harnischen und den letzten Geschützen – 10 an der Zahl – von Wöhrden Richtung Heide gezogen, lieferten sie an die Sieger aus und stellten sich zwischen Lohe und Rickelshof in einem Ring um die Herzöge Adolf von Gottorf und Johann von Hadersleben sowie Johann Rantzau als Vertreter des abgereisten Königs und den fürstlichen Räten auf. Sie selbst wurden von der herzoglichen Reiterei umstellt. Mit entblößtem Kopf fielen die freiheitsgewohnten Dithmarscher auf die Knie, beugten den Nacken und leisteten den Huldigungseid.

Am Ende der Dithmarscher Republik stand kein prächtiges Landessiegel mehr. Nach der siegreichen Schlacht bei Hemmingstedt hatte der Siegelstempel noch einen Durchmesser von 8 cm angenommen und zeigte in bester Siegelstempelkunst „auf gerautetem Grund … die gekrönte und nimbierte Jungfrau Maria, die mit der rechten Hand das reichdrapierte Obergewand hält, während sie auf dem linken Arm das [Jesus]Kind trägt, dessen Haupt mit Strahlen und Nimbus geschmückt ist. Links neben ihr [steht] ebenfalls im langen faltigen Gewand eine männliche, bartlose Figur, das lockige Haar mit einer Krone und dem Nimbus geschmückt. In der Rechten hält der gekrönte Heilige ein gegen die Schulter gelehntes Zepter, in der linken Hand die Weltkugel, von links fliegt ein Vogel auf ihn zu, der einen Siegelring im Schnabel trägt" (Karl Boie, Kiel 1926). Dieses Beizeichen verrät, dass es sich bei dieser Figur um den Heiligen Oswald handelt. An seinem Namenstag, dem 5. August (642) hatten die Dithmarscher im Jahre 1404 ihren Sieg über Graf Gerhard IV. bei der Süderhamme erfochten.

Jetzt gut 150 Jahre später und nach einer schweren Niederlage war kein Platz mehr für ein heroisches Zeichen. Die Kapitulationsurkunde vom 20. Juni 1559 ist mit einem kleinen Siegel von nur 3,5 cm Durchmesser beglau-

bigt. Es zeigt „in halber Figur die Mutter Gottes, von deren gesenktem Haupt als einziger Schmuck ein Schleier herabhängt. Sie hält die Arme vor der Brust verschränkt, im rechten Arm ruht das [Jesus]Kind. Von rechts oben ragt ein Schwert empor, dessen Spitze ihre Brust durchbohrt." Es ist die „mater dolorosa", die schmerzensreiche Mutter Gottes, wie auch Albrecht Dürer sie dargestellt hat.

Trotz aller Bitterkeit, die in dem Verlust der Freiheit lag, wussten doch auch schon die Zeitgenossen um die größeren Zusammenhänge, in welche die letzte Fehde zu stellen war. Neocorus, der Büsumer Diakon und Chronist unserer Dithmarscher Geschichte, urteilt Ende des 16. Jahrhunderts abgewogen: „Victoriae finis est, ut in pace vivatur ac sine injuria et metu. Also hebben de Hern sich sehr gelimplich gestellet, unnd de Dithmarschen, de sunst in steden Fruchten stunden unnd sthaen musten, wen se van Krigen unde Knechten gehört, in Freden gesettet." Das galt für die Verhältnisse in unmittelbarer Nachbarschaft, schützte aber nicht bei der Verwicklung der neuen Landesherren in Kriegshandlungen, die gerade im 17. Jahrhundert auch Dithmarschen heimsuchen sollten.

b. Die Landesteilungen

Unmittelbar nach der Unterwerfung Dithmarschens machten sich die Fürsten an die Neuordnung des Landes und an die Integration in ihre Hoheitsgebiete. Auf dem ersten Rechtstag in Rendsburg am 8. Juli 1559 wurden die

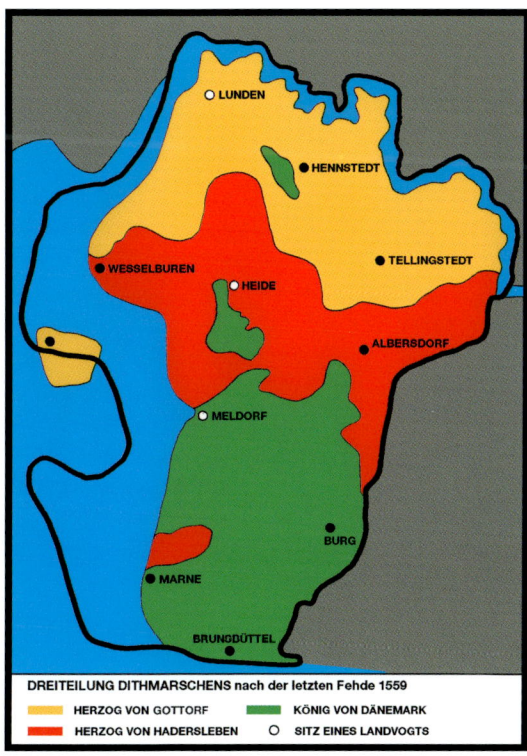

DREITEILUNG DITHMARSCHENS nach der letzten Fehde 1559

- ▨ HERZOG VON GOTTORF
- ▨ HERZOG VON HADERSLEBEN
- ▨ KÖNIG VON DÄNEMARK
- ○ SITZ EINES LANDVOGTS

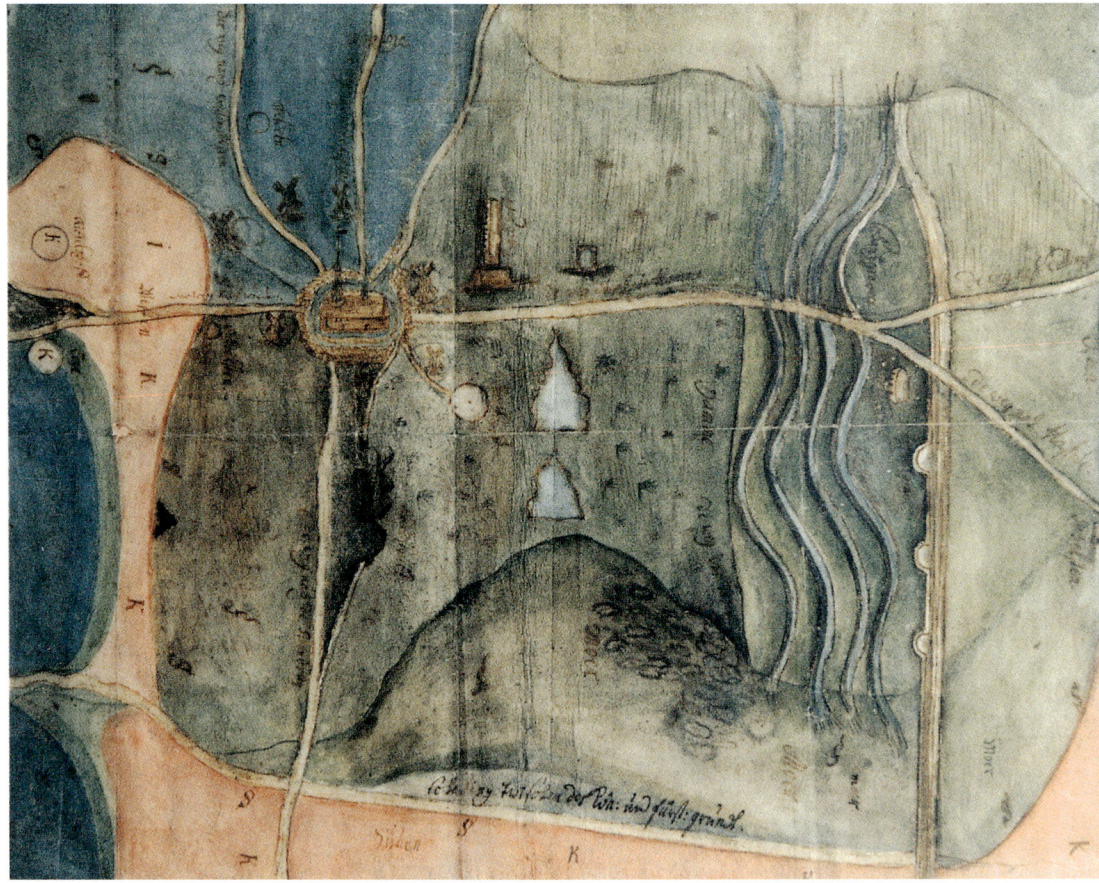

Karte von Heide und Umgebung aus den 1580er Jahren. Sie entstand aus Anlass der endgültigen Grenzziehung zwischen königlichem und fürstlichem Anteil des eroberten Dithmarschens. Mit „K" ist der königliche Anteil und mit „F" der fürstliche Anteil markiert. Die Stadt Heide ist durch die Kirche St. Jürgen bezeichnet.

Strukturen deutlich, die nach den Vorstellungen der drei Landesherren künftig Ruhe, Frieden und Einigkeit sowie innere Verwaltung, Gerichtswesen und Recht in dem besiegten Dithmarschen prägen sollten. Zur Aufrechterhaltung von Justiz und Verwaltung und – vorerst – nicht aus Gründen einer Erbteilung sollte das Land in drei Distrikte eingeteilt werden.

Auf die Neuordnung hatten sich nicht nur landesherrliche Räte vorbereitet. Die Dreiteilung Dithmarschens war unter Beteiligung der 24 Geiseln, die von den Besiegten zu stellen gewesen waren, und von je zwei Vertretern der Kirchspiele beraten worden. Die vorläufige Aufteilung wurde umgehend vollzogen. Der endgültigen Form ging dann in den nächsten Jahren eine sorgfältige Vermessung des Landes voran, bei der es vielerlei Einzelfragen zu klären und vor allem der Widerstand Herzog Adolfs bei der Aufteilung der Tielenhemmer Niederung zu überwinden waren. Schließlich entließen die Herzöge Adolf von Gottorf, Johann von Hadersleben und der Statthalter Heinrich Rantzau als Bevollmächtigter des dänischen Königs, Friedrichs II., die Dithmarscher am 5., 6. und 7. November 1571 aus ihrer gemeinsamen Huldigung und ließen die Eingesessenen der einzelnen Landesdrittel auf den Marktplätzen von Meldorf, Heide und Lunden ihrem jeweiligen Landesherrn den Treueid schwören.

Doch sollte das Land seine für fast 400 Jahre geltende Zweiteilung erst nach dem Tode von Herzog Johann dem Älteren finden, als dessen Anteil nach einem Gutachten des Lundener Landschreibers Anton Reich, nach wiederholter Grenzbesichtigung durch fürstliche Räte und nach erneuter Eidesleistung der Untertanen am 11. und 12. November 1581 auf Norder- und Süderdithmarschen aufgeteilt wurde. Die Aufteilung stellte zumeist die mittelalterliche Kirchspielsgliederung wieder her. Nur das Kirchspiel Wöhrden wurde in zwei Jurisdiktionsbereiche, eine fürstliche Kirchspielvogtei Norderwöhrden und eine königliche Kirchspielvogtei Süderwöhrden, aufgeteilt. Von dem alten Kirchspiel Nordhastedt wurden die Dörfer Bennewohld und Süderholm verwaltungsmäßig unter die Kirchspielvogtei Heide gelegt. Die zum Kirchspiel Hennstedt gehörige Dorfschaft Fedderingen blieb bis in das 19. Jahrhundert „eine königliche Insel im fürstlichen Meer" Norderdithmarschen, und wurde von Hemmingstedt aus verwaltet.

c. Die landesherrlichen Beamten

Nach der Unterwerfung machten sich die Fürsten unverzüglich daran, für die Rechtssicherheit in dem besiegten

Gouverneure in Süder-dithmarschen: Christian Graf von Pentz (gest. 1652), Detlev Graf zu Rantzau und Löwenholm (gest. 1697), Friedrich Ludwig Graf von Dehn (1697–1771), Friedrich Ernst Markgraf von Brandenburg-Kulmbach (1703–1762).

Land Vorsorge zu treffen. Sie riefen nur knapp vier Wochen nach der Kapitulation für den 8. Juli 1559 zum ersten Rechtstag nach Rendsburg ein. Ihr vorrangiges Ziel war es, eine schnelle Stabilisierung der neuen Verhältnisse und eine kurzfristige Beschleunigung der Rechtsprechung und eine pragmatische Neuregelung des Gerichts- und Verwaltungswesens herbeizuführen.

An Stelle einer reich gegliederten, freistaatlichen Verwaltung installierten sie eine recht bescheidene Be-

hördenorganisation. Der starke Zug zur Zentralisierung der Verwaltung und des Gerichtswesens sowie zur Rationalisierung der Verfahren wurde in der Einsetzung von nur je einem Landvogt und je acht Räten in jedem Landesdrittel deutlich. Hinzu kam je ein Landschreiber, der die landesherrlichen Steuern erheben und abrechnen, bei den Gerichtsverhandlungen das Protokoll führen, die Strafgelder einziehen und die Gerichtsurteile festhalten sollte.

An dieser Entwicklung hatten sowohl die 24 Geiseln als auch die je zwei Vertreter aller Kirchspiele teilgehabt und das Indigenatsrecht für ihre höchsten Beamten durchgesetzt. Bis auf die Landschreiber mussten sie jetzt und künftig „alle uth dem Lande Dithmarschen gebaren" sein. So hatten die ersten Landvögte Wolt Reimers in Heide und Marcus Swyn in Lunden schon dem Kreis der ehemaligen Achtundvierziger angehört und der in Brunsbüttel ansässige Jacob Harder mit dem Dienstsitz in Meldorf entstammte dem einflussreichsten Geschlecht des Süderstrandes.

Von den ihnen als Gerichtspersonen zugeordneten 24 Räten zählten mindestens neun zum alten Achtundviergerkollegium. Alle waren durchweg die reichsten Hofbesitzer ihrer Heimatorte und bestimmten fortan als Kirchspielvögte das politische Leben auf Kirchspielsebene. Das Indigenat wurde einer der „Grundpfeiler der Dithmarscher Selbstverwaltung." Denn in ihrem Amt waren die Land- und Kirchspielvögte sowohl Vertreter der landesherrlichen wie der landschaftlichen Interessen. Bei dem Doppelcharakter ihrer Funktion konnte die Herkunft aus dem eigenen Land und die gefühlsmäßige Bindung daran das Schwergewicht mehr auf die landschaftliche Seite verlagern.

Da aber unmittelbar nach der Neuordnung mancherlei Situation eintreten konnte, in der die Landvögte Rat und Entscheidungshilfe benötigten, ohne sich direkt an den Landesherrn wenden zu können, wurden drei Gouverneure eingesetzt, für den Meldorfer Teil Heinrich Rantzau, der königliche Statthalter, für den Heider der Rendsburger Amtmann und für den Lundener der Amtmann zu Gottorf. Auf diese Weise waren die Landvögte in ihrem Rang gegenüber den Amtmännern der benachbarten landesherrlichen Ämter von der Qualität eines Oberbeamten, der der landesherrlichen Regierung direkt unterstand, abgeschnitten. Auf diese Abstufung wurde insbesondere in Süderdithmarschen geachtet, für das bis in die Mitte des 19. Jahrhunderts regelmäßig Gouverneure ernannt wurden, während auf der gottorfischen Seite nach dem Tode des Eiderstedter Stallers Caspar Hoyer (1595) kein neuer Gouverneur für Norderdithmarschen eingesetzt wurde.

Nach dem Tode Herzog Johanns des Älteren und der Aufteilung seines Mitteldrittenteils entfiel die Aufgabe des Rendsburger Amtmanns als Gouverneur und das Amt des Heider Landvogts. Dagegen behielt der Gottorfer Herzog für Norderdithmarschen neben der Lundener auch die Heider Landschreiberei bei.

d. Das Landrecht von 1567

In den Kapitulationsakten war eine Neuordnung des Dithmarscher Rechtswesens angekündigt und dann auch auf

dem ersten Rechtstag am 8. Juli in Rendsburg in Gang gesetzt worden, „damit niemand rechtlos gelassen und Recht und Gericht in Schwung gebracht werde." Als vorläufige Grundlage sollte das alte Dithmarscher Landrecht gelten, dessen nach Meinung der Sieger gegen „Vornufft unde naturliche Billigkeit" verstoßende Artikel allerdings außer Kraft gesetzt wurden. Dazu zählten die Artikel 90 und 92 über die Gerichtsbarkeit der Bauerschaften und das Pfändungsrecht der alten Geschlechter, Artikel 102 über das agnatische Erb- und Vorkaufsrecht, das die Schwertseite der Tochter bei der Erbfolge bevorzugte, Artikel 107 über die Vormundschaft, die in Dithmarschen bereits bei einem Alter von elf Jahren und sechs Wochen aufhörte, und die Artikel 123 und 125 über die Grenzen letztwilliger Vergabung, die Frauen benachteiligte.

Weiterhin blieben die altdithmarsischen Bestimmungen über die Eideshilfe und über den Totschlag kassiert, die bereits die Dithmarscher Republik unter dem Einfluss der lutherischen Geistlichkeit für kraftlos erklärt hatte. Insgesamt wurden also die Vorschriften aufgehoben, die der Bibel, dem Augsburger Bekenntnis, den evangelisch-lutherischen Kirchengebräuchen und den Kapitulationsakten zuwiderliefen. Abgesehen davon, dass die Fürsten sich und ihren Hofräten ein letztes Entscheidungsrecht vorbehielten, sollten die drei Vögte und 24 Räte, die mit der gleichen Verordnung in den neu bestimmten Landesdritteln eingesetzt wurden, ohne Ansehen der Person nach bestem Wissen und menschlicher Vernunft „in pinliken unde borgerliken Saken, aver Liff, Ehre unde Gudt" Recht sprechen, damit am nächsten Montag (17. Juli) in Heide für den Mitteldrittenteil, am Mittwoch (19. Juli) in Meldorf für den Süderdrittenteil und am Freitag (21. Juli) in Lunden für den Norderdrittenteil beginnen und periodisch alle vierzehn Tage an ihren Dienstorten mit Gerichtssitzungen fortfahren. Im Zweifelsfalle konnten sich die Vögte um Rat an die Gouverneure wenden, zu denen auch den beschwerten Einwohnern der Weg offenstand.

Gleichzeitig wurde das Gerichtsverfahren mit den Formen der Ladung, neuer Beweisführung, der Beratung, der Urteilsfindung und -verkündung sowie der Appellation geregelt und damit den neuen, zentralisierten Gegebenheiten angeglichen. Den Gerichtsverordneten wurden Sitzungsgelder pro Gerichtstag und den Landvögten und Landschreibern feste Jahresgehälter zugesagt. Darüber hinaus konnten sie für jede Gerichtsladung und schriftliche Urteilsausfertigung noch zusätzliche Gebühren erheben. Über die Brüche (Strafgelder) und Gerichtsgebühren sollte der Landschreiber Buch führen, jährlich darüber vor seinem Landesherrn oder dessen Räten Rechnung ablegen und das sicher verwahrte Geld ausliefern.

Bei aller Priorität, welche die Fürsten der Rechtssicherheit eingeräumt hatten, hielten sie die von ihnen benannte Frist zur Schaffung eines neuen Landrechts bis Michaelis (29. September) 1560 nicht ein. Landesvermes-

sung und Teilungsvorbereitungen gingen vor; sie bedeuteten mehr Einnahmen und mehr Einfluss. Aber auch durch den Krieg König Friedrichs II. gegen Schweden wurde manche innenpolitische Frage zurückgestellt.

Andererseits waren auch für die Dithmarscher die entscheidenden Instrumentarien zur Friedewahrung geschaffen. Die Lösung einzelner Probleme, die sich in der Praxis schnell ergaben, betrieben sie von Fall zu Fall auf den nächsten Rechtstagen. Dabei konnten die Gerichtsverordneten ihre Position ein wenig ausbauen, als ihnen übertragen wurde, auf Kirchspielsebene „die Gelegenheit der Brüche fleißig zu erkunden" und darüber Buch zu führen. Damit knüpften sie an kommunale Zuständigkeiten des alten Schlüteramtes an, auch wenn letztlich der Landschreiber die Brüche zu verwalten hatte.

Bemerkenswert ist schließlich die Einsetzung von je zwei Eidgeschworenen in den Kirchspielen, die, von den Landvögten ernannt, zur Aufrechterhaltung der Ruhe und Ordnung auf Kommunalebene beitragen, insbesondere den Alkoholausschank vor Predigtbeginn und den Warenverkauf sowie Arbeit am Sonntag unterbinden und dem Landvogt Wucherei, Rauferei, Ehebruch und Unzucht anzeigen sollten. Sie standen bei der Ausführung ihrer unbeliebten Aufgabe unter dem besonderen Schutz der Landesherrn.

Neben allen pragmatischen Lösungen entwickelten die Dithmarscher dann aber bei Erbrechtsfragen eine besondere grundsätzliche Hartnäckigkeit. Denn die Anwendung des neuen gemeinen Rechts verbot alte dithmarsische Regelungen, wonach die Schwertseite, also die agnatischen oder männlichen Erbberechtigten, zur Hälfte neben den Töchtern der Erblasser erbberechtigt war. Für die Fürsten waren sie „beide Goth, den beschrieben und natürlichen Rechten, auch aller Erbargkeitt und Billigkeit zuwiddern." Vielmehr sollte „das negeste Bluth, es sei Sohn oder Tochter, in allewegen und für allen andern zu dem vatterlichen und mutterlichen Erbe ... hinfurder die rechten Erben sein und pleiben."

Der Pesel des Marcus Swyn von 1568.

Toten-Gedächtnistafel (Epitaph) von Carsten Witte aus Büsum von 1598.

In der Gegenargumentation der Dithmarscher finden sich Gründe, die auch in den nächsten Jahrhunderten immer wieder bei den Fürsten verfingen, wenn sie nämlich auf wirtschaftliche Nachteile hingewiesen wurden. So führten die Dithmarscher an, dass bei der erbrechtlichen Gleichstellung der Töchter die Höfe zersplittert würden und den jungen Bauern die Existenzgrundlage entzogen würde. Sie befürchteten ferner, dass die Töchter die zu ihren Ländereien gehörigen Deiche nicht in ordentlichem Zustand halten könnten, wenn sie z.B. durch Heirat in ein benachbartes Kirchspiel verzögen, so dass Deichbrüche und damit Einkommensverluste für die Landesherren drohten. Diese Gefahr leuchtete besonders König Friedrich II. ein, der seine Mitregenten zu einem Kompromiss bewegen konnte. Nach mehreren Anläufen der Dithmarscher wurde am 25. August 1561 beschlossen, dass Brüder und Schwestern zwar zu gleichen Teilen erbberechtigt sein sollten, „die nachgelassenen Ackere, Heuser, Landt und Erbgüter bei den Gebrüdern bleiben und auß denselben Gütern den Töchtern ihr Antheil an barem Gelde von den Brüdern heraußgegeben und bezalet werden" soll.

Einen grundsätzlichen Anstoß erhielt die Landrechtsfrage erst wieder im Spätsommer 1565, als Herzog Adolf u.a. seinen Kanzler Adam Tratziger beauftragte, unter Hinzuziehung der Vögte und rechtskundiger Dithmarscher die alten Dithmarscher Landrechte und -gewohnheiten

durchzusehen und auf dieser Basis ein modernisiertes, systematisches Recht zu entwickeln. Adam Tratziger, in Nürnberg geboren, war Professor der Rechte in Frankfurt an der Oder und in Rostock gewesen, bevor er zum Syndikus der Hansestadt Hamburg bestellt worden war. Von dort hatte Herzog Adolf ihn geholt, der ihn als tüchtigen, modernen Juristen und Hofkanzler mit vielfältigen Aufgaben betraute, eben auch mit einem Entwurf des neuen Dithmarscher Landrechts.

Erst jüngste Forschungsergebnisse bestätigen die entscheidende Bedeutung Herzog Adolfs als Auftraggeber und Tratzigers als vorrangigem Verfasser des Entwurfs. Sie relativieren auch das Gewicht eines durch Heinrich Rantzau überlieferten Urteils, wonach Tratziger den „Land-Leuten ein solches Recht setzen [wollte], dass sie ihr Tage daran gedencken solten". Es lag ihm, wie der Auftrag Herzog Adolfs und die nachfolgenden Beratungen zeigen, aber offensichtlich fern, Dithmarscher Eigenheiten mit rauher Hand zu beseitigen. Als Rechtsverständige waren für Herzog Johann d. Ä. der Haderslebener Kanzler Dr. Hieronymus Oelgardt und auf Seiten des Königs sein Statthalter Heinrich Rantzau an den Vorbereitungen beteiligt. Die Rechtsrevision erreichte im Herbst 1567 besondere Aktualität, bis das Landrecht dann am Sonntag nach Allerheiligen (2. November) schließlich den drei Dithmarscher Landvögten in Rendsburg ausgehändigt und durch eine gemeinsame Verordnung der drei Fürsten in Kraft gesetzt wurde.

Die 135 plattdeutsch abgefassten Artikel des Neuen Dithmarscher Landrechts bieten ein umfassendes Gesetzeswerk, das nach der ältesten überlieferten Abschrift in vier Abschnitte gegliedert ist. Der erste Teil enthält das Prozessrecht, der zweite handelt von Mündeln, Testamenten, letztwilligen Schenkungen und Erbfällen, der dritte regelt das Vertragswesen, das Sachen- und Haftrecht, der vierte ist Verbrechen, Vergehen und deren Strafen gewidmet.

In den Schlussbestimmungen behielten sich die Fürsten Änderungen und Ergänzungen vor (Art. 134). Artikel 135 bestimmte schließlich, dass Rechtslücken durch Bestimmungen des Sachsenrechts geschlossen werden sollten. Falls dieses keine entsprechenden Regelungsmöglichkeiten bot, sollten die Dithmarscher dem „Gemeinen Recht", dem kaiserlichen Recht, folgen. Dieser Artikel bedeutete die erste Anerkennung des gemeinen Rechts in Schleswig-Holstein überhaupt, so dass es fortan hilfsweise, als subsidiäre Rechtsquelle, herangezogen werden konnte.

Artikel 135 hat die nachfolgende Diskussion um die Qualität des Neuen Dithmarscher Landrechts im Wesentlichen bestimmt, wenn es als stark überfremdet abgestempelt und beklagt wurde, dass „die Eigentümlichkeiten der alten Rechtsverfassung des Landes … zugleich mit der Unabhängigkeit desselben vollends zugrunde[gingen]." Zeitgenossen wie Heinrich Rantzau waren dagegen der Meinung, dass es im Vergleich zum alten nur wenig geändert sei, und auch der Dithmarscher Chronist Neocorus betonte, dass viele alte Artikel unverändert oder nur wenig abgewandelt in das neue Landrecht übernommen worden waren. Hier gilt es aber nicht, den langwierigen Wissenschaftsstreit zu wiederholen, ob und inwieweit die Ablösung alter gewachsener Rechtssätze durch gemeinrechtliche Neuerungen einen Gegensatz von Volksfreiheit und Staatsautorität spiegeln oder die „Verdrängung des eigenständigen Volksrechtes" bedeuten. Bemerkenswert ist, dass in dem Neuen Dithmarscher Landrecht ein modernes, zweckmäßiges Gesetzeswerk vorlag, das die Aufmerksamkeit seiner Nachbarn fand.

Die Nordstrander hatten seit 1558 auf eine „Verclaringe" ihres Landrechts gedrängt, sie im Jahre 1567 wiederum angemahnt und schließlich 1572 gegen Zahlung hoher Geldsummen von rund 6000 Mark lübsch an Haderslebener Beamte und Herzog Johann d. Ä. die Ausarbeitung und Konfirmation des Nordstrander Landrechts erreicht. Neben dem Kernbereich alter friesischer Beliebungen stammte etwa ein Drittel von Vorschriften aus dem Neuen Dithmarscher Landrecht.

In demselben Jahr wandten sich die Eiderstedter an Herzog Adolf von Gottorf und erhielten nach Zusicherung bestimmter Steuerleistungen seine Zustimmung, ihnen ein beständiges Landrecht auszustellen, „welches auß

dem Dittmarsischen Rechte gezogen und nach gelegenheit der Eiderstetischen Lande in etzlichen puncten mitt des Eiderstetischen Ausschuß Rath und gudtachten verendert und verbeßert" werden sollte. Für den Erlass des Landrechts zusammen mit anderen Privilegien zahlten sie 9000 Mark lübsch. „So mächtig und zynisch war der Landesherr zu keiner Zeit, dass er die Landschaft hätte zwingen können, für ein ihr aufgedrungenes Recht auch noch erhebliche finanzielle Opfer zu bringen. Zwangsgesetze werden allemal gratis geliefert", resümierte der Wissenschaftler Manfred Jessen-Klingenberg bei einer Bewertung dieser Vorgänge.

Den hohen Entwicklungsstand des Dithmarscher Landrechts von 1567 bestätigten weiterhin die revidierte, hochdeutsche Fassung des Eiderstedter Landrechts von 1591 wie auch das Husumer Stadtrecht von 1608, die am Ende der schleswig-holsteinischen Rechtskodifikationen standen und dennoch indirekt darauf zurückzuführen waren.

Für Dithmarschen selbst bedeutete das Dithmarscher Landrecht insbesondere nach der Zweiteilung des Landes 1581 „das einigende Band beider Dithmarscher Landschaften", das die Fürsten nicht gesondert revidierten, vielmehr durch einzelne Verordnungen in ihren Landesteilen ergänzten.

2. Von der Eingliederung bis zum Dreißigjährigen Krieg

Die zügige Neuordnung des Landes, an der die führenden einheimischen Familien maßgeblichen Anteil hatten, die Rücksicht auf natürliche Besonderheiten bei der neuen Steuergesetzgebung, die verständnisvollen Neuerungen im Kirchenwesen und die Wiederherstellung der Kirchen und Schulen sowie die garantierte Freizügigkeit und Sicherheit in Handel und Gewerbe erleichterten die Integration der ehemaligen Bauernrepublik in den Fürstenstaat. Die Gleichbehandlung mit den Nachbarn der privilegierten Marschen in Eigentumsrechten, Selbstverwaltung und Rechtsprechung, vor allem aber die Friedewahrung in einem größeren Staatswesen und die Teilhabe an einem allgemeinen Konjunkturaufschwung im Wirtschaftsleben führten dazu, dass Umsturzbestrebungen in beiden Teilen Dithmarschens keinen Nährboden fanden.

a. Aufflackern alter Feindseligkeit

Der Büsumer Pastor und Dithmarscher Chronist Neocorus berichtet, ohne dass ihm nachfolgende Chronisten seine Angaben aufgreifen oder die Forschung sie vertieft, dass der aus reichem Hause stammende Tede Evekens, der aus

Elbkarte von Melchior Lorichs, 1568 (Ausschnitt). Die Gebäude von Brunsbüttel sind nicht historisch überliefert.

unbekannten Umständen sein Vermögen verloren hatte, außer Landes gegangen war und sich offensichtlich im Bereich der Hansestädte zwischen Emden und Hamburg um Waffen bemühte. Empfänger sollten unbekannte Anhänger sein, die sich – so die Theorie der Zeitgenossen – insbesondere aus Jugendlichen rekrutierten, die bei der Unterwerfung keinen Huldigungseid geleistet hatten und sich damit auch nicht zur Treue verpflichtet fühlten. Als er sich auf einer Schifffahrt auf der Stör verraten und erkannt fühlte, soll er sich über Bord gestürzt haben, ertrunken und in Brunsbüttel beigesetzt worden sein.

Größere Dimensionen erreichten die Bemühungen Johann Topes, der noch in der Endphase der letzten Fehde 300 Berittene aus der Lüneburger Umgebung angeworben und sich später mit Herzogin Christina von Lothringen, einer Tochter des entmachteten Königs Christian II. von Dänemark, in Verbindung gesetzt haben soll. Sie hielt an ihren Erbansprüchen am Königreich Dänemark fest und scheint, Topes Angebot aufgreifend, auf Dithmarscher Hilfe spekuliert zu haben. Damit wurde die Angelegenheit in die sog. Grumbachschen Händel verwickelt, in denen ein fränkischer Ritter nicht nur das Bistum Würzburg beunruhigt, sondern sich auch durchaus zwielichtig und gefährlich für die Rückgewinnung der sächsischen Kurwürde für die Ernestiner eingesetzt hatte. Wilhelm von Grumbach wurde zusammen mit dem Ernestiner Johann Friedrich in Gotha ergriffen und durch Vierteilung hingerichtet. Bei dem Heer des Kurfürsten August von Sachsen, der seine Vormachtstellung im Wettiner Haus sichern wollte, hat

sich auch Herzog Adolf von Gottorf befunden. Ihm sollen erst bei dieser Gelegenheit die Ausmaße des Versuchs, die Wiederherstellung der alten Freiheit Dithmarschens in einem durchaus europäischen Kontext zu betreiben, klar geworden sein. Er hat, nach Hause zurückgekehrt, nachdrücklich vor ähnlichen Umtrieben gewarnt. Tope konnte entkommen, wurde nach verschiedenen heimlichen Aufenthalten in Dithmarschen und Eiderstedt später in Lüneburg gefasst und dort vor Gericht gestellt. Er erklärte in aller Öffentlichkeit, als Dithmarscher Feind der Holsteiner Herren zu sein, kam aus unbekannten Gründen frei und verschwand dann aus dem Blick der Geschichte.

Aber auch in Dithmarschen selbst lebten bei bestimmten Anlässen alte Vorbehalte gegenüber den Nachbarn wieder auf. In Zeiten der Spannung waren die neuen Landesherren durchaus bereit, von ihrem Aufgebotsrecht gegenüber den Dithmarschern Gebrauch zu machen. Diese hatten sich in den Kapitulationsakten verpflichten müssen, Landfolge zu leisten, „wo solches van den Fresen, Strandern, Eiderstedtern, Crempern unnd Wilstermarschern geholden wert." Bereits im Jahre 1565 hatten die Fürsten beschlossen, je ein Fähnlein aus jedem dithmarsischen Landesdrittel aufzubieten. Sieben Jahre später verfügte der Statthalter Herzog Adolfs an den Landvogt des Norderdrittenteil Dithmarschens ebenso wie an den Staller von Eiderstedt und den Hardesvogt von Husum, dass die Untertanen sich wegen Gefahr von See her zur Musterung und Heerschau mit „langen Rohren und kurzem und langem Gewehr" bereithalten sollten.

Richtig ging es dann aber erst 1574 los, als Spannungen mit dem benachbarten Herzogtum Sachsen-Lauenburg aufkamen. Zum erstenmal nach der Eroberung wurde in Dithmarschen wieder jeder vierte Bauer ausgehoben, gemustert, unter die Waffen gerufen und jenseits von Hamburg bei Reinbek ins Lager gelegt. Bei Herzog Adolf machten die Dithmarscher 1500 Mann von 3950 Soldaten aus, bei König Friedrich II. 600 Mann von insgesamt zwei Fähnlein. Die Fürsten schlossen ohne Waffengang Frieden. Bevor die Ausgehobenen auch nur einen Feind gesehen hatten, waren sie schon wieder auf dem Weg nach Hause. Da die Norderdithmarscher sich bei ihrem Hinweg durch das Dorf Reher bei Schenefeld provoziert gefühlt hatten, planten sie, sich auf dem Rückmarsch dort ihr Mütchen zu kühlen. Schließlich kamen auch noch Erinnerungen an manche Übergriffe und Drangsalierungen von Reher Bauern während der Fehde auf. Es gelang jedoch, die Dithmarscher, deren Anschlagsplanung ruchbar geworden war, auf einem Umweg um das Dorf herumzuführen.

b. Der neue Alltag unter der Fürstenherrschaft

Die martialischen Episoden blieben in den ersten fünfzig Jahren nach der Eroberung eine Ausnahme. Vielmehr profitierten die Dithmarscher von der ihnen 1559 zugesicherten Freizügigkeit und Rechtssicherheit, die ihnen eine ungestörte Ausübung ihrer Kaufmannschaft und des Handwerks in Dithmarschen wie in den Herzogtümern garantierte und sie mit ihren Nachbarn gleichstellte. In der Zeit der Dithmarscher Republik hatte sich aufgrund der Dominanz der Geschlechterverbände und der bäuerlich-aristokratischen Führungsschicht keine besondere Handwerkerstruktur durchsetzen können. So gab es für die Handwerker keine Zünfte, die ihre Existenz- und Einkommensgrundlage durch Schutzbestimmungen, oder aber auch die berufliche Qualität durch Ausbildungsvorschriften sicherten. Einerseits hatten auswärtige Gesellen, die als billigere Arbeitskräfte galten, das Land wegen der Zunft-

Herzog Adolf von Gottorf verordnete am 4. April 1582, „der gemeinen Kauffmannschaft mit Pferden zu guetem / in unserem Flecken zur Heide in Dithmarschen Jarlich einen freien offnen Pferdemarckt zu halten", und stärkt damit entscheidend Marktfunktion und Wirtschaftsleben des Ortes.

WIR von Gottes gnaden Adolff/ Erbe zu Norwegen Hertzog zu Schleßwig/ Holstein/ Stormarn/ vnd der Dithmarschen/ Graff zu Oldenburg/ vnd Delmenhorst/ Entbieten allen vnd jeden/ vnseren Vnderthanen/ vnd Eingesessenen vnsers Landes Dithmarschen/ vnsere gnade/ Vnd geben euch hiemit gnediglich zuerkennen/ Nachdem aus gedachtem vnserm Lande Dithmarschen/ Jährlich eine guete Anzahl Pferde außgefüeret/ vnd auff den Marcktplätzen jenseid der Elbe verkaufft wirt/ nicht ohne allerhandt vngelegenheit des fernen Weges/ auch der gefahr vnd abenteur halben in der vberfahrt auff dem Elbstrome/ Ohne was denne sonst noch mehr fuer bedruck/ vnd beschwerungen/ der gemeine Kauffman sich beklaget/ so jhnen auff den Marcktplätzen jenseid der Elbe begegenen sollen/ Das wir demnach den gemeinen gewerben vnd hantierungen der Pferdekeüffer zu gnaden vnd guetem/ auch den gemeinen Kauffman/ obangedeütteter vngelegenheit vnd beschwerung zu gnaden zuentheben/ Einen freien offentlichen Pferde Marckt Jarlichs/ Sechs Tage fur Jacobi Apostoli/ in vnserm Flecken Heide in Dithmarschen zuhalten/ angeordnet/ vnd durch vnser offen Außschreiben/ allen vnd jeden/ die Pferde zuuerkauffen vnd zukauffen furhabens sein/ ankündigen lassen/ Wie solches des Wordtlige Inhalt desselben Außschreibens/ folgender gestaldt mitbringet. Wir von Gottes gnaden Adolff Erbe zu Norwegen/ Hertzog zu Schleßwig/ Holstein/ Stormarn/ vnd der Dithmarschen/ Graff zu Oldenburg vnd Delmenhorst/ Entbieten allen vnd jeden dieses vnsers offenen Brieffes ansichtigen/ Vnd insonderheit denen/ so mit Pferden jhre Kauffgewerbe vnd handelung treiben/ vnsere gnade/ vnd hiemit zuwissen/ Nachdem aus dem Reiche Dennemarck/ Insonderheit Norder/ vnd Süder Jüdtlandt/ so jtzo das Hertzogthumb Schleßwig genennet wirt/ Vnd aus vnsern Friesischen/ Eiderstedtischen/ vnd Dithmarschen Landen/ Jarlich eine grosse anzahl Pferde/ ausgeführet/ vnd nicht mit geringer vngelegenheit fur dieser zeit vber die Elbe gebracht worden/ Derenthalben/ vnd von wegen solcher vngelegenheit/ vnd was sonst auff den Marcktplätzen/ jenseidt der Elbe/ fur mehr beschwerungen dem gemeinen Kauffmanne begegenet/ vns biß dahero vielfaltige Klagen furgebracht worden/ Das wir demnach/ der gemeinen Kauffmanschafft mit Pferden zu guetem/ in vnserm Flecken zur Heide in Dithmarschen/ Jarlich einen freien offnen Pferdemarckt/ zu halten verordnet/ jeder zeit Sechs Tage fur Jacobi Apostoli/ Zu dero behueff wir auch vnsern Vnderthanen in gedachten Friesischen/ Eiderstedtischen/ vnd Dithmarschen Landen/ befohlen vnd aufferleget/ jhre Pferde die sie Jarlich verkauffen wollen/ nicht vber die Elbe zufüren/ Sondern dißseit der Elbe/ auff sollichen freien Pferdemarckt zur Heide zubringen/ vnd sie allda zuuerkauffen vnd zuuerhandelen/ Welches denne so wol den Eingesessenen des Reichs Dennemarck/ als gedachten vnsern Vnderthanen/ in vnsern Marschlanden/ zu guter gelegenheit/ gereichen wirt/. Sintemal solcher Marcktplatz zur Heide/ ihnen in der naheit wol gelegen/ Vnd denselben sicher vnd ohne gefahr/ die sie sonst in der vberfahrt auff dem Elbstrome zugewarten/ mit jhren Pferden besuchen können/ Wollen demnach solche allen vnd jeden/ so dieser örther Pferde zukauffen/ vnd auszuführen geneigt/ gnediglich *notificiret* vnd angekündiget haben/ Es sollen auch alle vnd jede Kaufsleute/ die auff bestimbte zeit zur Heide ankommen/ Pferde abholen/ vnd sich gebülich verhalten werden/ fur vnzimblicher gewalt/ betrug/ vnd beschwerung/ ein frey sicher gleidt haben/ daselbst zur siedte/ auch ab vnd zu/ vnd sonst in allen andern vnsern Landen vnd gebieten/ Auch sollen sie mit keinen newen Zollen vbersetzet vnd beschweret werden/ Welche begnadung vnd freiheit/ wir allen den jennigen/ die diesen Pferdemarckt besuchen werden/ hiemit wollen gegeben haben/ Seind auch die erbieteng/ einen jedern dabey Fürstlich zuschützen/ vnd zuhandthaben/ Vnd sol der erste Pferdemarckt diß lauffenden 8 2. Jares auff zeit wie vorberürt angehen vnd gehalten werden/ Vrkundtlich vnsers Fürstlichen zu ende auffgedruckten Secrets/ Gegeben auff vnserm Schloß Gottorff den 4. Monats Tag Aprilis/ Anno 1 5 8 2.

Wan nun diß vnser fürhabend werck/ euch vnsern Vnderthanen vnd Ingesessenen/ vnsers Landes Dithmarschen/ so wol als auch den andern vnserer Lande vnd Embter Ingesessenen/ vnd vnserer Lande vnd Embter Ingesessenen/ zu gemeiner gelegenheit/ nutz/ vnd frommen angestellet/ So befehlen wir hiemit/ vnd wollen ernstlich/ das ein jeder/ was er des Jahres von Pferden zu Marckte bringen/ vnd verkauffen wil/ nicht vber die Elbe führen/ Sondern auff den freien Marcktplatz zur Heide bringen/ vnd daselbst verhandeln soll/ Bey verlust der Pferde/ Jedoch/ was sonst im Lande ein jeder an Pferden wirt kauffen vnd verkauffen können/ das soll jhme/ wie bißdahero geschehen/ freistehen vnd vnbenommen sein/ Wornach ein jeder sich hinfuro mag wissen zurichten/ vnd zuuerhalten/ Vrkundtlich vnsers Fürstlichen zu Ende auffgedruckten Secrets/ Vnd vnterschriebenen Handtzeichens/ Gegeben auff vnserm Schloß Gottorff den 4. Monats Tag Aprilis/ Anno 1 5 8 2.

losigkeit gemieden, andererseits blieb den einheimischen Gesellen die Sicherheit und Erfahrung zünftigen Wanderns versagt. Desgleichen bot der Mangel an Zünften den einheimischen Handwerksmeistern keinen Schutz vor nachdrängenden auswärtigen Meistern.

So drängte das Handwerk auf die Einführung von Zünften. Als erstes gelang es den Goldschmieden schon zwei Tage nach Verabschiedung des Neuen Landrechts am 4. November 1567 bei den Landesherren den Erlass einer Amtsordnung durchzusetzen. Sie regelte im Sinne einer Zunft die Handwerkerausbildung und -tätigkeit, sollte im Sinne der Landesherren aber gleichzeitig Schutz vor der Verwendung minderwertiger Edelmetalle und vor Fälschungen bieten. Sie stand unter der besonderen Obacht der jeweiligen Landvögte. Ohne diesen strengen öffentlich-rechtlichen Charakter entstanden in Heide 1573 die Zünfte der Schuster und Häutehändler, 1605 der Kürschner und 1608 der Tischler ohne die Unterstützung der Landesherrn, die aber sehr wohl deren Amtsrollen bestätigten.

Eine Änderung dieser handwerksfreundlichen Politik trat kurz nach der Jahrhundertwende unter Herzog Johann Adolf ein, der das Streben des ländlichen Handwerks nach Emanzipation von den Städten und Flecken förderte. Gleichzeitig wurde um 1608 in der Dithmarscher Bevölkerung Kritik an überhöhten Preisen des Tischlerhandwerks laut, und 1612 äußerte sich Unmut gegen ein Monopol des Wein- und Metausschanks, das der Wesselburener Kirchspielschreiber Hans Bawmann innehatte. Herzogliche Gewerbepolitik und landschaftliches Interesse, das sich gegen Zunftzwang zum Nachteil des flachen Landes, gegen Preisabsprachen und Monopole richtete, fanden zusammen und führten zu einer Verordnung vom August 1615, die für die Norderdithmarscher mit der Aufhebung des Zunftzwangs die Gewerbe- und Monopolfreiheit in umfassender Form brachte. Einschränkungen gab es nach Süderdithmarscher Vorbild nur bei den Goldschmieden, deren Amtsrolle von 1619 bestimmte Qualitätsansprüche absichern half.

Ähnlich erfolgreich waren die Dithmarscher bei der Wiedergewinnung zollrechtlicher Freiheiten, die sie aus der Zeit der Bauernrepublik gewohnt waren, die aber mit der Kapitulationsurkunde nicht unbedingt gesichert werden konnten. Besonders die Eigentümer des Gutes Hanerau, Moritz und Detlef Rantzau nutzten die Schwäche der Dithmarscher und forderten mit Billigung des Steinburger Amtmanns und Gouverneurs auf dem an Hanerau vorbeiführenden Hauptweg nach Osten und ebenso auf dem Nebenweg über den weiter südlich gelegenen Querslippen Zollgelder, gegen die sich Norder- und Süderdithmarschen nachdrücklich wehrten. Gemeinsam bauten sie im Jahr 1577 den südlichen Weg von Schafstedt durch das Eggstedter Holz über Hohenhörn in das Kirchspiel Schenefeld aus, der das Hanerauer Gebiet umging. Gegen die

Zusicherung, ihn alle Zeit zu unterhalten, wurde ihnen von den Landesherren die Abgaben- und Zollfreiheit auf diesem Weg garantiert. Die Dithmarscher konnten diese Rechte auf diesem sog. „Neuen Weg" und bei Hanerau – immer wieder aufs Neue durch Schikanen und Schlagbäume der Hanerauer Gutsherren und Pächter herausgefordert – sowohl durch königliche wie herzogliche Bestätigungen von 1589, 1593 oder aber 1601 und 1610 absichern.

Ein gutes Zeichen, sich für die Wirtschaft des Landes einzusetzen, zeigen auch die Bemühungen der Dithmarscher um die Landgewinnung, deren Gebiete vorwiegend für eine Ausweitung des Getreideanbaus genutzt werden sollten. Noch im Jahr der letzten Fehde konnte in Süderdithmarschen der kleine Trennewurther Koog gewonnen werden, der einen Auftakt für Eindeichungsarbeiten zwischen Meldorf und Marne mit dem größeren Koog Ammerswurth-Marne (1578–1581), dem Marner Neuen Koog (1608) oder auch Verbesserungen der Schleusensituation und Entwässerungsmöglichkeiten im Bereich der Mielemündung mit dem Meldorfer Koog 1620 bildete.

In Norderdithmarschen konzentrierten sich die Bemühungen, Neuland zu gewinnen, anfangs auf den Eiderbereich, in dem 1599/1600 der Heringsander Koog, der Hillgrovenkoog und das Vorland der Schülper und Strübbeler Weide gewonnen und später dann auch 1615 der Lundener (Neue) Koog unter Rückgewinnung des alten Wollersumer Koogs gesichert werden konnte.

Besondere Aufmerksamkeit fand in der zeitgenössischen Chronistik das Landfestwerden der Insel Büsum, zu der unter Einsatz der gesamten Bevölkerung der drei Ortschaften Büsum, Reinsbüttel und Großbüttel im Sommer 1585 ein flacher Damm geschlagen werden konnte. Die schnelle Verlandung beiderseits des Dammes führte nach mehreren vergeblichen Versuchen 1608/1609 zur Gewinnung des Wardammkooges. Dabei hatte sich auch der Büsumer Pastor und Dithmarscher Chronist Neocorus beteiligt, seinen Wagenführer, einen kränklichen Schneiderjungen, mit dem Spaten bedroht und so zur Eile angetrieben, dass er vom Wagen fiel und im Sand erstickte. Vor einer Verurteilung für den Vorwurf des Totschlages konnten ihn nur mit Mühe Unschuldsbeteuerungen befreundeter Zeugen retten.

Hinzu kamen in diesem Gebiet dann noch kleinere Eindeichungen des Nordgrovener Kooges (1611) oder des Kretjenkooges (1618).

Die Erfolge der Dithmarscher in Handel, Gewerbe, Zollfreiheit und genossenschaftlicher Landgewinnung wurden von Fortschritten auf dem Kirchensektor begleitet. Nach der Eroberung hatten die neuen Landesherren auf Wunsch der Dithmarscher Geistlichen sich gegen eine Entlassung von Predigern aus Ersparnisgründen ausgesprochen, den Besitzstand der Kirchen garantiert, und sich nachdrücklich für den Wiederaufbau der zerstörten Kirchen-, Prediger- und Schulbauten eingesetzt. In dem sog. Rendsburgischen Ersten Abschied vom 10. November 1559 haben sie dann mit der Einführung der Schleswig-Holsteinischen Kirchenordnung von 1542 und der Einsetzung von je einem Superintendenten in den drei Landesteilen neue verbindliche Strukturen geschaffen. Sie scheinen die Einwohner überzeugt zu haben, da die Auswahl und Amtseinsetzung der Prediger und Superintendenten nach einer Prüfung der drei Hofprediger geschah und gleichzeitig auch die „Kirchenrechenschaft" verständnisvoll geregelt wurde. Nach Vorbild der Herzogtümer wurden weltlich-geistliche Kirchenvisitatorien geschaffen; Superintendent und Landvogt sollten in jährlichen Spezialvisitationen darauf sehen, dass der Katechismus ausreichend gelehrt wurde, dass die Geistlichen, Küster und Kirchendiener ihr Amt ordentlich versahen, dass die Kirchenrechnung sorgfältig geführt, die Kirchen-, Schul- und Kirchenbedienstetenhäuser in gutem Stand gehalten würden und die Eltern ihre Kinder, „dewile de Scholen ock hoch nodig", auch zum Unterricht bei geeigneten Lehrern schickten. Für die Aufrechterhaltung der Sonntagsruhe und zur Aufsicht über den christlichen Lebenswandel wurden in jedem Kirchspiel zwei Eidgeschworene eingesetzt und unter den besonderen Schutz der Landesherren gestellt.

Als einziges Überbleibsel der alten, dithmarsischen Landeskirche bestand noch eine gewisse Zeit der zweimal jährlich in Meldorf abzuhaltende Kaland fort, auf dem die Geistlichen in gemeinsamer Abstimmung Mängel im Kirchenwesen abstellen und Streitigkeiten schlichten sollten. Bald richtete aber jeder Landesteil seine eigene Synode ein, und nach der Zweiteilung im Jahre 1581 hörte jede kirchliche Verbindung zwischen Norder- und Süderdithmarschen auf.

Die Norderdithmarscher konnten in den ersten fünfzig Jahren eine weitgehende Befreiung von den Generalvisitationen durch den gottorfischen Generalsuperintendenten (Bischof) durchsetzen. Sie wurden 1583, 1597 und unter besonderen Umständen noch einmal 1629 durchgeführt und ansonsten durch die Spezialvisitationen von Landvogt und Superintendent (Propst) abgelöst. Darüber hinaus konnten die Norderdithmarscher mit der Konstitution vom 5. Juli 1605 sich endgültig das Präsentationsrecht für ihren Propst sichern. Aus der dithmarsischen Geistlichkeit sollten Landvogt und Kirchspielvögte drei tüchtige Pastoren vorschlagen, von denen der Herzog dann einen als Superintendent einsetzte.

Die Norderdithmarscher konnten bei dieser Gelegenheit auch das Ordinationsrecht für ihren Superintendenten durchsetzen. Danach war er berechtigt, bei Vakanzen aus dem Kreis von drei Geistlichen, welche das Kirchspiel ihm als qualifiziert vorgeschlagen hatte, einen nach Prüfung zum Pastor oder Diakon zu berufen. Ferner wurde den Kirchspielen auch das Ius Patronatus und Wahlrecht

Christianus Matthiae (1584–1655). Er wurde als Carsten Thiessen in Epenwöhrden geboren und besuchte in Meldorf die Gelehrtenschule. Anschließend studierte er in Wittenberg und Gießen Theologie, wurde Rektor in Durlach in Baden und erwarb den theologischen Doktorgrad an der Universität Gießen. 1622 war er Hauptpastor und Superintendent in Meldorf.

für ihre Kirchenbedienten wie Pastoren, Diakone und Küster, aber auch Schulmeister und Organisten zugestanden. Schließlich „sollen die Carspelleute auch in Carspeln hinführo die Wahle behalten, daß sie mit Raht und Vorwißen unsers Landvoigts … einen ehrlichen, erfahrnen und bekandten Mann zur Carspelschreiberey verordnen und bestellen mögen." Darüber hinaus wurde ein Septemviralgericht, bestehend aus dem Superintendenten, den beiden ältesten Predigern, dem Landvogt, zwei von ihm bestellten Räten und dem zuständigen Landschreiber gebildet, das über das geistliche und weltliche Verhalten der Kirchendiener urteilen sollte, von dem aber die Appellation an den Landesherrn freistand.

c. Die Erschütterungen des Dreißigjährigen Krieges

Nachdem die protestantische Seite in dem böhmisch-pfälzischen Krieg (1619 bis 1623) geschlagen war und die habsburgische Seite mit Hilfe Spaniens ihre Macht im süddeutschen Raum ausweiten konnte, verlagerten sich die Kampfhandlungen des Dreißigjährigen Krieges seit 1623 in den Norden Deutschlands. Spanier und Truppen der katholischen Liga drangen unter dem Feldherrn Tilly bis in das Gebiet des Niedersächsischen Kreises vor. Ihnen schien der Weg an die Nord- und Ostsee offenzustehen. In dieser Situation entschloss sich der dänische König Christian IV. nach vorsichtigen Sondierungen in England, Frankreich und den Niederlanden in die großen europäischen

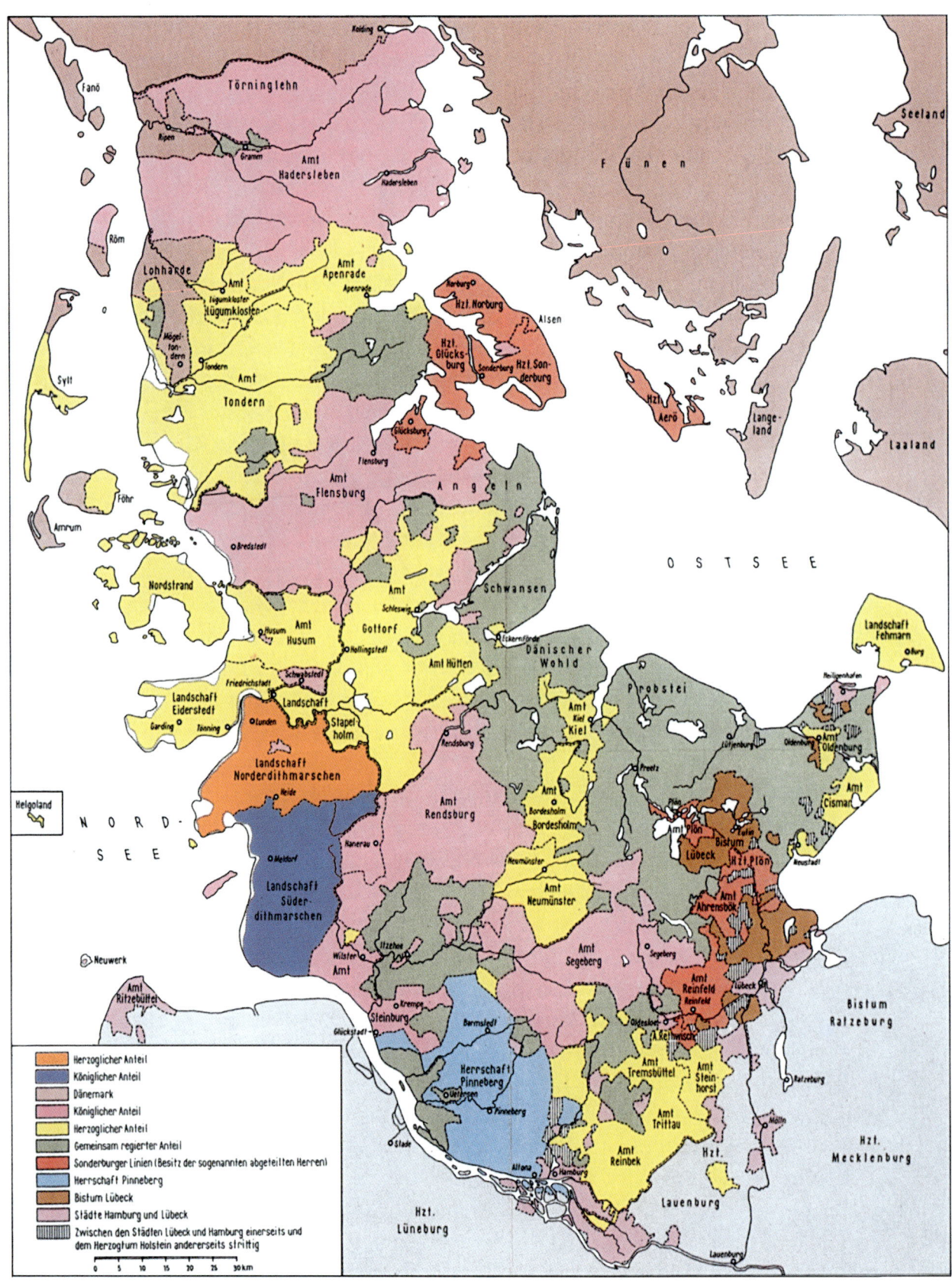

Helgoland

Legende:
- Herzoglicher Anteil
- Königlicher Anteil
- Dänemark
- Königlicher Anteil
- Herzoglicher Anteil
- Gemeinsam regierter Anteil
- Sonderburger Linien (Besitz der sogenannten abgeteilten Herren)
- Herrschaft Pinneberg
- Bistum Lübeck
- Städte Hamburg und Lübeck
- Zwischen den Städten Lübeck und Hamburg einerseits und dem Herzogtum Holstein andererseits strittig

0 5 10 15 20 25 30 km

Politisch-territoriale Gliederung Schleswig-Holsteins im Jahre 1622 (nach Opitz).

Auseinandersetzungen einzugreifen und seine Vormachtstellung in Norddeutschland zu sichern. Er ließ sich im April 1625 in seiner Eigenschaft als Herzog von Holstein zum Obersten des Niedersächsischen Kreises wählen und drang, von den Verbündeten nur zögerlich unterstützt, mit seinem Heer nach Westfalen vor.

Die unsicheren Zeiten und militärischen Unruhen hatten die Dithmarscher schon sehr früh zu spüren bekommen. Zu Jahresbeginn 1623 hatte Christian IV. die junge Mannschaft in seinem Süderteil nach Meldorf zur Musterung zusammengerufen und 400 Männer für kurze Zeit und im Sommer erneut unter dem Kapitän und Gutsverwalter Haneraus, Marquard Rantzau, und dem Dithmarscher Fähnrich Hans Petersen in die Steinburg nahe Itzehoe gelegt. Da er aber kein rechtes Vertrauen in seine landfolgepflichtigen Bauern hatte, ließ er in beiden Teilen Dithmarschens in den Jahren 1623 und 1624 Soldaten anwerben und in der Wilstermarsch Quartier nehmen. Von diesen kostspieligen Vorsichtsmaßnahmen musste er jedoch aus Finanzgründen stets kurzfristig Abstand nehmen. Im Mai 1625 ließ er neun Fähnlein Soldaten auf der Krumstedter Heide mustern. Wenig später soll er 500 Soldaten als Repression gegen Dithmarscher Kaufleute, die gegen ein Kornausfuhrverbot protestiert hatten, nach Süderdithmarschen gelegt haben, damit seine Einwohner für den Unterhalt der Soldaten aufkamen. Überhaupt erregten die eigenen Truppen großen Unwillen bei der Bevölkerung, wie zum Beispiel die seit Herbst 1626 in Süderdithmarschen einquartierten Reiter, welche die Bauern beraubten, nachts in die Höfe einbrachen und viele Unkosten verursachten. Bei ihrem Abzug um Pfingsten 1627 mussten sie in Meldorf und Heide durch ein Spalier bewaffneter Dithmarscher ziehen, das sie von Übergriffen auf die Bevölkerung abhalten konnte. Es sollte aber noch schlimmer kommen, als der Krieg selbst auf das Land übergriff.

Christian IV. war neben dem Ligaheer unter Tilly, gegen den er ursprünglich gerüstet hatte, mit einer Armee unter dem neuen kaiserlichen Befehlshaber Albrecht von Wallenstein ein weiterer Gegner erwachsen, der ihn in große Bedrängnis brachte. Im April 1626 besiegte er Christians Verbündeten, den berüchtigten Söldnerführer Peter Ernst Graf von Mansfeld, an der Dessauer Elbbrücke. So konnte Tilly den Dänenkönig im August bei Lutter am Barenberge isoliert zur Schlacht stellen und sein Heer von rund 19000 Soldaten vernichtend schlagen.

Mit dieser Niederlage war der Krieg für Christian IV. verloren. Er schied aus dem Kreis der einflussreichen Kriegsparteien aus. Sein politischer Einfluss war auf ein Minimum reduziert. Eine Generalmusterung bei Bramstedt sollte im August 1627 noch einmal die Kräfte der Herzogtümer bündeln. Aber das Landvolk mit 16 Fähnlein und einige tausend geworbene Söldner wichen unter Jürgen von Ahlefeldt in die Festungsstädte Krempe und

Rüstung des Hans Petersen. Hans Petersen war ein Bauernsohn aus Elpersbüttel, der 1623 als Fähnrich in die Dithmarscher Kompanie unter der Führung Christian Rantzaus eintrat. Er nahm am Kampf gegen kaiserliche Truppen unter den Grafen Tilly und Wallenstein teil und quittierte den Dienst als Oberstleutnant. 1647 starb er in Meldorf. Die Rüstung besteht aus einem Helm, einem Kragen, Brust- und Rückenharnisch, mehrreihigen Beintaschen und Oberarmröhren. Die Unterpanzerung und die Handschuhe fehlen. Der Helm sowie Brust- und Rückenharnisch sind mit Blattgold verziert. (Beschreibung aus der Ausstellung des Dithmarscher Landesmuseums).

Glückstadt aus oder zogen sich unter Graf Turn über Meldorf nach Lunden und von dort über die Eider bis nach Dänemark zurück, als die siegreichen Völker Wallensteins und Tillys das Land bis hoch nach Jütland überschwemmten.

Von König Christain IV. wird berichtet, dass er mit seinem Gefolge im September 1627 die Flucht von Glückstadt über den Hafen von Deichhausen im Kirchspiel Wesselburen nahm, wo er, von einer bewaffneten Menge nicht erkannt, mit Gewehren und von einem Büsumer mit der Hellebarde bedroht wurde. Seine Nebenfrau Christine Munk rettete ihn aus dieser brenzligen Situation mit dem Ausruf: „Schete nicht, steke nicht, it is de Könink van Dennemarken!"

Sein Mitregent und Rivale, Herzog Friedrich III. von Gottorf, der im Stillen einer Neutralitätshaltung zuneigte, konnte sich mit den Kaiserlichen auf Erleichterungen in der militärischen Einquartierung verständigen. So lag die Hauptlast der feindlichen Besatzung in Süderdithmarschen, wo sich im Oktober Teile des Regiments von Colloredo-Waldsee bei Brunsbüttel verschanzten, die Soldaten über die Kirchspiele verteilt wurden und in Meldorf Kontingente des Luxemburgers Johann Aldringens untergebracht wurden. Bemerkenswert war 1628 der Märzaufstand einer kleinen Widerstandsgruppe, die sich bei Nacht über zahlenschwache Ansammlungen kaiserlicher Soldaten auf dem Gut Friedrichshof, in der Meldorfer, Marner und Brunsbütteler Gegend hermachte, sie ermordete und ausplünderte und danach mit der Beute nach Hause verschwand. Diese Aktion veranlasste wiederum Vergeltungszüge kaiserlicher Truppen, die Dörfer ausraubten, wöchentliche Zahlungen, Kontributionen, verlangten und auch Norderdithmarschen nicht mit zeitweiliger Einquartierung verschonten. Die Soldaten waren alle im Kampf um die eingeschlossenen Festungen Glückstadt und Krempe eingesetzt. Letztere fiel im November 1628, so dass die Belagerungseinheiten nunmehr auch verlegt werden konnten und Dithmarschen noch mehr belasteten. Hinzu kam der Versuch, Süderdithmarschen aus dem königlichen Machtbereich herauszubrechen und dieses Gebiet dem deutschen Kaiser huldigen zu lassen; eine Aktion, bei der sich sehr zu seinem späteren Leidwesen der Bruder des Süderdithmarscher Landvogts Doktor Hinrich Bruhn besonders hervortat.

Im Frühjahr 1629 wurden ernsthafte Friedensverhandlungen zwischen Gesandten des dänischen Königs und Wallenstein aufgenommen, die am 12. Mai zum Lübecker Frieden führten. Weil er Christian IV. von einem Bündnis mit den Schweden abhalten sollte, war er außerordentlich maßvoll gefasst, sicherte dem König seine Herrschaft in den Herzogtümern Schleswig und Holstein sowie Dänemark zu, zwang ihn aber zum Verzicht auf sein Amt als niedersächsischer Kreisoberst und auf seine südelbischen Besitzungen im Stift Bremen. Am 30. Mai wurde dieser Frieden „tho Heyde … mit soes Trappette vunde alle kryges muscheteres affgeschaten. Godt sy darfor gelavet", notierte der Wrohmer Hartich Sierck in seiner Bauernchronik.

Bis zum endgültigen Abzug der kaiserlichen Truppen aus den Herzogtümern dauerte es aber noch einige Zeit. Er verlief auch nicht ohne Probleme. So ließ es der Oberstleutnant eines Colloredischen Regiments, Bodendiek, zu, dass seine Soldaten sich auf ihrem Rückzug auf dem Heider Wochenmarkt vom 30. April auf Kosten der Bauern mit frischen Pferden versorgen sollten. Es kam zu einem Auflauf, bei dem die Bauern mit Wagenrungen auf die Soldaten losgingen und auch Bodendiek angriffen, so dass er eine Gewehrsalve abfeuern und den Rückzug auf den mauerumwehrten Kirchhof in der Südwestecke des Marktplatzes befehlen ließ. Von dort trat die Einheit dann einen geordneten Rückzug an, nachdem gegen Mittag Ruhe eingekehrt war.

Die letzten Colloredischen Truppen verließen die Landschaft Norderdithmarschen erst Mitte Mai, nicht ohne dass sie sich mit der Geiselnahme von Reinhold Detlefs und Nicolaus Siemens eine Sicherheit für die Geldzahlung von 30000 Reichstalern besorgt hatten. Detlefs konnte seinen Peinigern in Hamburg entkommen, während Siemens noch bis Kassel in ihrer Gewalt blieb.

Der Abzug wurde schwer erkauft. 400 königlich-dänische Soldaten, die unter Daniel von Buchwald folgten, in Heide einquartiert wurden und bis in den August blieben, konnten nicht als Erleichterung empfunden werden. Hinzu kamen Pest und rote Ruhr, die in Heide an einem Tag 28 Personen, in der Woche bis zu 117 Tote, insgesamt 1500 Menschen als Opfer forderten, die nur notdürftig auf dem erweiterten Gottesacker um die Kirche beigesetzt werden konnten.

Die schweren Jahre forderten nicht nur von und unter der Bevölkerung große Opfer, sie verlangten auch in der Selbstverwaltung eine Rückbesinnung auf zuverlässige Strukturen und die Stärkung einer handlungsfähigen Basis und Kontrollfunktion auf Kirchspielsebene.

3. Der Ausbau der Selbstverwaltung

a. Die Landschaft

In den ersten größeren Krisenzeiten, wie sie das Übergreifen der Kampfhandlungen des Dreißigjährigen Krieges auf die Herzogtümer bedeutete, offenbarten sich deutliche Schwächen der sparsam organisierten landschaftlichen Verwaltung in Dithmarschen. Über die Beteiligung breiterer Kreise an der Verwaltung und Vertretung der Landschaften Dithmarschen sind wir für die ersten Jahrzehnte nach der Eroberung im Einzelnen nicht eingehend unterrichtet. Es steht aber außer Zweifel, dass die führenden Familien der ehemaligen Bauernrepublik weiterhin entscheidenden Einfluss ausübten, dass es aber keine festen Gremien gab, in denen sich eine politische Meinungsbildung organisieren oder artikulieren konnte. Vielmehr wurden von Fall zu Fall und nur für bestimmte Zwecke Vertreter zur Wahrnehmung landschaftlicher Interessen benannt. Darüber hinaus waren einzelne Eingesessene an der Einziehung von regelmäßigen Steuern, von Umlagen vor Ort und bei der Wahrnehmung ortspolizeilicher Aufgaben beteiligt. Sie lassen sich als Individuen nur schwer nachweisen. Doch wurde je länger umso mehr beklagt, dass es keine feste Vertretung norder- und süderdithmarsischer Interessen gab. Wie auch in den benachbarten Gebieten Nordfrieslands und der Elbmarschen galt es Formen und Gremien zu entwickeln, welche die Besonderheiten der Region gegenüber den Landesherren vertraten. Ihre Qualität wird nach dem damaligen Selbstverständnis und nach dem heutigen Forschungsinteresse daran gemessen, in welchem Maße sie an mittelalterliche Freiheiten und an Kompetenzen weitgehend unabhängiger Rechtsprechung und Selbstverwaltung anknüpfen konnte. Für diese von mittelalterlicher Tradition und ihrer daran gemessenen Qualität der Jurisdiktion und Administration geprägten Gebiete hat sich seit dem 19. Jahrhundert der verfassungstopographische Begriff „Landschaft" heraus-

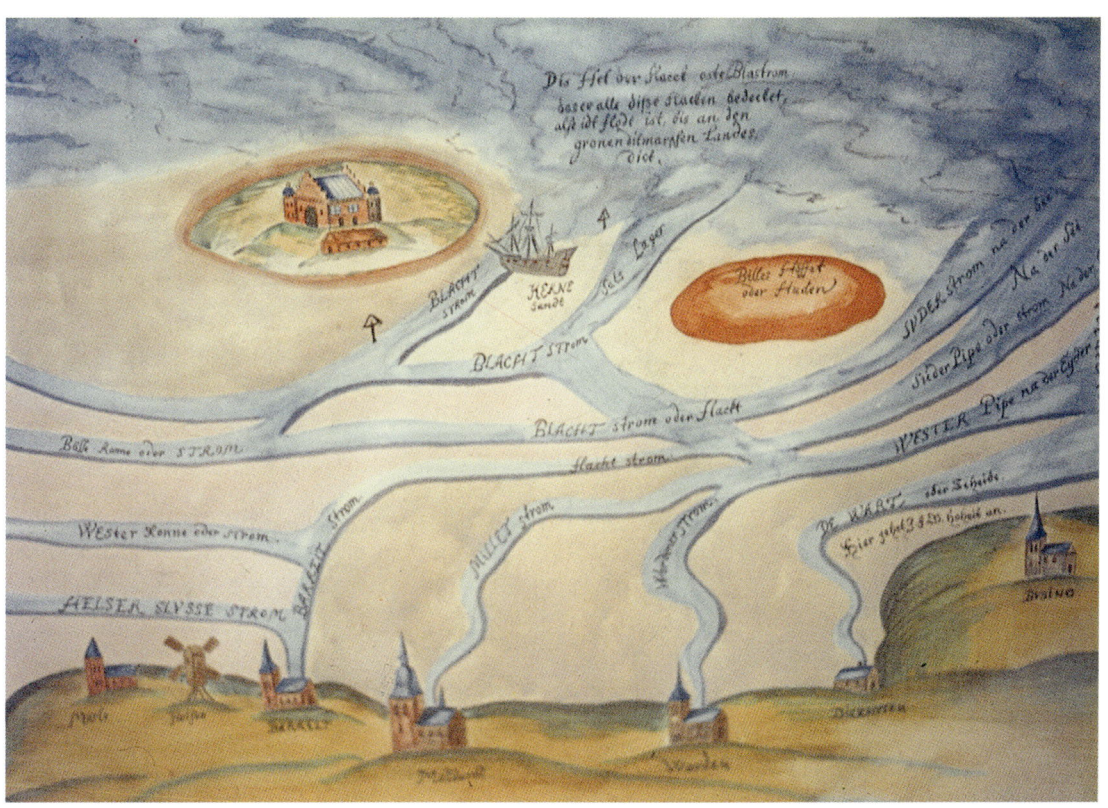

Dithmarscher Watt, Tuschzeichnung 1613. Die Karte entstand in einem Streit um die Nutzung des Außendeichlandes vom Dieksand zwischen Norder- und Süderdithmarschen. Am Ende ließ der Statthalter Süderdithmarschens zur Sicherung seiner Hoheitsansprüche ein festes Haus mit Ringdeich und wehrhafter Besetzung draußen auf dem ungedeichten Dieksand bauen (oben links). Es hielt allerdings nur wenige Jahre den Stürmen stand. Interessant sind die damals noch vorhandenen und auf Kartenskizzen markierten Nord-Süd-Priele, die allerdings nur bei Flut Wasser führten. In den letzten 200 Jahren sind sie durch die neueren Köge vor allem im Südteil Dithmarschens verschwunden (nach Nissen).

gebildet, der schließlich auch für das jeweils repräsentative Selbstverwaltungsgremium angewendet wurde. Er galt insbesondere in den Marschgebieten an der Westküste und an der Elbe sowie auf Fehmarn.

Die Landes- und Kirchspielsgevollmächtigten und die Deputierten

Insbesondere in der Folge der Kriegsjahre mussten die Dithmarscher Interesse daran haben, „wie nützlichen Herkommens, zu Beschließung in Sachen, daran der gemeinen Landtschafft gelegen, eine bestendige Volmacht, so durch das Kriegswesen zerstöret, wieder uffzurichten und einen Generall Einnehmer zu constituiren." Diese Mahnung veranlasste Herzog Friedrich III. von Gottorf im September 1631, seinen Heider Landschreiber Hinrich Sager zu beauftragen, „als baldt ein, zween oder drey, [je] nach dem Kirchspiel groß oder klein, tuchtige unnd verstendige auß ihnen zu Gevollmechtigen [zu] benennen, wie auch eines qualificirten general Einnehmers halben ... vergleichen" zu lassen und ein Verzeichnis geeigneter Personen zur Bestätigung an den Hof zu senden.

Nach intensiver Diskussion, die insbesondere in den reicheren Marschkirchspielen strittig war, bestätigte Herzog Friedrich III. einen Monat später die ihm jeweils kirchspielsweise benannten zwei bis drei Gevollmächtigten und setzte den Lundener Olde Peter Nanne als Landespfennigmeister für Gesamtnorderdithmarschen ein, „also daß er über Einnahme und Außgabe richtige, volstendige

und unstraffbahre Rechnungen halten, und die Jenigen, so etwas einbringen, darüber quittieren soll."

Fast gleichzeitig formulierten auch Süderdithmarscher Kirchspielvögte Interesse an einer kontinuierlichen Vertretung für Finanz- und Beratungsangelegenheiten auf Kirchspiels- und Landschaftsebene. Dabei schlug wohl das Norderdithmarscher Beispiel durch. Auch der Eindruck, dass es sich hier um eine landschaftliche Gesamtvertretung und eine Art Wiederherstellung des Achtundvierziger Gremiums handeln könne, mag zur Akzeptanz dieser Neuerung beigetragen haben. Schließlich darf auch ein immer wieder erkennbares Streben des königlichen und herzoglichen Landesherrn, eine gewisse strukturelle Gleichförmigkeit in den beiden Landschaften zu gewährleisten, nicht ausgeschlossen werden.

In beiden Landschaften war damit die Institutionalisierung bisher zumeist ad hoc bestätigter Gevollmächtigter vollzogen. Die zumeist zwei Vertreter der Kirchspiele oder vier bei Meldorf als Vertreter für den Flecken und den viergeteilten Landbezirk oder drei bei den Kirchspielen Wesselburen, Lunden und Marne bzw. ein Vertreter für Albersdorf, Nordhastedt oder Burg und Süderhastedt bildeten in Norderdithmarschen ein Landesvorsteherkollegium mit 24 und in Meldorf mit 23 Personen. Es war eindeutig hervorgegangen aus dem beiderseitigen Bestreben des Landesherrn und der Landschaften, ihr aufgrund der Kriegswirkungen verwirrtes Finanzwesen zu reorganisieren. Fraglich bleibt die selbständig-unmittelbare Mitwir-

Landkarte Dithmarschens von Johannes Mejer, 1651.

kung der Dithmarscher an der Ausgestaltung ihrer landschaftlichen Selbstverwaltung im weiteren Sinne.

Es gab in diesem Anfangsstadium besonders in Norderdithmarschen immer wieder Klagen über Eigennutz, Unregelmäßigkeiten und Bereicherungen der neu benannten Gevollmächtigten, so dass 1637 noch einmal ausdrücklich klargestellt werden musste, dass sie auf das Gemeinwohl zu achten und „sowohl des ganzen Landes Bestes zu wißen, alß auch insonderheit darnach zu sehen, daß der Executionsordnung und waß derselben anhengig, allerdings nachgelebet und da sie befinden, daß in dem einen oder anderm Kirchspiel demselben etwas zuwieder gesuchet, verhenget oder vorgenommen werde, solches [dem Landesherrn] zu gebührender Remediir-, auch nach Befinden des Vorsatzes, Bestraffung unterthenig [zu] hinterbringen" hätten.

Mit der Zustimmung des Landesherrn wurde gleichfalls fixiert, dass die Kirchspielvögte und die übrigen Gevollmächtigten ihren jeweiligen Nachfolger wählen sollten. Auf diese Weise war das Wahlrecht auf ein Kooptationsrecht, ein Zuwahlrecht des Gremiums, beschränkt, aber indirekt auch das Indigenatsrecht, das Recht auf Einheimische, für die Landes- und Kirchspielgevollmächtigten gesichert und mit ihrer Aufgabenstellung schließlich ein landschaftliches Gegengewicht und Kontrollorgan gegenüber den vom Landesherrn bestellten Landvögten und Kirchspielvögten geschaffen.

Dennoch kam es weiterhin zu Irritationen durch ehrgeizige Gevollmächtigte, die sich wie der ehrgeizige Johann Fehring aus Wesselburen Einfluss bei Hofe verschafften und öffentliche Mittel in ihre private Kasse umleiteten. Seine intrigante Korruption fand in dem standhaften Lundener Pastor Johannes Wendler, der sich als ehemaliger Hofprediger bei Herzog Friedrich III. durchsetzen konnte, einen erfolgreichen Widerpart. Dieser Vorfall und Unregelmäßigkeiten anderer landschaftlicher Finanzbeamter führten mit einer landesherrlichen Konstitution von 1643 zu der Regelung, dass „hinführo die Kirchspielsgevollmächtigten jedes Ohrtes, wan in Kirchspiels- und Landesachen Contributiones anzulegen, vier der Ältesten und Vornehmsten zu sich fordern und mit denselben nicht allein die Austheilung machen, besondern auch, wohin die Gelder zu verwenden, specificiren." Wenn von den sogenannten Deputierten einer starb, war sein Nachfolger von sämtlichen Kirchspieleingesessenen zu wählen und mit dem Vorwissen des Landesherrn einzusetzen.

Vom Grundsatz her war mit dieser Konstitution der Verfassungsrahmen für Norderdithmarschen verbindlich festgelegt. Was bisher auf Herkommen und Gewohnheitsrecht beruhte und sich den Erfordernissen anpassend fortentwickelt hatte, war jetzt an eine feste Form gebunden, deren Grundzüge wie die Ausdehnung der lokalen Kontrollaufgaben und Mitwirkungsrechte auf dem Finanzsektor sich auch in Süderdithmarschen bis in das 18. Jahrhundert wiederfinden.

Das Landesvorsteherkollegium und die Landespfennigmeister

Im königlichen Teil konnte der Landespfennigmeister, den wir in Norderdithmarschen sofort mit der Einrichtung des Landesvorsteherkollegiums als selbstbewusste unabhängige Persönlichkeit an dessen Spitze finden, nicht die gleiche selbständige und überragende Stellung in diesem Gremium finden. Hier blieb der Landvogt der dominante Sprecher der Landschaft, der ihre Petitionen und Beschwerden an den Landesherrn weitergab, während in Norderdithmarschen Pfennigmeister und Gevollmächtigte dieses Recht für sich behaupteten und auch erst später mit den Kirchspielvögten teilten, als diese dann nach Mitte des 17. Jahrhunderts in das Gremium integriert und in sein Selbstverständnis als Landesvertretung einbezogen wurden. Darüber hinaus leistete sich das Norderdithmarscher Kollegium einen speziellen Landnotar, der das Protokoll seiner Sitzungen und seine Rechtsgeschäfte führte. Süderdithmarschen beauftragte mit diesen Geschäften zumeist einen Meldorfer Advokaten und ließ die Aufgaben des landschaftlichen Kassenbeamten bis in die Mitte des 17. Jahrhunderts und wiederholt auch noch danach zugleich von dem landesherrlichen Landschreiber mit besorgen. Vielfach wird die Aufgabe von Kirchspielvögten im Nebenamt wahrgenommen. So kann sich hier nicht die dominante Stellung entwickeln, welche die Bedeutung, aber auch die Sorgen mit den Amtsinhabern im Norden prägte.

Eine stärkere Einbindung in das Landschaftsgefüge boten auch die Wahlmodalitäten in Süderdithmarschen, wo das Landesvorsteherkollegium seine lebenslänglichen Mitglieder aus drei von den jeweiligen Kirchspielen präsentierten Kandidaten auswählte. Damit besaß es bestimmenden Einfluss auf seine eigene Zusammensetzung und eine strukturelle Verzahnung mit den Kirchspielen. In Norderdithmarschen lag die Wahl der Landesgevollmächtigten bei den Kirchspielen, ohne dass die Landschaft darauf Einfluss nehmen konnte.

Den bedeutungsvollsten Unterschied in den dithmarsischen Landesversammlungen bildete aber deren Abstimmungsmodus. In Süderdithmarschen gab jedes Mitglied einzeln und für sich seine Stimme ab (Virilabstimmung), während in Norderdithmarschen kirchspielsweise abgestimmt wurde (Kuriatabstimmung). Mögen auf den ersten Blick in Norderdithmarschen die Kirchspielsinteressen besser gewahrt erscheinen, so zeigte sich in der Praxis das Gegenteil. Dort war es den Kirchspielvögten, die sich seit dem 18. Jahrhundert stärker zu vorwiegend landesherrlichen Beamten entwickelten, leicht möglich einen ihrer beigeordneten Landesgevollmächtigten für die Stimmabgabe in ihrem Sinne zu gewinnen. In Süderdithmarschen dagegen half neben dem individuellen Abstimmungsmodus vor allem die enge Verzahnung von Landschafts-, Kirchspiels- und Bauernschaftsverfassung, die landschaftlichen Interessen und Sonderheiten zu wahren.

b. Die Kirchspiele und ihre Vertreter

Der Kirchspielvogt

Unauffällig, aber konsequent wandelten sich die Geiseln und Gerichtsräte, deren Funktionen wir bei den Verhandlungen um die Kapitulationsakten und das Neue Dithmarscher Landrecht verfolgen konnten, zu Gerichtsverordneten, die unter dem Vorsitz des Landvogts das Gericht in den beiden Landschaften bildeten, und zu Kirchspielvögten in ihren Kirchspielen, in denen sie als landesherrliche Beamte Aufgaben nach Weisung des Landvogts durchführten und für Sicherheit, Ruhe und Ordnung im Kirchspiel sorgten. Als stimmberechtigte Mitglieder im Kirchenkollegium hatten sie Anteil an der Regelung der Kirchen- und Schulangelegenheiten vor Ort. Die Anliegen ihrer Kirchspielseingesessenen nahmen sie insbesondere in Steuerfragen und Umlagen in dem Landesvorsteherkollegium wahr und entwickelten und vertraten dort auch die Landespolitik, wie wir heute sagen würden.

Für die Wahl gab es kirchspielsweise unterschiedliche Voraussetzungen wie bestimmten Grund-, Haus- oder Vermögensbesitz. Verfahrensformen, die auf eine finanzielle Sicherheit bei der Amtsübung abzielten, wurden in Süderdithmarschen bereits 1642 getroffen. Deputierte der kirchspielsangehörigen Bauerschaften sollten drei qualifizierte, verständige Personen aus den vornehmsten im Lande geborenen Kirchspielseingesessenen wählen und dem König präsentieren. Im Jahre 1778 wurde die Präsentation auf alle gebürtigen Dithmarscher ausgedehnt. Von den Vorgeschlagenen setzte anfangs der Gouverneur, seit 1707 der König selbst einen nach der Empfehlung des Landvogts gegen eine Kaution von 2000 Reichstalern ein. Diese Sicherheit sollte in Norderdithmarschen dadurch gewährleistet werden, dass seit 1676 Kirchspielsgevollmächtigte, Deputierte und Älteste – wie in Wesselburen – nur vermögende Landbesitzer vorschlagen durften.

Die Kirchspielschreiber

Auf die Kirchspielsgevollmächtigten, die neben dem Kirchspielvogt im Landesvorsteherkollegium als vornehmste Vertreter gleichzeitig die Landespolitik repräsentierten, und die Deputierten, die ihre lokale Finanzpolitik kontrollierten, ist bereits hingewiesen worden. Neben den durchweg der bäuerlichen Führungsschicht entstammenden Repräsentanten standen die Kirchspielschreiber, zumeist nur gering besoldete Diakone, „die mit der Feder gewandter waren als die zu Kirchspielvögten beförderten

Bauern". Ihnen oblagen neben der Protokollführung in den Kirchen- und Kirchspielsversammlungen die gesamten Schrift- und Aktuariatsgeschäfte des Kirchspiels. In Süderdithmarschen wurden sie direkt vom Landesherrn ernannt, ohne dass er bei ihrer Ernennung wie in Norderdithmarschen an geborene Dithmarscher gebunden war. Dort galt seit 1605 das Indigenat und die freie Wahl durch die Kirchspielseinwohner, worüber diese im Rahmen ihres kirchlichen Patronatsrechts eifersüchtig wachten.

Als sich die Tätigkeit der Kirchspielschreiber besonders in den kleineren Kirchspielen als weitgehend überflüssig erwies, wurde in Süderdithmarschen – in königlicher Zeit auch im Norderteil – auf das Gutachten einer Reformkommission im Jahre 1701 verfügt, dass mit dem Tode des jeweiligen Amtsinhabers das Kirchspielschreiberamt auf den Kirchspielvogt übergehen sollte. Kurze Zeit darauf wurde folgerichtig wegen der nunmehr zu geringen Einkünfte die Aufhebung der Diakonate befohlen. Nur in Wöhrden blieb es bis 1763 und in Meldorf ohne Unterbrechung bis in die preußische Zeit bestehen. In Marne, dem größten Marschkirchspiel, erwies sich die Einziehung als Fehlgriff. 1723 wurde die Kirchspielschreiberei wieder eingerichtet.

Das Kirchspielvorsteherkollegium

Als zweites Organ des Kirchspiels gewann neben dem Kirchspielvogt das Kirchspielvorsteherkollegium ständig an maßgeblicher Bedeutung. In Süder- und Norderdithmarschen bestand in Entstehung, Zusammenhang und Aufgabenbereich insofern eine anfängliche Gleichheit, als der Kirchspielvogt und die Landesgevollmächtigten aus dem betreffenden Kirchspiel von Amts wegen Mitglieder dieses Gremiums wurden und das Vorsteherkollegium über diejenigen Angelegenheiten Beschlüsse fasste, die die Interessen des Kirchspiels als einer kommunalen Körperschaft verlangten. Jedoch ergaben sich in der Wahl der Landesgevollmächtigten erhebliche Unterschiede.

In Süderdithmarschen standen den gleichen, in der Wahlberechtigung unterschiedlichen Gruppen, die auf die Besetzung der Kirchspielvogtei Einfluss hatten, das Präsentationsrecht für drei Kandidaten zu. Von ihnen wählte das Landesvorsteherkollegium dann einen zum lebenslänglichen Landes- und Kirchspielsgevollmächtigten. In Norderdithmarschen dagegen lag die Wahl allein bei den Kirchspielen. Darüber hinaus war die weitere Zusammensetzung des Kirchspielvorsteherkollegiums in den beiden dithmarsischen Landesteilen in ihrer Struktur grundverschieden. In Süderdithmarschen bildete sich ein organischer Zusammenhang zwischen Kirchspiel und Bauerschaft heraus, der sich im Aufbau des Kirchspielvorsteherkollegiums deutlich widerspiegelte. Denn neben dem Kirchspielvogt und den Landesgevollmächtigten sind hier ausnahmslos auch die Bauerschaftsgevollmächtigten der zu dem jeweiligen Kirchspiel gehörigen Dorfschaften vertreten gewesen.

Diese auffällige Einheitlichkeit der Struktur, die wohl auf die straffere landesherrliche Führung zurückzuführen ist, fehlt in Norderdithmarschen völlig. Auch hier ist das Bestreben erkennbar, die sich fortlaufend ausweitende Finanzwirtschaft des Kirchspiels der Kontrolle einer größeren Zahl von Steuerpflichtigen zu unterwerfen, jedoch geht fast jedes Kirchspiel seinen eigenen Weg. Die letzte einheitliche Regelung bildete die Erweiterung des Kirchspielkollegiums um vier Deputierte. Dann aber treten unter verschiedener Benennung und in unterschiedlicher Zahl Adjunkten (Beigeordnete), Interessenten oder Kapitalisten hinzu. Insgesamt lässt sich diese Buntscheckigkeit im nördlichen Dithmarschen auf keinen gemeinsamen Nenner bringen, die partikularistischen Interessen der Kirchspiele überwiegen, ohne dass die berechtigten Ansprüche der Bauerschaften auf Mitspracherecht organisch wie in Süderdithmarschen berücksichtigt wurden.

c. Die Bauerschaft

Die Meentverfassung prägte in Dithmarschen vor und nach der Eroberung bis in das 19. Jahrhundert hinein die Grundlage und den Aufbau der Bauerschaft. Ihre Selbstverwaltungsaufgaben spielten sich auf Dorfebene ab, die eher einem heutigen Zweckverband ähnlich war, und umfassten gleichermaßen das Wege-, Wasser- und Brandwesen wie die Verwaltung der gemeinen Weide, die Sorge um den Schulunterricht und verschiedenste Polizeiaufgaben. Obwohl in Süderdithmarschen die Allmende bereits um die Mitte des 18. Jahrhunderts bis auf geringe Reste aufgeteilt war, bestimmten auch weiter die Vollbauern – d.h. anfangs die Besitzer eines ideellen Anteils an der Meente oder Allmende, später die Inhaber einer ererbten Meentgerechtigkeit – die Geschicke der Bauerschaft, da nur sie Stimmrecht in der Bauerschaftsversammlung besaßen.

Aus Änderungen der Besitzverhältnisse und der sozialen Struktur ergaben sich zahlreiche Ungerechtigkeiten in der Beteiligung an Rechten und Pflichten, d. h. an den Berechtigungen und Lasten im Rahmen der bauerschaftlichen Verwaltung. So konnte es geschehen, dass Eigentümer großer Ländereien in den Bauerschaftsversammlungen kein Mitspracherecht mehr hatten und bei Meentarbeiten nur geringe Handdienste leisten mussten, während landarme Inhaber der Meentgerechtigkeit zwar die Bauerschaftsbeschlüsse fassen konnten, aber auch zu schweren Spanndiensten verpflichtet waren. Diesen unerträglichen Zustand beseitigten die Inhaber von Meentgerechtigkeiten auf Grund ihres Stimmrechts relativ schnell, indem sie in neuen Bauerschaftsbeliebungen, die als Bauerschafts-

verfassungen in der Regel der Bestätigung des Landesherrn bedurften, die Lasten nach der Größe des Grundbesitzes regelten, wobei sie allerdings ihre Rechte in der alten Form unangetastet bestehen ließen.

Der Bauervogt oder Bauerschaftsgevollmächtigte

Den Vorsitz und das Protokoll der Bauerschaftsversammlungen führten Bauerschaftsgevollmächtigte, Bauerschaftsvorsteher oder Bauervögte. Sie verwalteten die Bauerschaftslade, kontrollierten die Pflugsteuerregister, verteilten die aus öffentlichen Verpachtungen erwachsenen Überschüsse und sollten alle Frühjahr Rechnung ablegen. An ihrer Wahl lassen sich die oligarchischen Züge der Meentverfassung ebenso verfolgen wie die timokratischen der neuen Bauerschaftsverfassungen; die Gruppenzugehörigkeit wurde durch Vermögensinteressen aufgelöst. Denn wahlberechtigt waren in der ersten Hälfte des 19. Jahrhunderts nur Hausbesitzer, Landbesitzer, Hauseigentümer mit Landbesitz, größere Steuerzahler oder auch noch Inhaber der alten Meentgerechtigkeit. Stets nahmen in Süderdithmarschen auf Grund einer landesherrlichen Verordnung vom Jahre 1701 der Kirchspielvogt und die Landesgevollmächtigten aktiv an der Wahl der Bauerschaftsgevollmächtigten teil.

Den Gewählten vereidigte der Landvogt und bestallte ihn auf drei Jahre. Es kam aber nicht selten vor, dass der Bauerschaftsvorsteher länger, ja lebenslänglich, im Amte blieb. Diese Entwicklung trat auch in Norderdithmarschen ein, wo zur Regelung der Dorfangelegenheiten die sogenannten „Zweimänner" alle ein bis drei Jahre gewählt werden sollten. Ergeben sich hier gewisse Ähnlichkeiten in Süder- und Norderdithmarschen, so dürfen sie nicht über die grundverschiedene Stellung der Bauerschaftsgevollmächtigten innerhalb der Kirchspielsverfassung hinwegtäuschen. Es muss ausdrücklich darauf hingewiesen werden, dass nur in Süderdithmarschen die Bauerschaftsgevollmächtigten ex officio an den Sitzungen des Kirchspielvorsteherkollegiums teilnahmen. In ihrer Person verkörperten sie die enge Verzahnung von Bauerschaft und Kirchspiel. Ihre Funktion ermöglichte das für Süderdithmarschen charakteristische Ineinandergreifen von Bauerschafts-, Kirchspiels- und Landschaftsverfassung, die in dieser Regelhaftigkeit in Norderdithmarschen nicht bestand.

4. Kriegs- und Krisenzeiten im 17. Jahrhundert

Bereits während des Dreißigjährigen Krieges, der im ersten Jahrzehnt als kaiserlich-niedersächsischer Krieg auf die Herzogtümer übergegriffen hatte, war es wegen einer Gottorfer Neutralitätspolitik zu Spannungen zwischen dem König und dem Herzog gekommen. Sie vertieften sich in den komplizierten dänisch-schwedischen Auseinandersetzungen, in denen es um die politische und wirtschaftliche Vormachtstellung im Ostseebereich ging und die zu großen Teilen kriegerisch auch auf dem Boden der Herzogtümer ausgetragen wurden.

a. Der schwedisch-dänische Krieg 1643–1645

Dänischer Druck auf die südelbischen Fürstbistümer Bremen und Verden und Erhöhungen des Sundzolls veranlasste die Schweden zu einem Angriff auf Dänemark und einen Einfall in die Herzogtümer. Am 12. Dezember 1643 drangen schwedische Truppen unter dem Kommando General Torstensons bei Trittau in Holstein ein und standen knapp einen Monat später im nördlichen Jütland.

Im Laufe der kriegerischen Auseinandersetzung zeigte sich die grundsätzlich dramatische Situation Dithmarschens, wenn die beiden Landesherren unterschiedlichen Lagern angehörten. Die Kriegslasten trafen sie wechselseitig, je nach Parteiensieg, und damit stets auch gemeinsam. Es konnte eine doppelte Last werden.

Im königlichen Süderdithmarschen rüstete man sich zur Abwehr der Feinde und errichtete Schanzen nahe dem alten Einfallstor bei Grünental und Hohenhörn, aber auch bei Brunsbüttel. Im herzoglichen Norderdithmarschen hoffte man auf Schonung, da der Gottorfer Herzog Friedrich III. Anfang Januar 1644 ein Neutralitätsabkommen abgeschlossen hatte, in dem Torstenson gegen die Zahlung von 100000 Rtl. und freies Quartier für seine Soldaten Schonung der gottorfischen Gebiete zugesagt hatte. Für beide Dithmarschen erfüllten sich die wechselseitigen Hoffnungen auf Abwehr oder Schonung nicht. Die Hohenhörner Schanze, die unter Kapitän Boye Broder aus Barlt verteidigt wurde, fiel bei dem ersten Angriff der Schweden unter Oberst Mortaigne. Die Süderdithmarscher Verluste betrugen etwa 27 Tote und 170 Gefangene. Anschließend wurden Krumstedt, Schafstedt und die Dörfer der Meldorfer Umgebung geplündert und der Landschaft Natural- und Geldlieferungen abgepresst.

Dies war der Auftakt kleinräumiger Kriegshandlungen, da dänisch-königliche Truppen, die in den Festungen Glückstadt und Krempe lagen, immer wieder auch Entlastungsangriffe gegen schwedische Einheiten in Süderdithmarschen vortrugen, wie Anfang Februar bis nach Meldorf, wo sie 50 Schweden gefangen nahmen, oder Mitte März, als sie bis nach Brunsbüttel hinunter plündernde Schweden auf dem Rückzug bei Gokels überraschten und viele von ihnen in Krempe gefangen setzten. Ähnliches geschah Ende April bei einem schwedischem Beutezug in die Umgebung von Albersdorf, Röst, Tensbüttel und

Nindorf, wo sie von Oberstleutnant Becker zurückgeschlagen werden konnten. Aber dieser Schutz war nicht umsonst, denn auch die eigenen Soldaten verübten bei ihren Aufenthalten in den Dörfern „mit Frethen, Supende, Geldtpreßuren und Abnahme der Besten, Güder und Perden grote Insolentien (mit Fressen, Saufen, Gelderpressung und Wegnahme von Vieh, Gerät und Pferden großes Ungemach)."

Wenn die Schweden auch das militärische Geschehen bestimmten, so bedeutete dies für Norderdithmarschen keineswegs Sicherheit vor Übergriffen der „Schutztruppen" oder vor königlichen Landestruppen aus Süderdithmarschen. Bereits im Dezember 1643 hatte Landvogt Johannes Vieth die Landschaft Norderdithmarschen in Alarmbereitschaft versetzen, an die Männer Gewehre ausgeben und u.a. die Schanzen bei Tielenbrücke, an der Aubrücke bei Süderheistedt und die Hamme bei Heide instand setzen lassen. Zu diesen Reallasten trat die anteilige Umlage von 20000 Rtl. an dem herzoglichen „Schutzgeld" für die Schweden, das anfangs als gemischte Kopf- und Vermögenssteuer mit 1 Rtl. pro Person bzw. 11 Schilling je 100 Ml. Grundbesitz erhoben wurde, späterhin aber wegen Schwierigkeiten bei der Einziehung verschiedentlich variiert wurde. Gegen marodierende Soldaten und Deserteure wurde eine Schutzwache von Dragonern in Heide stationiert.

All diese Maßnahmen boten aber dennoch keine Sicherheit z.B. gegen die Einquartierung dänisch-königlicher Truppen, die nach ihrer Rückverlagerung aus südelbisch-bremischen Gebieten im Juni mit 5000 Mann Heide überfluteten, oder gegen königliche Truppen, die über die Eider nach Rendsburg vorgestoßen waren, von den Schweden aber Ende Juni zurückgeworfen und wiederum in Heide einquartiert wurden.

Im Sommer wurde die Situation noch schwieriger, als kaiserliche Truppen mit 14 000 Mann unter dem Oberbefehlshaber Gallas dem Dänenkönig zu Hilfe eilten. Sie waren allerdings wenig aktiv, so dass die Schweden nach kurzfristiger Räumung der Herzogtümer das Land mit Kontingenten unter dem Befehl Helmut Wrangels ab Herbst 1644 wieder unter ihre Kontrolle bringen konnten. U.a. wurden größere königliche Kontingente vertrieben, die Anfang Februar 1645 Meldorf besetzt und seine Umgebung schlimmer als die Feinde ausgeplündert hatten. Jetzt wurde die Stadt kurzfristig zum schwedischen Hauptquartier umfunktioniert und von hier aus erneut die Geest und die reicheren Marschgebiete geplündert, bevor Wrangel über Albersdorf zur Belagerung Rendsburgs abzog und sich dort bis zum Friedensschluss festsetzte.

Den Freiraum nutzten Truppen von Christians IV. Sohn, des Bremer Erzbischofs Friedrich, der vier Jahre später als König Friedrich III. den dänischen Thron besteigen sollte, um in großer Zahl unter dem Befehl des Obersten Heinrich von Buchwald über Norderdithmarschen, dem sie einige hundert Taler Kontribution abpressten, nach Eiderstedt um von dort vergeblich zur Befreiung Rendsburgs vorzustoßen. Auf ihrem Rückzug unterschätzten sie Schnelligkeit und List ihrer schwedischen Verfolger und wurden am 16. April nach ihrem Übergang über die Süderheistedter Aubrücke zur überraschenden Schlacht gestellt. Mehr als 1000 königliche Soldaten sollen getötet und 750 Mann, darunter von Buchwald, gefangen worden sein. Es war einer der letzten großen, blutigen Kämpfe auf Dithmarscher Boden.

Die Sieger erholten sich sieben Wochen in sicherer Position hinter der Broklandsau und lebten von Süderdithmarscher Kontributionen und auch Geldzahlungen Norderdithmarschens, das eigentlich von Beiträgen befreit sein sollte.

Der dänisch-schwedische Friedensschluss im südschwedischen Brömsebro vom 13. August 1645, der von Dänemark große Opfer forderte, sollte Ruhe bringen. Doch hatte gerade Süderdithmarschen noch bis Monatsende schwedische Einquartierung zu tragen, an welche sich die königlich-dänischen Truppen bis Anfang 1646 anschlossen. Das große Friedensfest, das am 8. Oktober 1645 mit Dankgottesdiensten in Meldorf und den anderen Süderdithmarscher Kirchspielen begangen wurde, hatte wohl mehr symbolischen Charakter. Denn nach dem Westfälischen Frieden von 1648 wurde schwedisches Militär als Friedensgarant noch über ein Dreivierteljahr im Süderteil stationiert, bevor eine kurze Friedensphase eintrat. Sie reichte nicht aus, eine Schadensaufnahme und eine angemessene Umverteilung der Kriegskosten vorzunehmen. Die Geestkirchspiele und Flecken fühlten sich benachteiligt. Sie hatten als militärische Durchzugs- und Einquartierungsgebiete höhere Lasten getragen als die abgelegenen, verkehrsfeindlicheren Marschgebiete, die sich trotz ihres Reichtums beim Schadensausgleich nur bedingt ersatzwillig zeigten.

b. Der dänisch-schwedische Krieg 1657–1660

Die Friedensschlüsse von Brömsebro (1645) und von Osnabrück und Münster (1648) hatten die Stellung Dänemarks in Nordeuropa geschwächt. Sie hatten unter diesen Prämissen auch keine Annäherung unter den schleswig-holsteinischen Landesherren gebracht. König Friedrich III. von Dänemark rechnete sich aufgrund neuer großpolitischer Konstellationen im Winterhalbjahr 1656/57 gute Chancen aus, einen neuen Waffengang mit Schweden zu wagen und u.a. Landverluste jenseits des Öresunds zurückzugewinnen.

Der Gottorfer Herzog Friedrich III. musste erleben, dass sein Rivale ohne Rücksicht auf ihren Unionsvertrag

von 1623 und mit Einwilligung der Ständeversammlung im Juni 1657 Schweden den Krieg erklärte. Er selbst sah sich damit auf die Seite seines Schwagers Karl X. Gustav gedrängt, mit dessen General Wrangel er bereits im April eine „Salva Guardia", ein Schutzvertrag für die Gottorfer Lande abgeschlossen hatte. Damit ergab sich für Norder- und Süderdithmarschen wieder die gleiche Situation wie zwei Jahre zuvor; des einen Verbündeter war des anderen Feind, und beide schonten im Zweifelsfall den Dithmarscher Nachbarn nicht.

Zur Abwehr der gegen Schleswig-Holstein vorrückenden schwedischen Truppen waren dänische Truppen unter Reichsmarschall Andreas Bilde bereitgestellt worden. Diese rund 1200 Mann versorgten sich sechs Wochen lang in Norderdithmarschen und erpressten 12000 Rtl. Kontribution. Als sie von den Schweden im Sommer vertrieben wurden, brandschatzten diese auf ihrem Durchzug Süderdithmarschen. Während unter dem Druck einer Belagerung Kopenhagens Friedensverhandlungen geführt wurden, richteten sich schwedische Kontingente im März 1658 in Meldorf ein. Sie kamen auch im Juli zur Einquartierung wieder dorthin sowie nach Wöhrden und in die benachbarten Dörfer.

In Norderdithmarschen sorgten Infanterieeinheiten des Herzogs, die sich aus Iren, Schotten und Franzosen zusammensetzten, für Sicherheit vor dem Feind, verursachten aber auch nicht geringe Kosten. Der zwischen Dänemark und Schweden geschlossene Friede von Roskilde vom 26. Februar 1658 brachte Schweden den Gewinn von Schonen, Blekinge und Halland; die Dänen verloren also ihre alten Kerngebiete jenseits des Sundes. Die Regelun-

Jakobuskirche in Brunsbüttel von 1678. Die Kirche wurde im Zuge der Rückverlegung des Ortes erbaut, da die Elbe sich immer näher an den alten Ort Brunsbüttel verlagert hatte und zur Gefahr geworden war.

gen wurden um den Kopenhagener Vergleich vom 13. Mai 1658 ergänzt, der, zwischen Dänemark und Gottorf abgeschlossen, den Herzögen vor allem die Souveränität über ihre Schleswiger Gebietsanteile brachte; ein sehr zweifelhafter Erfolg, der das Verhältnis zwischen den Landesherren der Herzogtümer und damit auch des geteilten Dithmarschen mehr als hundert Jahre unaufhörlich belasten sollte.

Der Friede war brüchig und kurz. Bereits im Sommer 1658 erneuerte Karl X. Gustav von Schweden seinen Krieg gegen Dänemark, das ein Bündnis zwischen Polen, Brandenburg und Österreich gegen ihre Feinde zustande brachte. Die Schweden, die sich eine Zeitlang unter ihrem General, dem Pfalzgrafen Philipp von Sulzbach, in Holstein hielten und auch Süderdithmarschen heimsuchten, wichen vor dem 30 000 Mann starken brandenburgischen Heer mit polnischen und österreichischen Kontingenten zurück. Diese Truppen rückten gegen das schwedisch besetzte Friedrichsodde (heute: Fredericia) vor und ernährten sich „aus dem Lande". Die Grausamkeiten, Plünderungen und Quälereien dieses Feldzugs haben sich als „Polackenkrieg" lange und tief in die Erinnerung der Bevölkerung, auch Dithmarschens, eingegraben.

Norderdithmarschen war besonders betroffen. Aus jüngerer Forschung wissen wir speziell um die Belastungen des Kirchspiels Tellingstedt. Dort waren zeitweilig Reiter der Leibkompanie des Feldmarschalls von Sparr, aber auch Kompanien des Rittmeisters Derfflinger einquartiert, deren Pferde einige hundert Reichstaler „Fourage und Mundirung" (Futter und Versorgung) kosteten. Die Offiziere nahmen dem Kirchspielvogt und seinem Sohn Privatvermögen und Steuergelder bis an die Grenze ihres Ruins ab und verlangten für ihre Küche verschwenderisch „Butter, Käse, Kälber, Speck, Milch und was sonst erfordert", für ihre Transporte Wagenführer, Pferde und Fuhrwerke, für ihre Spähritte wegkundige Führer, Wegproviant sowie Trink- und Zehrgelder. Sie ließen sich aber auch manches Trinkgelage bezahlen und ihre mitziehenden Familien oder Marketenderinnen unterhalten. Die Kosten des Kirchspiels betrugen für die Brandenburger neben den allgemeinen Magazin- und Einquartierungskosten die immense Summe von rund 3000 Rtl. Ihre anteilige Erstattung beantragte der Kirchspielvogt mit einer „General-Kriegsrechnung" bei der Landschaft, die sich mit den Anträgen auf Ersatz- und Ausgleichzahlungen auch anderer Kirchspiele auf der Ebene des Landesvorsteherkollegiums noch Jahre lang überzogen und überfordert sah.

c. Krisen- und Besatzungszeiten

Nach dem Kopenhagener Frieden verstanden sich die beiden Landesherren als souveräne Fürsten im Herzogtum Schleswig, handhaben in ihren Territorien ansonsten Verwaltung und Rechtsprechung und die gemeinsame Regierung über die adligen Gebiete in herkömmlicher Weise, ohne sich allerdings in ihren unterschiedlichen politischen Standpunkten näher zu kommen. Beiderseitige Bemühungen, alte Streitpunkte in einzelnen Fällen durch Verhandlungen zu klären, blieben ohne wesentliche Erfolge. Auch durch eine politische Heirat Herzog Christian Albrechts mit der dänischen Prinzessin Friederike Amalie 1667 wurde das gespannte Verhältnis der beiden Landesherren nur für kurze Zeit verbessert.

Mit dem Regierungsantritt Christians V. von Dänemark brachen die unversöhnlichen Gegensätze wieder auf; er sah in den mit Schweden verbündeten Gottorfern eine tödliche Gefahr im Rücken Dänemarks, das sich durch mögliche feindliche Soldaten in den gottorfischen Aufmarschgebieten von Eiderstedt, über den Hafen Kiel und bis zum Fürstbistum Lübeck bedroht fühlte. Für Herzog Christian Albrecht andererseits lag die Garantie seiner Souveränität und Eigenständigkeit allein bei einer starken Macht Schweden. Bei ihren Truppen hatte er sich befunden, als sein Vater in der Festung Tönning starb. So konnte er erst im Herbst 1660 zur Huldigung seiner Landschaft Norderdithmarschen nach Heide kommen und mit dem Treueeid ein Willkommgeschenk von 3000 Rtl. entgegennehmen. Norderdithmarschen sollte trotz schlechter Konjunkturlage zu seinem wichtigsten Steuerzahler werden.

Da Christian Albrecht sich durch ein Bündnis von 1661 und dessen Erneuerung 1672 der Allianz Schwedens versichert hatte und 1674 zur Vertiefung der Verbundenheit auch nach Stockholm reiste, lag es nahe, dass sein Rivale Christian V. eine außenpolitische Schwächung des französisch-schwedischen Bündnisses nutzte, als sich Spaniens Kaiser, Dänemark, viele deutsche Reichsstände und auch Brandenburg zusammenfanden. Die Nachricht vom Sieg des Großen Kurfürsten Friedrich Wilhelm über das schwedische Heer bei Fehrbellin 1675 ermutigte ihn, seinen Gegner Christian Albrecht, der sich gerade mit seinen Räten in Rendsburg aufhielt, in der königlichen Stadt gefangen zu setzen.

Im Rendsburger Rezess (Vereinbarung) vom 10. Juli zwang er Christian Albrecht vor allem auf die Souveränität über seine Schleswiger Gebiete, auf die Errungenschaften der Friedensschlüsse von Roskilde und Kopenhagen sowie auf alte Bündnisklauseln zu verzichten und die Festungen Gottorf, Tönning und die Stapelholmer Schanzen zu schleifen. Da der Herzog sich im Lande nicht mehr sicher fühlte, wich er im Frühjahr 1676 ins Exil nach Hamburg aus.

Der König beschlagnahmte jetzt nicht nur die gottorfischen Gebiete Schleswigs, auch gegen andere Territorien des Gottorfers übte er Pressionen aus. So hatte insbesondere Norderdithmarschen zu leiden. Schon im September

1675 hatte er dort zeitweilig Teile seiner Leibgarde ins Quartier gelegt. Im Frühjahr 1679 waren es dann Artillerieschwadronen mit Mannschaft und Pferden, deren Unterhalt die Einwohner auspresste. Schließlich entsandte er auch seine Steuerkommissare dorthin, die seit 1675 jährlich unberechtigte Kontributionen eintrieben und auch den landschaftlichen Beamten Sondersteuern auferlegten. Große Verwirrung richteten ebenfalls die widersprechenden Erlasse und Befehle der verfeindeten Landesherren in Münzangelegenheiten, bei neuen Pflugumlagen und auch in Sachen Kopf-, Vieh- und Zinssteuer an.

So begrüßten die Norderdithmarscher den Frieden von Fontainbleau vom 23. August 1679, der Dänemark zwang, eroberte Gebiete herauszugeben und auch den Gottorfer Herzog wieder in seine alten Rechte einzusetzen. Zusammen mit den anderen gottorfischen Untertanen feierten sie im Januar 1680 ein großes Dankfest.

Freude und Frieden hielten nicht lange an. König Christian V. beeinflusste und nutzte das Wechselspiel europäischer Bündnisse. Ab 1682 nahm er mit dem Rückenwind militärischer und politischer Erfolge seines neuen Verbündeten Frankreich die antigottorfische Politik und Drangsalierung wieder auf. Er legte nach bekannter Methode militärische Einquartierung in herzogliche Gebiete, ließ dort erneut durch seine Beamten Steuern eintreiben und beschlagnahmte durch Okkupationspatent vom 30. Mai 1684 wiederum die herzoglichen Anteile Schleswigs. Herzog Christian Albrecht floh nach Hamburg ins bittere Exil. Norderdithmarschen musste fünf Jahre lang seine Steuern wieder an den König abliefern und militärische Einquartierung ertragen, bis Christian Albrecht in dem Altonaer Vergleich vom 20. Juni 1689 restituiert wurde und seine Souveränitäts-, Steuer-, Festungs- und Bündnisrechte wieder ausüben konnte.

Die Einwohner Süderdithmarschens waren den besonderen Lasten der politischen Wechselverhältnisse zwischen den Landesherren nicht ausgesetzt. Aber die Konjunkturen an sich waren in der zweiten Hälfte des 17. Jahrhunderts insgesamt schlecht und zusätzliche Belastungen nur schwer zu ertragen. So beklagten sich die Meldorfer dann auch lebhaft über eine unliebsame Einquartierung der 3. Kompanie des königlichen Leibregiments im August 1689. Der Flecken habe nicht nur zu den Kriegskosten für Reparaturen an Brücken in Brunsbüttel und Eddelak beitragen müssen und Schaden durch Missernten und Handwerkerkonkurse erlitten. Jetzt müssten sie auch Diebstahl und Plünderung durch eigene Truppen hinnehmen, könnten das heimliche Abernten der Felder nicht verhindern, müssten den Schwarzmarkt und -handel der Marketender auf Kosten ihrer Händler und Handwerker erleiden und selbst Küchengeschirr und Kleidung unter Verschluss halten.

In einer kurzen Folgezeit, die nur bis zum Tode Herzog Christian Albrechts im Jahre 1694 andauerte, näherten sich die Landesherren in ihren Interessen einander an; die Wirtschaft fand bessere Rahmenbedingungen. Aber insgesamt ist festzustellen, dass die Landesherren nicht nur ihre Souveränität gegeneinander, sondern ihre absolutistische Stellung jeweils nach innen verstärkt hatten. Das galt für die Ausschaltung der Stände beim Steuerbewilligungsrecht, bei der Stärkung der Hofverwaltung, der Erhebung neuer Steuern und einer stärkeren Reglementierung des täglichen Lebens. Vor Eingriffen in herkömmliche Rechte schreckten die Landesherren umso weniger zurück, wenn sie damit neue Einnahmequellen erschließen konnten. Diese Entwicklung zeigte sich auch bei der Konzessionierung von Deichvorhaben, die zum Ende des Jahrhunderts eine neue Qualität gewannen.

5. Die oktroyierten Köge

Das Ringen mit dem Meer und die Eindeichung und Sicherung neuer Köge waren seit dem Mittelalter genossenschaftliche Angelegenheit gewesen. So deichten die hinter dem alten Deich wohnenden Anrainer das angewachsene Neuland aus eigener Kraft und mit eigenen Mitteln ein. Dafür erhielten sie nach der Größe ihrer binnendeichs gelegenen Ländereien „Morgen Morgens gelik" Eigentumsanteile an dem neuen Koogsland, das auch der dahinter liegenden Bauerschaft und dem Kirchspiel zugerechnet wurde. Auf diese Weise wurden z. B. in Süderdithmarschen der Große Koog Ammerswurth-Marne (1578–1581) oder der Marner Neue Koog (1608), in Norderdithmarschen um die Jahrhundertwende die Heringsander, Hillgrovener und Rathsmeder Köge sowie die Schülper und Strübbeler Weide gewonnen. Auch die Landfestmachung der Insel Büsum 1575 und die Gewinnung des Wardammkooges 1609 waren nach dieser Tradition und Rechtsauffassung erfolgt.

Zu Beginn des 17. Jahrhunderts zeigten sich erste Begehrlichkeiten der Landesherren, die einen Anspruch auf den Außendeich als Regal, also als landesherrliches Recht und Eigentum, erhoben. Sie waren aus grundsätzlichen Erwägungen und auch zu ihrem finanziellen Vorteil nur bereit, Vorland an Interessenten gegen eine „Recognition", also Geldzahlung, und aufgrund einer „Concession" oder „Oktroi", einer schriftlichen Vereinbarung, zur Nutzung oder Eindeichung zu überlassen. In Norderdithmarschen finden sich solche Regelungen erstmals in einem Reskript Herzog Johann Adolfs vom 7. Juli 1615, in dem er den Büsumern Auflagen bei der Eindeichung des Kretjenkooges macht. Sein Nachfolger Herzog Friedrich III. erhebt Anspruch auf das ganze eindeichungsreife Vorland von der Schülper Südgrenze bis zur Wollersumer Fähre. Gegen eine ansehnliche Recognition „verschenkt" er es mit einer Konzession vom 13. August 1623, die auch einschränkende Gräsungs- und Nutzungsrechte enthielt, an die Hamburger Kaufleute Mohrs, von denen Teile die Schülper Bauernschaft und Teile das Kirchspiel Hemme zurückkauften.

Gleiche Ansprüche finden sich auch auf königlicher Seite, wenn König Friedrich IV. in einer „Verordnung zu Verbesserung der herrschaftlichen Intraden" 1667 Anspruch auf die Nutzung der Außendeichländereien erheben ließ. In einem Bescheid vom 30. Dezember 1671 schließlich erklärte König Christian V., dass die „Jura alluviorum und Anwächse unstreitig ad Regalia (zu den königlichen Hoheitsrechten), und also folglich Höchstgedachter Ihr. Königl. Majestät tamquam Domino et Principi territorii (als dem Herrn und Fürsten des Gebietes), pleno et omnis modo jure (zu vollem und unbedingtem Recht) zugehörten".

Mit dieser bestimmten Rechtsauffassung und der unbestrittenen Einführung des Außendeichregals waren die Landesherren auf den gewinnbringenden Verkauf des Vorlandes an einzelne oder mehrere Personen aus. Die Deichanlieger mussten im Kleinen hart um Nutzungsrechte, und seien es nur Gräsungsrechte, an ihrem Vorland

ringen. Bedeutung und Ausmaß des Außendeichregals wurden aber erst bei größeren Deichbauvorhaben deutlich.

a. Der Hedwigenkoog

Unter dem 10. März 1695 hatte Herzog Friedrich IV. dem Geheimen Etatsrat J. L. von Pincier und dem Baron von Königstein ein „General-Oktroy" ausgestellt, mit dem er sich über die herkömmlichen Rechte Norderdithmarscher Kirchspiele hinwegsetzte. Er übertrug von Pincier, seinem einflussreichen Hofbeamten, ohne jede Gegenleistung die Ermächtigung „an allen Ohrten in gedachter Norderdithmarschen, wo er bequeme Gelegenheit siehet, sonderlich bey Büsum, sothane Bedeichung eigenes Gefallens auf seine Kosten zu vollführen." Zu dem Vorhaben durfte er heranziehen, wen er wollte. Über den Koog sollte er freie Verfügungsgewalt haben und in der Verwaltung und Rechtsprechung die gleichen Vorrechte haben, wie sie privilegierte Partizipanten (Koogseigner) in Eiderstedt und auf Nordstrand genossen. Gegen den energischen Wider-

Karte des Hedwigenkoogs von Hagen Simon von 1725.

stand der benachbarten Kirchspiele Büsum und Wesselbu-ren packte von Pincier das Deichvorhaben an. Er beauf-tragte mit der Bauausführung den Eiderstedter Deichgra-fen Ove Lorentzen, der die Arbeiten im Frühjahr aufnahm, im Mai das große Tief des ehemaligen Wartstroms durch-dämmte und im September 1696 den neuen Koog mit rund 2100 Demat (ca. 1050 ha) und 5,7 km Deichlänge fertigstellen konnte.

Der Koog erhielt den Namen Hedwigenkoog nach Hedwig Sophie, der Ehefrau des regierenden Herzogs Friedrich IV. und der Schwester des Schwedenkönigs Karl XII. Der Protest des Wesselburener Kirchspielvogts Claus Dethlefs war verhallt, der sich in verschiedenen Missionen gegen die Beschneidung der alten Rechte und gegen den Ausschluss von dem Deichbau eingesetzt und protestiert hatte: „Nun so wollen wir's Gott im Himmel klagen, der ein gerechter und gnädiger Gott ist. Der Koog mag einen Namen kriegen, wen er will, der Tränenkoog wird doch sein bester Name sein, den wird er behalten, solange noch ein Stück vom Koog vorhanden ist."

Der Koog stand unabhängig neben der Landschaft Norderdithmarschen. Das „Oktroy über den Hedwigen Koeg" vom August 1696 sicherte den Einwohnern Zoll-freiheit, Gewerbefreiheit, freie Jagd, freien Fischfang und das Recht auf den Anwuchs im Vorland. Wichtig waren für die ersten Besitzer der 17 Koogshöfe Steuerfreiheit über 18 Jahre und später ein fester jährlicher Canon (Abgabe) von 1/2 Reichstaler je Demat Landes zu Martini. Schließ-lich räumte § 16 des Oktroi den Koogseignern das Ei-derstedter Landrecht als Grundlage ihrer Rechtsprechung ein und § 18 bestimmte, dass nur Landeigentümer mit mehr als 70 Demat stimmberechtigt an der Selbstverwal-tung des Kooges teilhaben durften.

Die Selbstverwaltung der Koogsinteressenten stand nach den Sturmfluten der Jahre 1717 und 1720 vor einer harten Bewährungsprobe. 36 Menschenleben waren zu beklagen. 320 Rinder, 80 Pferde, 80 Schweine und 500 Schafe waren ertrunken und 28 Häuser und fast drei Kilo-meter Deich zerstört. Viele dachten an Aufgabe des neu gewonnenen Kooges, doch bot die Fruchtbarkeit des jun-gen Marschbodens gute Voraussetzungen für einen neu-en Start. Über ihn unterrichtet eine der ersten Flurkarten des Dithmarscher Raums, die von Hagen Simon 1725 ge-zeichnete Karte des Hedwigenkoogs. Sie wird durch ein umfassendes Demat-Register (Landverzeichnis) ergänzt und bietet einen ausgezeichneten Einblick in das Wirt-schaftsleben des von der Landschaft Norderdithmarschen unabhängigen Kooges, dessen Eigentümer aus dem Hofa-del und der hohen Beamtenschaft das Land durch Pächter bestellen ließen.

Insgesamt blieb ein gewisses Spannungsverhältnis zu den benachbarten Kirchspielen Büsum und Wesselburen. Auch wenn 1712 einige Kompromisse in der künftigen Nutzung des Nord- und Südgrovener Außendeichs erzielt

werden konnten, besaß der Hedwigenkoog weiterhin sei-ne besondere Rechtsstellung und blieb bis zur preußi-schen Zeit außerhalb des Norderdithmarscher Deichban-des.

b. Der Friedrichsgabekoog

Das alte Kirchspiel Wöhrden war im Interesse der Gleich-heit landesherrlicher Steuereinkünfte auf Norder- und Sü-derdithmarschen aufgeteilt worden. Nördlich und südlich dieser Grenze war zu beiden Seiten des alten Wardstroms neues Land angewachsen. Für seinen Bereich übertrug König Friedrich IV. in ungewöhnlicher Großzügigkeit unter dem 14. Juni 1701 die Eindeichungsrechte auf den Ober-kammersekretär Ernst Ulrich Dose. Fast gleichzeitig schenkte Herzog Friedrich IV. durch Oktroi vom 12. Juli 1701 seine nördlichen Anteile zur Eindeichung an den Ge-heimen Rat von Banier. Eine Eindeichung der Teilbereiche war wegen der übergroßen Deichlängen unsinnig. Aus wirtschaftlichen Gründen war nur eine Gesamtbedei-chung dieses Gebiets vernünftig. Hierfür setzten sich der Etatsrat und Vizekanzler Johann Jacob von Wasmer und B. von Ahlefeldt ein. Sie kauften die Rechte Doses und später auch von Baniers auf und erreichten, dass im Jahr 1714 die Bedeichung bei einer Deichlänge von rund 3 km Länge unter „vieler Gefahr und ihrem eigenen Ruin bewerkstel-ligt" und ca. 1010 Demat Land gewonnen werden konn-te. Die fünf Höfe, die den anfangs Wasmer- und später Friedrichsgabekoog genannten Koog ausmachten, stan-den zumeist im Besitz von Adligen und gingen erst später auf Bürgerliche über.

Für ihren Besitz, der zu sieben Zehnteln auf könig-lichem und zu drei Zehnteln auf herzoglichem Gebiet lag, waren ihnen von den Landesherren weitgehende Sonder-rechte eingeräumt worden. Für den an die Landschaft Sü-derdithmarschen grenzenden königlichen Teil beruhten sie auf einer bereits 1701 dem Oberkammersekretär Dose ausgestellten Oktroi. Darin hatte König Friedrich IV. den Koogbewohnern neben umfangreichen Steuerfreiheiten, Jagd-, Fischgerechtigkeit und Gewerbefreiheit vor allem eine eigenständige Gerichtsbarkeit in Zivil- und Kriminal-sachen mit einem Appellationsrecht an die Glückstädter Kanzlei zugestanden. Die Einwohner besaßen ferner ein eigenes Polizeiwesen, eine selbständige Verwaltung und das Recht, sich einen Inspektor als Aufsichtsbeamten über das Justiz-, Deich-, Siel- und Wegewesen frei zu wählen. Hieraus geht deutlich hervor, dass der oktroyierte Koog außerhalb der Landschaft Süderdithmarschen ein kommu-nales Eigenleben führte. Gleiches galt für den nördlichen Bereich des Kooges, der in seinen Rechten dem Hedwi-genkoog vergleichbar, ein Kommunalleben außerhalb der Landschaft Norderdithmarschen führte. Es wurde erst

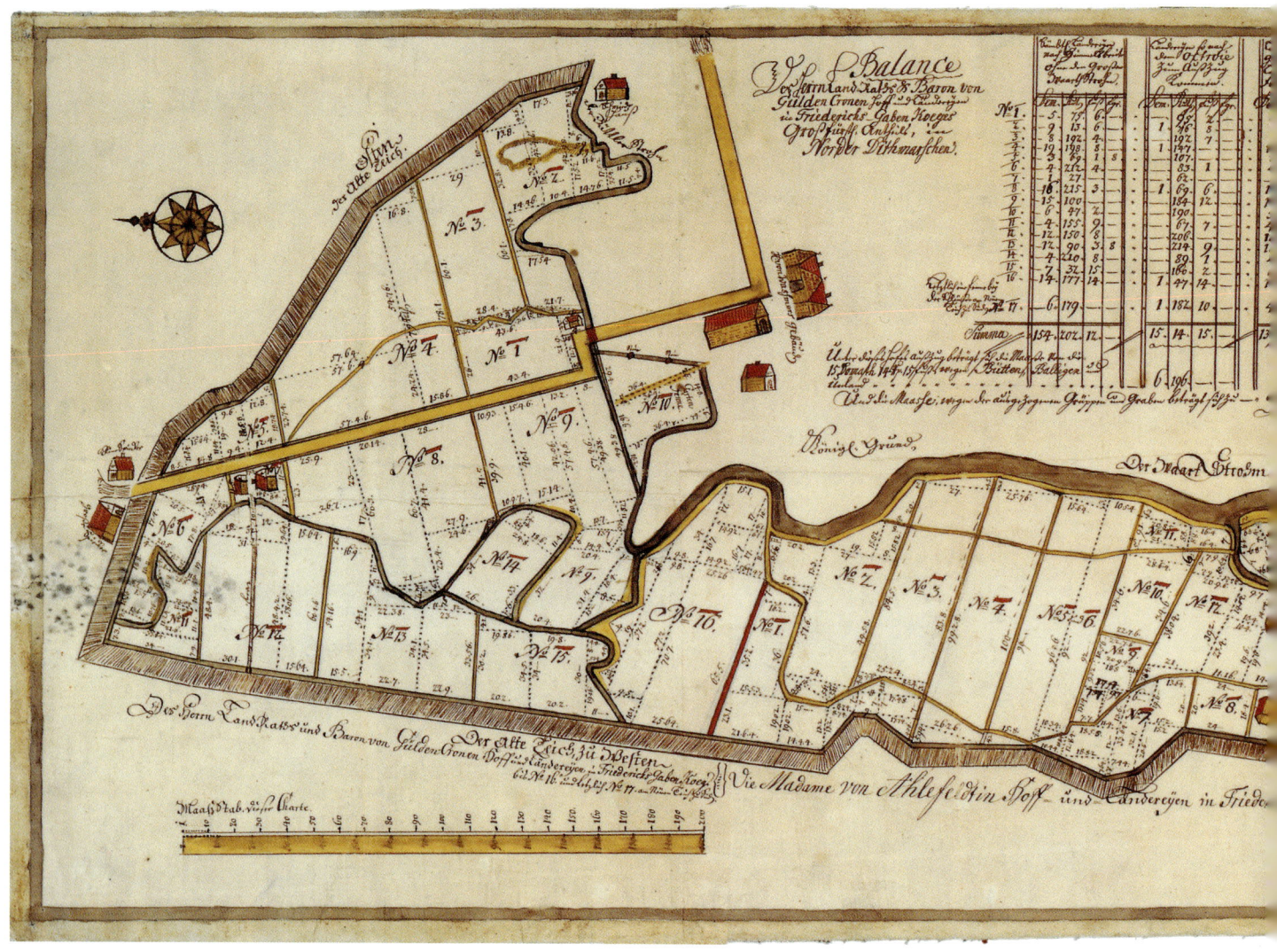

Hof und Ländereien des Friedrichs-Gabe-Kooges in Norderdithmarschen, 1774.

1867 durch die Eingliederung in den Kreis Norderdithmarschen beseitigt, an dessen Kreistagssitzungen fortan ein Vertreter des Kooges teilnahm.

c. Der Sophienkoog

Eine ähnliche Sonderstellung nahm bis zur preußischen Zeit der Sophienkoog ein. Er war im Jahre 1718 nach einer schweren Sturmflut mit einer Deichlänge von ca. 4,5 km zur Sicherung älterer Ländereien von den Einwohnern des Kirchspiels Marne gesichert worden. Jedoch gelangte er nicht in den Besitz des Kirchspiels, da König Friedrich IV. das Vorland nach verschiedentlichen früheren Verpachtungen seiner morganatischen Gemahlin Anna Sophie von Reventlow geschenkt hatte. Sie gab den Koog 1725 in Erbpacht an den süderdithmarsischen Landschreiber Hans Jebens. Ihm räumte der König auf Ansuchen seiner Frau durch ein Oktroi vom 26. April 1725 ähnlich weitrei-

chende Freiheiten und Rechte ein, wie sie der Friedrichsgabekoog bereits besaß.

6. Der Nordische Krieg

Als Herzog Friedrich IV. nach dem Tode seines Vaters am 23. Dezember 1694 die Gottorfer Herrschaft antrat, verschärften sich wieder die Spannungen mit Dänemark. Er hatte die entehrenden Exilaufenthalte seines Vaters vor Augen und war zur Erhaltung der Souveränität darauf bedacht, das traditionelle Verhältnis zu Schweden zu stärken und die Sicherheit seiner Lande durch dem Ausbau der Festung Tönning und der Schanzen in Stapelholm und vor Hollingstedt, Schwabstedt und Husum zu festigen. Dabei halfen seit 1695 mehr als 500 schwedische Militärs und Fachleute. In der Vorliebe für das Militär wusste er sich einig mit seinem jüngeren Vetter und späteren Schwager,

et fortalitiorum", das Bewaffnungs- und Befestigungsrecht, bestätigt.

Die politischen Übergriffe und die militärischen Auseinandersetzungen um Tönning konnten nicht ohne Auswirkungen auf die beiden Dithmarschen bleiben. Bereits im März 1700 waren Norddithmarscher Amtsträger entlassen worden. Königliche Beamte hatten sich der Ämter, Kassen und landesherrlichen Steuern in Norderdithmarschen bemächtigt. In Heide und Lunden mussten die einquartierten Truppen mit Fourage aus der ganzen Landschaft versorgt werden. Die gespannte Stimmung und das tiefe Zerwürfnis zwischen den Norder- und Süderdithmarschern, die durch wechselseitige Kriegslasten und Wirtschaftsrezession schwer gelitten und sich unter dem Regiment unterschiedlicher Landesherren entfremdet hatten, wurde in der sog. „Mascalari-Affäre" deutlich. Sie hat das Verhältnis beider Landschaften nachhaltig gestört und lange Zeit belastet.

Nachdem sich die Belagerungssituation Anfang Juni 1700 durch den Anmarsch lüneburgisch-hannoversch-niederländisch-englischer Entlastungstruppen in Stärke von 28000 Mann entspannt hatte, konnte sich der Tönninger Kommandant Generalleutnant Johann Gabriel Banier aus der Festung heraus Gegen- und auch Racheaktionen gegen wechselseitige Brandschatzungen, Raub- und Plünderungsakte der königlichen und herzoglichen Truppenverbände im Holsteinischen erlauben.

Er entsandte eine kleine Militäreinheit unter den Kapitänen Mascalari und Friese nach Süderdithmarschen. Sie sollten dort Geld- und Roggenabgaben als Steuern für den Gottorfer Herzog einfordern, wurden aber wegen dieser Zumutung von den königlichen Untertanen aus dem Lande vertrieben. So brachten sie nur die Nachricht zurück, dass über die Häfen von Meldorf und Wöhrden Vermögen und Fluchtgut per Schiff in Sicherheit gebracht werden sollte. Jetzt rückte Kapitän Friese gegen drei Schiffe im Wöhrdener Hafen vor, konnte sie besetzen und nach Tönning bringen, während Mascalaris Aktion im Meldorfer Hafen am letzten Schiff, das auf Schlick lief, scheiterte. Der Kapitän und zwei seiner Soldaten wurden nach heftiger Gegenwehr von der aufgebrachten Menschenmenge erschossen, mit Mistgabeln durchstoßen und ihre Leichen offensichtlich auch gefleddert.

Da die Süderdithmarscher Vergeltungsmaßnahmen fürchteten, holten sie Landmiliz, Infanterie und Kavallerie ins Land, durchgruben Wege und errichteten Straßensperren. Ihre Aufmerksamkeit erlahmte bald. Auch durch Feigheit der Schanzenbesatzungen waren sie dann einer geschickten Umgehungstaktik des Generals J.G. Banier nicht gewachsen. Über den Süden Heides und die verlassene Schanze bei Süderstruck drangen die Soldaten Baniers nach Hemmingstedt vor, wo der Pastor nach Plünderungen das Leben seiner Gemeindemitglieder schützen und Steuerzahlungen vermitteln konnte. Nach Widerstand im

der 15jährig als Karl XII. im Jahre 1697 den schwedischen Thron bestieg.

König Christian V. ließ die herzoglichen Schanzen 1697 demolieren und erlebte unwillig noch ihren Wiederaufbau. Aber als König Friedrich IV. 1699 auf den Thron gelangte, strebte dieser weiterreichende Lösungen an. Als seine sächsischen Verbündeten in das ferne Livland einfielen und dort schwedische Truppen banden, erschien ihm die militärische und außenpolitische Situation günstig. Im März 1700 ergriff er die Kriegsinitiative und ließ 20 000 Mann in die gottorfischen Gebiete einmarschieren. Große Kontingente legte er nach Heide und Lunden ins Quartier und ließ dann mehrere Monate die modernisierte und verstärkte Festung Tönning belagern. Sie hielt sich trotz Einschnürung und heftigen Bombardements, bis ein schwedischer Entlastungsangriff auf Kopenhagen Dänemark kurzfristig zum Frieden von Traventhal am 18. August 1700 nötigte. Darin wurden alle Rechte der Gottorfer, ihre Souveränität im Schleswigschen und auch ihr „ius armorum

Grabstein eines russischen Fürsten, 1713. Der Fürst war ein Günstling Zar Peters des Großen. Nach Heide kam er im Verlauf des Nordischen Krieges, der auch russisch-sächsische Verbände nach Dithmarschen führte.

Schweinemoor wandten sich Truppenteile über Lieth in das Kirchspiel Wöhrden, das Zahlungen leistete, und konnten sich rechtzeitig mit ihrer Hauptmacht vor Ketelsbüttel vereinen, als sie dort von königlichen Soldaten und bewaffneten Süderdithmarschern angegriffen wurden. In dem blutigen Kampf siegten die Herzoglichen. Während sie Militärs Pardon gaben, gingen sie, von Norderdithmarschern verstärkt, rücksichtslos gegen die Zivilbevölkerung vor. Versteckte wurden aus Häusern, Kornfeldern und Gräben gezerrt und umgebracht. Häuser wurden geplündert und angezündet. Erst ein Unwetter konnte die Kämpfenden trennen und dem Blutvergießen ein Ende bereiten. Zurück blieb ein Ort der Verwüstung.

Der Auszug aus einem Schmählied auf die Norderdithmarscher, insbesondere die Heider, mag die Bestürzung und Betroffenheit über diesen Akt ungeahnter Feindseligkeit und Barbarei von Dithmarschern gegen Dithmarscher zeigen:

Strophe 5:
Doch dit waß man en Klenigheit
Vär dem, wat nu passeret.
Veel Börgers uth dem Städtlin Heyd
Hatt deefscher noch handtehrt.
Geld, Kopper, Linn, Speck, Tinn un Bedd,
Un watt de Blaurock äverledt,
Dat nehmen se, ey Leve,
Sönt dat nich Schelms un Deefe?

Doch dies (die Wegnahme der Schiffe)
war nur eine Kleinigkeit
gegenüber dem, was nun passierte.
Viele Bürger aus dem Städtlein Heide
haben diebischer noch gehandelt.
Geld, Kupfer, Leinen, Zinn und Bettzeug
und was die Blauröcke (Soldaten) überließen,
das nahmen sie, Ihr Lieben,
sind das nicht Schelme und Diebe?

Strophe 7:
Tho Ketelsbüttel plündern se
Noch ärger alß Soldaten;
Schapp, Kist und Kast most entwei,
De Buhr most uth der Katen.
Se schlahn dar Dähr un Fenster in
Un husen ärger alß de Schwien.
Help Himmel un bedröwe
De Heider Schelm un Deefe.

Zu Ketelsbüttel plünderten sie
noch ärger als Soldaten;
Schrank, Kiste und Kasten mussten entzwei,
der Bauer heraus aus seiner Kate.
Sie schlugen Tür und Fenster ein
und hausten ärger noch als Schwein'.
Hilf Himmel und betrübe
die Heider Schelme und Diebe.

Strophe 8
Un dat iß nich Canallien-Pack,
De düße Unart föget.
Ock de sönt dor met Sack un Pack,
De grote Parücken dreget.
Se seht ehr Lost un Freude doran
An Roven, Plünnern un Dodtschlahn.
Lege ick woll, wenn ick schreeve:
Dat se sünt Schelms un Deefe?

Und das ist nicht Kanallaienpack,
das diese Unart trieb.
Auch die sind dabei mit Sack und Pack,
die große Perücken tragen.
Sie sehen ihre Lust und Freud' darin,
an Rauben, Plündern und Totschlagen.
Lüge ich denn, wenn ich schreibe,
dass sie sind Schelme und Diebe?

Der nächste Tag brachte das Einlenken der Banierschen Exekutionstruppen, als Unterhändler Süderdithmarschens die Erfüllung der geforderten Steuerzahlungen in Aussicht stellten, sofortige Abschläge leisteten und sich selbst in Geiselhaft begaben. Auch wenn die Landschaft Süderdithmarschen bis zum Inkrafttreten des Traventhaler Friedens noch 30000 Rtl. Kriegssteuern zahlte, so blieben die Dithmarscher Ereignisse doch Randerscheinungen im nordeuropäischen Ringen um die Vormachtstellung im Ostseebereich.

Das Kriegsgeschehen verlagerte sich nach Russland, das sich nach der Schlacht bei Poltawa 1709 als militärischer Sieger abzeichnete. Ein Offensivbündnis zwischen Dänemark, Russland, Polen und Sachsen brachte die schwedische Armee unter General Stenbock nach Anfangserfolgen in schwere Bedrängnis. Sein Rückzug nach Schleswig-Holstein, seine Einäscherung Altonas und seine Zuflucht in der Festung Tönning machten die Herzogtümer im Jahre 1713 erneut zum Kriegsschauplatz.

Mitte Januar breitete sich für drei Tage die schwedische Armee ohne Rücksicht auf königliche oder herzogliche, südliche oder nördliche Hälfte über ganz Dithmarschen aus, bevor sie sich über Friedrichstadt jenseits der Eider in der näheren Umgebung Tönnings in relative Sicherheit brachte. Während das königliche, also feindliche Süderdithmarschen rigoros mit mehr als 100 000 Rtl. ausgepresst worden war, konnte sich das offiziell als neutral angesehene Norderdithmarschen, das nur um Proviant und Pferde erleichtert worden war, ausmalen, was die Landschaft unter den verfolgenden Sachsen und vor allem Russen zu leiden haben würde. Nach ersten Erkundungstrupps durchquerte dann die Hauptmacht der Russen ab dem 29. Januar 1713 Norderdithmarschen auf dem Weg nach Eiderstedt, das sie über eine provisorische Brücke bei Delve und später bei Friedrichstadt erreichten. Mitte Februar verlangten sie dann fürs erste von Norderdithmarschen 20000 Brote zu je 6 Pfund, 40000 Pfund Fleisch und 300 Pferde nach Friedrichstadt. Ähnliche Forderungen ergingen dann aber auch an Süderdithmarschen.

Als die schwedische Armee hinter den Wällen Tönnings aufgenommen worden war, hatte es auch mit der Neutralität der gottorfischen Lande ein Ende. Die führenden Norderdithmarscher Beamten brachten sich und ihre Kassen nach Hamburg in Sicherheit. Königliche Bevollmächtigte, allen voran der neue Landvogt von der Maase, ließen 20000 Taler Kontribution eintreiben und für ausstehende Zahlungen Geiseln in Rendsburg festsetzen. Russische Soldaten, die Zar Peter der Große auch in Heide inspizierte, lagen in unterschiedlicher Stärke mit durchweg 200 bis 300 Pferden in dem Hauptort Heide in Quartier. Doch seufzten auch die benachbarten Kirchspiele und Köge unter den Proviantierungs- und Quartierlasten. Ende März kehrten mehr als 400 Dithmarscher aus der Festung Tönning zurück, die in Friedenszeiten neben den Bürgern gut 1200 Soldaten zählte, jetzt aber rund 20 000 Menschen in ihren Wällen aufnehmen musste. Sie hatten dort Zuflucht gesucht, aber nur unvorstellbares Elend, Krankheit und beißenden Hunger erlitten wie die Schweden, die schließlich im März kapitulierten. Daraufhin zogen dann auch die Russen ab.

Ihre Elitegarde, die Preobrazenky Garde, unter dem Zarengünstling Menschikow, erregte Anfang Juni noch Aufsehen in Heide, als sie mit fliegenden Fahnen einmarschierte und in feierlicher Leichenprozession den Fürsten Kusma Grisanoff in orthodoxem Ritual und Zeremoniell beisetzen ließ. Bei dem Durchmarsch der russischen Truppen erlebten die Dithmarscher eine „seltsame Metamorphose" der Divisionen – wie ein Augenzeuge notiert. Abgerissen und auf kleinen, erschöpften Pferden waren sie gekommen; in „schönster Montur auf köstlichen und großen Pferden…, welche … nicht viel gekostet haben werden und die Hausleute in ihren Ställen wohl fein" vermissten, verließen sie jetzt den Kriegsschauplatz.

Als schließlich auch die gottorfischen Festungseinheiten unter Zacharias Wolf im Februar 1714 kapitulierten, wurde aus erbeuteten Papieren offenbar, dass die gottorfische Politik unter dem zwielichtigen Georg Heinrich Freiherrn von Görtz ein doppeltes Spiel getrieben hatte. König Friedrich IV. von Dänemark ließ daraufhin die gottorfischen Gebiete besetzen und einziehen. Für das Herzogtum Schleswig bestätigten die Friedensschlüsse von Stockholm 1719 und Frederiksborg 1720 sowie Nystad 1721 den dänischen Besitzstand. Allein dem Eingreifen des deutschen Kaisers war es zu danken, dass der Gottorfer Herzog Karl Friedrich – in Schweden aufgewachsen und gerade für volljährig erklärt – 1720 zumindest wieder

Herzog Karl Friedrich von Holstein-Gottorf.

in seinen holsteinischen Gebieten restituiert, eingesetzt wurde. Der gottorfische Zwergstaat machte nur noch zwei Fünftel Holsteins aus und setzte sich ohne geschlossenen Gebietsstand aus den Ämtern Bordesholm, Kiel, Neumünster, Cismar, und Oldenburg sowie Reinbek, Trittau, Tremsbüttel und der Landschaft Norderdithmarschen zusammen, die trotz aller Zerrüttung das finanzstärkste Gebiet ausmachte. Neue Residenzstadt des Herzogs wurde Kiel.

Auch wenn der „Nordische Krieg" den Aufstieg Russlands und die Stabilisierung Dänemarks gebracht hatte, so brachte der Machtverfall Schwedens den Niedergang der Gottorfer Fürsten. Allerdings sollte ihr Streben nach Rückgewinnung ihrer ehemaligen Schleswiger Besitzungen für die nächsten gut 50 Jahre als die „Gottorfer Frage" einen permanenten Unruheherd in der nordeuropäischen Friedens- und Bündnispolitik bilden.

7. Vom Konflikt zum Ausgleich der Interessen

Nicht nur der große Krieg hatte die Verhältnisse in Dithmarschen zerrüttet. Im Sommer 1712 war in Dithmarschen die Pest eingeschleppt worden. Sie forderte vor allem im südlichen Teil um Brunsbüttel, aber auch um Wöhrden und Lohe zahlreiche Menschenopfer. Die Vorsichtsmaßnahmen gegen die Ausbreitung der Krankheit behinderten auch den Handel und Verkehr aufs Äußerste. In den Häfen Brunsbüttel und Meldorf waren Wachen aufgestellt, Wöhrden gänzlich gegen die Außenwelt abgeschottet und an den wichtigsten Brücken und Straßenkreuzungen im Lande, insbesondere rund um Meldorf, aber auch bei Hohenhörn und Eddelak Schlagbäume eingerichtet worden; am Südrand von Heide drohte ein Galgen all denen, die gegen die Schutzvorkehrungen verstießen und nicht nachweisen konnten, dass sie aus pestfreien Gebieten kamen.

Ein Jahr später brach eine Hornviehseuche aus, die in weiten Teilen des Landes, mit Ausnahme von Marne, Eddelak und Brunsbüttel, große Viehbestände dahinraffte.

Am verheerendsten wirkte sich aber eine Folge schwerer Sturmfluten von 1717 bis 1720 aus. Sie begann mit „der unerwartet hohen Weihnachtsflut", welche die Deiche Dithmarschens schwerer traf als die der benachbarten Küstenstreifen. Selbst binnendeichs stand das Wasser über 2 m hoch, und noch bevor erste Sicherungen begonnen werden konnten, brach die Eisflut vom 25. Februar 1718 herein. Weite Landstriche glichen „einer offenbahren See". Süderdithmarschen war besonders betroffen. Hier ertranken 344 Menschen. Es gingen 2737 Stück Großvieh verloren, 231 Häuser wurden vollständig zerstört und 841 beschädigt. Von den zahlreichen Deichbrü-

chen in den Elb- und Seedeichen Süderdithmarschens erwies sich der Bruch der Eddelaker Schleuse und die sich anschließende Überschwemmung der Niederungsgebiete bei Brunsbüttel und in der Wilstermarsch als besonders gravierend. Es sollte mehr als vierzig Jahre dauern, bis das teilweise ausgedeichte Land der Brunsbütteler Brake zurückgewonnen werden konnte.

Für die Norderdithmarscher Schäden der Sturmflut von 1717 sind die Verhältnisse des Hedwigenkooges dargestellt worden. 1720 brach der Lundener Deich an 13 Stellen; in der Schülper Deichstrecke gab es 17 Grundbrüche. Das Kirchspiel Büsum wurde erneut völlig überschwemmt. Um die größte Not abzuwenden, wurde die ganze Landschaft Norderdithmarschen im Frühjahr 1721 durch landesherrlichen Befehl zur gemeinschaftlichen Nothilfe verpflichtet. Während die Wiederherstellung der Deiche in Süderdithmarschen durch eine königliche Deichkommission koordiniert und mit Steuernachlässen gefördert wurde, wirkte sich die Zugehörigkeit Norderdithmarschens zum gottorfischen Zwergstaat nachteilig aus.

In dieser Zeit kehrten nach siebenjährigem Exil die führenden Norderdithmarscher Beamten – Landvogt, Landschreiber und Kirchspielvögte – auf ihre Posten zurück, soweit sie überlebt hatten oder in den Kriegswirren nicht so verarmt waren, dass sie dienstfähig blieben. In Norderwöhrden, Delve, Neuenkirchen, Tellingstedt und Hennstedt mussten aus diesen Gründen neue Vögte eingesetzt werden.

Die vordringlichste Aufgabe bestand für die landschaftlichen Beamten in der Wiederbelebung der Wirtschaft und der Sanierung der völlig zerrütteten Finanzen. Gegen das Kirchspiel Delve war 1711 ein Konkursverfahren eingeleitet worden, Norderwöhrden im Jahre 1722 mit 41310 Rtl. oder mehr als 100 Rtl. pro Kopf und Lunden mit 170200 Rtl. verschuldet. Büsum musste im Jahre 1726 allein 2664 Rtl. als Schuldzinsen aufbringen. Das Landesvorsteherkollegium sah als eine Voraussetzung zur Verbesserung der Finanzlage die gerechte Umverteilung der Schulden an, die in den einzelnen Kirchspielen durch Kriegsleistungen, Wasserfluten und Wirtschaftskonkurse unterschiedlich aufgelaufen waren. Auch der Landesherr Herzog Karl Friedrich war noch 1727 der Ansicht, dass die „General-Liquidation nicht auszusetzen, sondern der Landschaft Bestes sey". Die Landschaft selbst schaffte es aber nicht. Sie gab 16 Jahre nach Kriegsende auf und ließ sich in einer „Abolitionsakte" (Abstellungsakte) bestätigen, dass die Kirchspiele sehen sollten, wie sie mit den zu Recht oder Unrecht bestehenden Schulden fertig würden, dass sie in Zukunft keine Wiedergutmachungen zu erwarten und auch keine Ausgleichszahlungen zu beanspruchen hätten.

Norderdithmarschens Selbstverwaltung agierte am Rande des Ruins. Das lag nicht nur an den Verhältnissen im Lande selbst. Der Landesherr trug auch nicht gerade zur Sanierung bei. Aus dem verarmten Land, das dennoch das wirtschaftsstärkste seines Ministaates war, erwartete und erhielt er neben den üblichen Steuerzahlungen Sonderleistungen: 5000 Rtl. zu seinem Regierungsantritt 1721; nach St. Petersburg wurden ihm 10000 Rtl. als Hochzeitsgeschenk gebracht (1725). 1722 bis 1726 erhielt er Steuervorschüsse von 82000 Rtl. Als er schließlich das Bedürfnis hatte, sich wie in Neustadt an der Ostsee ebenso in Heide ein eigenes Haus einzurichten, feilschte er 1735 intensiv mit der Landschaft, dass es „Ihro Königlichen Hoheit zu gnädigstem Gefallen gereiche, wenn die Landschaft der seligen Frau Justizrätin Viethen Haus zum Dienst allerhöchst gedachter Königlicher Hoheit kaufen wollte". Seine Nebenresidenz am Heider Markt, das spätere, im Jahr 1960 abgebrochene Rathaus, besuchte er dann vor seinem Tod 1739 noch dreimal, bevor es sehr zur Erleichterung der Heider wieder in Privathand überging.

Der Besuch Herzog Karl Friedrichs im Jahr 1738 war von besonderer Bedeutung; er galt der Wiedereinweihung der Wesselburener St.-Bartholomäus-Kirche. Am 6. August 1736 hatte ein schwerer Schicksalsschlag den Flecken Wesselburen getroffen. Der unachtsame Umgang einer Magd mit noch glühender Asche hatte den Ort in Brand gesetzt. Ganze Straßenzüge mit 127 Gebäuden fielen in Schutt und Asche. Das wütende Feuer hatte – um z. B. nur einen kleinen Blick auf das Wirtschaftsleben eines Fleckens zu werfen – die Existenzgrundlage von 9 Schustern, 7 Schneidern, 5 Tischlern, 4 Glasern, 4 Schmieden, 3 Bäckern, 3 Färbern, 2 Maurern, 2 Zimmerern, 2 Rademachern, 1 Zinngießer, 1 Brauer, 1 Fuhrmann, 1 Sattler, 1 Schlachter, 1 Drechsler, 2 Müllern, 1 Grützmüller und 1 Goldschmied sowie 1 Küfer, 2 Musikern, 1 Organist und 1 Arzt vernichtet.

Von der Wesselburener Kirche standen nur noch Außenmauern und Turmruine. Sie wurde mit Spenden des Herzogs und von Brandgilden sowie aus Kollekten im ganzen Land und auch Hamburgs wieder aufgebaut. Der aus Württemberg stammende Baumeister Johann Georg Schott schuf mit dem barocken Zentralbau unter Einbeziehung älterer spätgotischer Teile hier sein Meisterwerk, dessen Zwiebelhaube auf dem eleganten Dachreiter bis weit in die Marsch hinein die erste Ansicht Wesselburens prägt.

Der Herzog war auch sonst darauf bedacht, die Verhältnisse seiner Landschaft Norderdithmarschen zu verbessern. Auf Missstände vor Ort reagierte er mit Neuerungen auf dem Gebiet der Rechtsprechung, des Finanz-, Polizei-, Medizinal- und Kirchenwesens, indem er Kompetenzen seiner Zentralbehörden und -kollegien unter Hintansetzung gewachsener Rechte der Landschaft ausdehnte. Der – allerdings halbherzige – Reformwille wurde ihm nicht gedankt. Nach seinem Tode 1739 nutzten die Norderdithmarscher den Regierungswechsel, um gegen er-

Die ehemalige Kirchspielsschreiberei (heute Amtsverwaltung) in Wesselburen, die ebenso wie die Kirche nach dem großen Stadtbrand von 1736 erbaut wurde.

hebliche Geldzahlungen die Neuerungen abschaffen und sich erneut die alten Privilegien, die Autonomie der Selbstverwaltung und ihre individuellen Sonderrechte bestätigen zu lassen.

So diplomatisch und friedlich ging es in Süderdithmarschen nicht zu, als im Jahre 1739 Neuregelungen des königlichen Milizwesens, des Landausschusses, auch auf diese Landschaft übertragen wurden. Danach sollten jeweils 33/4 Pflüge (Landmaß) einen Mann zum Militärdienst stellen. Bei der Aushebung wurden aber offensichtlich die Söhne wohlhabender Bauern übergangen oder deren Pflichten durch Geldzahlungen abgegolten. Dieses Verfahren löste bei den Kätnern große Unzufriedenheit aus; der Unmut wurde noch verstärkt, als Gerüchte in Umlauf kamen, dass zwei Regimenter, darunter auch Süderdithmarscher Soldaten, an den König von Preußen abgetreten werden sollten.

Zu Fastnacht 1740 wurden erste Proteste gegen die Soldateneinberufungen und Exerzierübungen laut. Nach einzelnen Verweigerungen kam es zum Aufstand der Marner Kompanie, der sich viele Einwohner aus den Kirchspielen Brunsbüttel, Marne, St. Michaelisdonn und Barlt sowie aus dem angrenzenden St. Margarethen anschlossen. Sie verjagten ihre Offiziere, rotteten sich mit Forken und Knüppeln bewaffnet zusammen und erzwangen vom Landvogt von Helm die Freilassung der Verhafteten. Danach lösten die aufständischen Trupps sich auf.

Um eine Wiederholung solcher Vorfälle zu verhindern, rückte wenige Tage später ein königliches Kommando von 500 Dragonern und Fußvolk unter dem Oberst Dehn in Meldorf ein. Von dort gingen die königlichen Truppen nach Marne und gegen Brunsbüttel vor, um die Aufständischen festzusetzen. Diese waren aber noch sehr zahlreich und gut bewaffnet; so ließ sich Dehn zunächst auf Verhandlungen ein und schickte gleichzeitig nach Truppenverstärkung. Ihm gelang es zwar Deputationen der aufgebrachten Bewohner zu besänftigen, aber zur Absicherung der Ruhe ließ er dann am folgenden Sonntag 700 bis 900 Soldaten in die Kirchspiele Brunsbüttel, Eddelak und Barlt ins Quartier legen und die Rädelsführer der Aufständischen nach Rendsburg in Haft bringen. Sie entgingen knapp einem Todesurteil.

Die Landschaft Süderdithmarschen musste zur Sühne für den Aufruhr einen Reichstaler Pflugsteuer extra zahlen. Nach längerem Hin und Her erreichte sie 1756 dann die Freistellung vom Landausschuss durch eine jährliche Sonderabgabe von drei Reichstalern pro Pflug. Ruhiger, aber ebenso erfolgreich, verliefen Verhandlungen zur besseren Arbeitsteilung der Landschaftverwaltung. Streitigkeiten zwischen Landvogt und Landschreiber hatten zu Unzuträglichkeiten in der Finanzverwaltung geführt. Im Jahre 1751 schließlich wurde dann der neue Posten eines Aktuars eingerichtet; er sollte das Protokoll im Gericht, bei Kirchenvisitationen, im Konsistorium und bei Kriminaluntersuchungen führen. Er trat also in bisherige Funktionen des Landschreibers ein, der jetzt unabhängiger in seinen Steueraufgaben agieren konnte und weniger Reibungspunkte mit dem Landvogt hatte. Gleichzeitig konnte der Aktuar, der kein Einheimischer sein musste, einzelnen Kirchspielen gegen Gebühr auch bei der Ausarbeitung der Kirchen-, Schul- und Armensachen behilflich sein und auf diese Weise sachkundig Landvogt und Kirchspielvögte entlasten.

In dieser Zeit verzehrte sich die Landschaft Norderdithmarschen in vergeblichen Versuchen, ihr Finanzwesen und ihre Verwaltung zu reformieren. Trotz der langen Friedenszeit und wenigen Katastrophen scheiterten die Bemühungen ebenso an den lähmenden Konflikten und Missständen innerhalb der Kieler Regierung wie vielfach auch an der Rivalität und Vetternwirtschaft der landschaftlichen Funktionsträger.

Eine entscheidende Wende trat erst mit dem Jahr 1762 ein. Im fernen St. Petersburg war der Gottorfer Herzog Carl Peter Ulrich, 1742 von seiner Tante Elisabeth, Zarin von Russland, zum Großfürsten und Thronfolger ernannt, als Zar Peter III. an die Herrschaft gelangt. Er übte sie nur kurz aus, wurde von seiner Ehefrau Katharina gestürzt und wenig später ermordet. Sowohl Peter III. als auch Katharina II. hatten großes Interesse daran, die Verhältnisse in ihren holsteinischen (Stamm-)Gebieten zu verbessern. Sie ließen sich große Reformpläne vorstellen und setzten neue Behörden ein, von denen vor allem das Geheime Regierungs-Conseil, das „General-Landes- und Oeconomie-Verbesserungs-Directorium", sowie die damit vereinigte „General-Landes-Visitations-Commission" und als tatkräftiger Beamter und Diplomat Caspar von Saldern

genannt seien. Nachdem bereits unter dem 21. Dezember 1765 eine neue Justizverordnung erlassen worden war, welche die Rechtswege straffte und die Prozesskosten wesentlich reduzierte, bereisten seit 1767 jährlich verschiedene Visitationskommissionen Norderdithmarschen, um Missstände aufzuspüren, Streitigkeiten zwischen Landvogt und Landschaft zu schlichten, die Vetternwirtschaft zu reduzieren und das Land neu zu vermessen, u.a. auch um die Steuern gerechter zu verteilen und die Agrarreformen mit Landaufteilung und Flurbereinigung voranzutreiben.

Diese Reformbestrebungen liefen parallel zu den großpolitischen Bemühungen die „gottorfische Frage" zu

klären und im Ostseebereich „die Ruhe des Nordens" zu gewährleisten. Mit dem Regierungsantritt Zar Peters III. 1762, dessen Thronbesteigung in Heide mit einem Dankfest gewürdigt wurde, hatte akute Kriegsgefahr bestanden, da er alte Besitzansprüche mit Gewalt durchsetzen wollte. Seine Truppen standen schon in Mecklenburg, als sein Sturz den Kriegsausbruch verhinderte. In Süder- und Norderdithmarschen, die hier königlich, da großfürstlich feindlichen Lagern angehörten, waren wieder alte Vorurteile und die Furcht aufgelebt, dass es zu offenen Feindseligkeiten wie im Jahre 1700 kommen könnte. Als Truppenaushebungen anfingen und Kriegsfuhren angeordnet

wurden, machten sich im Norden und Süden Einwohner zur Flucht bereit.

Nach langwierigen diplomatischen Missionen, um die sich auf großfürstlicher Seite besonders Caspar von Saldern und auf königlich-dänischer Seite vor allem Johann Hartwig Ernst und später Andreas Peter Bernstorff verdient gemacht hatten, kam es nach einem Freundschaftsvertrag zwischen Russland und Dänemark (1765) zwei Jahre später zu einem provisorischen „Tauschvertrag". Er trat nach der Mündigkeitserklärung des Großfürsten Paul und der Unterzeichnung in Zarskoje Selo am 1. Juni 1773 in Kraft. Der Großfürst verzichtete zugunsten Dänemarks auf seine holsteinischen Gebiete; dafür überließ Däne-

*Heider Markt, Tempera-
bild um 1740.*

mark die Grafschaften Oldenburg und Delmenhorst an die jüngere Gottorfer Linie, die im Fürstbistum Lübeck regierte. Für Nordeuropa war nach Jahrzehnten latenter Kriegsgefahr der Frieden gesichert. Für Dithmarschen bedeutete dieser Friedensvertrag, dass Norder- und Süderdithmarschen nach mehr als zwei Jahrhunderten wieder unter einem gemeinsamen Landesherren standen.

Die Bedeutung dieser Entwicklung wurde den Vertretern des großfürstlichen Norderdithmarschen – Landvogt, Landschreibern, Kirchspielvögten und Propst – deutlich gemacht, als sie zum 13. November 1773 von dem Geheimen Rat Caspar von Saldern in sein Kieler Haus eingeladen wurden. Dort versicherte er sie noch ein letztes mal der Wertschätzung ihres ehemaligen Landesherrn, verwies auf ihre durch Privilegien abgesicherten Besonderheiten und betonte, dass auch der neue Landesherr Chris-

tian VII. ihnen „die große Gnade angedeihen lassen würden, alle diese... Landesfreiheiten... zu bestätigen." Drei Tage später nahmen sie im Kieler Schloss an der feierlichen Übergabe der bisherigen gottorfischen Gebiete an den dänischen König teil. Ihr Landvogt von Lowtzow huldigte seinem Beauftragten Graf Detlev Reventlow durch Handschlag. Fortan waren sie der aufmerksameren Verantwortung einer königlichen Verwaltung unterstellt. Die Straffung und Zentralisierung, die Änderungen und Verbesserungen der Selbstverwaltung orientierten sich zumeist an den Süderdithmarscher Verhältnissen.

Alte Spannungen zwischen Norder- und Süderdithmarschen gingen zu Ende. Die ehemalige Trennung unter zwei Landesherren wirkte allerdings nach, aber Gemeinsamkeiten konnten im konstruktiven Miteinander wiedergewonnen oder neu entwickelt werden.

Dithmarschen 1773–1867.
Zwischen Beharren auf alten Privilegien und Bekundungen zur Modernität

Von Eckardt Opitz

Dithmarschen im dänischen Gesamtstaat

Im Vertrag von Zarskoje Selo (heute Puschkin) bei St. Petersburg (1. 6. 1773) hatte der russische Großfürst Paul Petrowitsch seinen Anspruch auf das Herzogtum Holstein aufgegeben. Damit hatte der lange Prozess der dänischen Gesamtstaatsbildung einen Abschluss gefunden, die „gottorfische Frage" war gelöst; die Ruhe des Nordens mit wirtschaftlicher und kultureller Prosperität konnte sich vollends entfalten. Mit der Huldigung am 16. November in Kiel waren auch die Bewohner Norderdithmarschens Untertanen des dänischen Königs geworden. Die beiden Teile Dithmarschens hatten zwar einen gemeinsamen Landesherrn bekommen; eine Vereinigung war damit aber nicht verbunden. Beide Landschaften hatten auch nach 1773 einen eigenen vom Landesherrn eingesetzten Landvogt und behielten ihre eigenen Privilegien. Nicht nur die

Kirchenpröpste aus Süderdithmarschen: Jacob Jochims (oben links), Anton Nicol. Martens (unten links), Hinrich Schmidt.

Justiz und die politische Verwaltung waren getrennt, sondern auch die kirchliche Organisation. Im Norden wurde der Propst aus drei vorgeschlagenen Geistlichen vom Landesherrn ausgewählt und ernannt; beim Propst lag bis 1817 auch die geistliche Oberaufsicht. Im Süden wurde der Propst ohne Beteiligung der Landschaft vom König ernannt; die geistliche Oberaufsicht lag seit 1784 beim schleswig-holsteinischen Generalsuperintendenten.

Die Landschaften hatten sich über zweihundert Jahre getrennt entwickelt, sie besaßen ihre Eigenheiten (der Norden mehr als der Süden) und waren darum bemüht, diese auch zu erhalten. Mit der Devise des dänischen Gesamtstaats, „patria ubique" (= „Überall Vaterland", im Sinne von: das Ganze, d.h. Dänemark, Norwegen, Island, Grönland und Schleswig-Holstein, bildet ein gemeinsames Vaterland), konnten nur die wenigsten Dithmarscher etwas anfangen. Ihnen ging es auch nicht um die Einigkeit der Herzogtümer (gegen den dänischen Zentralismus), sondern in erster Linie um ihr jeweiliges Kirchspiel, um die Rechte ihrer Landschaft und stets auch darum, dass sie als Dithmarscher von jeher eine Sonderrolle gespielt hatten und dies auch künftig zu tun gedachten.

Der Gelehrte und zeitweilige Pastor in Wöhrden Johann Adrian Bolten (1742–1807) stellte am Ende seiner „Dithmarsischen Geschichte" fest: „Dithmarschen könnte eins der beglücktesten Länder des Erdbodens sein. Die Natur hat dies Land besonders gesegnet. Der Boden in der Marsch ist ungemein fruchtbar, und auch auf der Geest wird viel Getreide gebaut, sowie selbige zugleich mit den schönsten Hölzungen und vorteilhaftesten Torfmooren versehen ist. Die vielen Häfen an der Elbe, Westsee und Eider begünstigen die Ausfuhr ungemein, sowie solche Häfen und die Frachtwagen, die von den beiden Marktflecken Heide und Meldorf wöchentlich nach Hamburg gehen, Gelegenheit geben, dass die mit keinen Zöl-

Hafen von Wöhrden, Lithographie ca. 1850.

len und Lizenten belästigten Einwohner auch mit dem, was sie von fremden Waren verlangen, sehr bequem versehen werden können. (…) So gütig hat sich der Schöpfer gegen Dithmarschen erwiesen. Nimmt man nun dazu, dass es die herrlichsten Freiheiten und Privilegien genießt und unter der gnädigsten und gelindesten Landesherrschaft steht, so ist es gewiss sehr zu bejammern, dass dieses Land durch eine schlechte innere Verfassung, die vielleicht der Herrschaft sowohl als den Untertanen als eine Pertinenz der hiesigen Freiheiten vorgespiegelt worden, in so tiefe Schulden versunken ist. Könnten hier die aristokratischen Missbräuche abgestellt werden; könnte hier, wie in Stapelholm längst geschehen ist, das traurige Haften aller für einen und einer für alle aufhören, so dass ein jeglicher bloß seine eigene Last tragen dürfte, und das, was von schlechten Zahlern an Gefällen nicht einlaufen wollte, nicht weiter von den übrigen herbeigeschafft oder zinsbar im Namen der ganzen Kommune aufgenommen werden müsste, sondern der Herrschaft rückständig bliebe und auf deren Rechnung beigetrieben würde; könnte hier die Gemeinschaft der Güter unter Eheleuten eingeführt und dadurch eine wirtschaftliche häusliche Ökonomie bewirkt, der ganz geschwächte Kredit der Einwohner hergestellt und den ewigen Konkursen vorgebeugt wer-

den; könnte hier eine kürzere und weniger kostbare Rechtspflege zustande kommen; könnte endlich despotischen und habsüchtigen Beamten, dergleichen es in diesem Zeitraume unleugbar zuweilen gegeben hat, und durch die die Unterthanen, ja, ganze Kommunen fast bis aufs Blut ausgesogen worden, wohl auf die Finger gesehen werden; könnte endlich die Zahl der Kirchen- und Schulbedienten sowohl wie der Zivilbeamten heruntergesetzt und dadurch den Einwohnern eine Erleichterung verschafft werden: so dürfte Dithmarschen vielleicht im künftigen Zeitraum wieder zu seinem alten Flor gelangen."

Worauf zielte Bolten, der aus Stapelholm stammte und deshalb die dortigen Verhältnisse als positiv hervorhob, wenn er die „schlechte innere Verfassung" in Dithmarschen beklagte? Auf viele der genossenschaftlichen Prinzipien bei der kommunalen Selbstverwaltung fällt in der historischen Betrachtung ein überwiegend positives Licht. Die „Republik" war zwar 1559 untergegangen; die Verhandlungen mit den neuen Herren hatten aber ein hohes Maß an Selbständigkeit ermöglicht, das in den Privilegien seinen Niederschlag gefunden hatte. Die Ursachen für das Festhalten an diesen Privilegien, die offenbar als ein Stück „Identität" begriffen wurden, sind schwer zu erklären, weil bereits im 18. Jahrhundert die Rückständig-

Chr. Jak. Johannsen,
Landvogt Norderdithmar-
schens 1796–1813.

keit der Landesverfassung offenkundig war. Die Effektivität des dänischen Gesamtstaats erwuchs aus dem Geist des aufgeklärten Absolutismus. Dieser war gekennzeichnet durch ein gewisses Maß an Zentralismus, d.h. durch das Prinzip der Gestaltung der öffentlichen Angelegenheiten von oben nach unten. Die Dithmarscher suchten diesem Geist dadurch zu widerstehen, dass sie am Prinzip der Selbstverwaltung festhielten.

Erste Reformversuche in der kommunalen Selbstverwaltung

Das Kirchspiel war und blieb der Raum, in dem sich die politische Artikulation der Bewohner in überschaubarem Rahmen vollziehen konnte. Das Indigenat (= wörtlich: Eingeborenschaft) war einer der Grundpfeiler der Selbstverwaltung in Dithmarschen; es garantierte die Ämterbesetzung aus den Reihen der Landesbewohner und erschien somit als Garant für die Autonomie der beiden Landschaften bis in die unteren Verwaltungsebenen hinein. Da auch in den benachbarten Kirchspielen dieselbe Grundhaltung herrschte, lag es auf der Hand, die aktuelle Politik auf der Grundlage der Tradition, die in den Privilegien rechtlich manifestiert war, zu betreiben. Dafür wurden auch Missstände wie Vetternwirtschaft und Korruption in Kauf genommen.

Die Stellung des Kirchspiels innerhalb der Verwaltungsorganisation der Landschaft ist am Verhältnis zur Bauerschaft zu messen, die als Basis politischer Willensbekundung angesehen werden muss. Der Bauerschaftsgevollmächtigte resp. -vorsteher war das Exekutivorgan der Bauerschaft; ihm standen Eidgeschworene zur Seite, die dazu beitrugen, Ruhe und Ordnung aufrechtzuerhalten. Während in Süderdithmarschen eine enge organisatorische Verbindung zwischen dem Kirchspiel und den Bauerschaften bestand, gab es eine solche in Norderdithmarschen nicht. Der Einfluss der Bauerschaften auf die Verwaltung des Kirchspiels war im Süden deutlich stärker als im Norden. Gleichwohl blieben die Funktionen und Kompetenzen klar gegeneinander abgegrenzt. Das erklärt sich aus der Tatsache, dass das Kirchspiel einerseits Organ der Selbstverwaltung war und andererseits den untersten landesherrlichen Verwaltungsbezirk darstellte. Der Kirchspielvogt nahm Aufträge des Landesherrn/der Regierung entgegen und hatte sie umzusetzen; er war aber auch Vertreter des Kirchspiels, das ihn dem Landesherrn vorgeschlagen hatte. Ursprünglich mussten die Kandidaten für das Amt des Vogtes im jeweiligen Kirchspiel geboren sein; diese Einengung wurde aber 1778 aufgehoben, um juristisch vorgebildete Personen berücksichtigen zu können. Während die Vögte bis zum 17. Jahrhundert überwiegend Bauern waren, nahm der Anteil der Juristen seit der Mitte

des 18. Jahrhunderts zu. Besonders die größeren Kirchspiele waren wegen der Einkünfte begehrt. Die wohlhabenden Bauern wussten aber ihren Einfluss auch dann geltend zu machen, wenn der Kirchspielvogt ein „Studierter" war.

Die Verstärkung der „staatlichen" Kompetenzen, z.B. bei den Landvögten, bedeutete einerseits ein Stück Modernisierung, andererseits aber einen Zuwachs an obrig-

Wilhelm Eduard Müllen-
hoff, Landvogt Süderdith-
marschens 1859–1867.

keitlicher Reglementierung. Ein Beispiel aus dem Marschenkirchspiel Wesselburen mag die Veränderungen bei der Ämterbesetzung veranschaulichen. Der Kirchspielvogt Christian Peter Bruhn hatte 1825 nach fast 25jähriger Amtszeit den Überblick über die Finanzen verloren und sich das Leben genommen, als er den Verbleib beträchtlicher Summen nicht nachweisen konnte. Der Regierung waren drei Kandidaten als Nachfolger zu präsentieren. Zur Wahl hatten sich 15 Kandidaten ganz unterschiedlicher Qualifikation gestellt, überwiegend Advokaten. Ein Mitglied der Kirchspielversammlung (wie zuvor meist üblich) war nicht dabei. Das Amt des Kirchspielvogts in Wesselburen galt offenbar als besonders attraktiv. Bei allen Bewerbern handelte es sich um gebürtige Dithmarscher; andernfalls wären sie nicht zur Wahl zugelassen worden, d.h. es gab also auch ein bürgerlich/bäuerliches Indigenatsrecht.

Die Wahl erfolgte geheim nach einem komplizierten, aber durchschaubaren System. Wahlberechtigt war die gesamte Kirchspielvertretung; diese bestand in Wesselburen aus drei Landes- und Kirchspielgevollmächtigten, vier Deputierten, vier Adjunkten und 45 Kapitalisten. 168 Stimmen kamen zur Auszählung. Drei der Advokaten erhielten die höchste Stimmenzahl und wurden der Regierung präsentiert. Diese entschied sich für den Erstplatzierten, Johann Jakob Mold aus Heide. Von diesem forderte die Kirchspielvertretung, nachdem er sein Amt angetreten

hatte, eine hohe Kaution, um eventuelle Unregelmäßigkeiten bei den Kirchspieleinnahmen ausgleichen zu können. Das Beispiel zeigt, dass es gelungen war, die zuvor übliche Vetternwirtschaft zu überwinden. Andererseits muss aber erwähnt werden, dass das Festhalten an tradierten Selbstverwaltungspraktiken zwar einen fortschritthemmenden, „reaktionären" Charakter haben, aber durchaus demokratischen Grundsätzen verpflichtet sein konnte. Dieser Widerspruch kennzeichnet die Verwaltung und das politische Leben in Dithmarschen bis weit ins 19. Jahrhundert hinein.

Dass auch gewählte Gevollmächtigte die Neigung verspürten, sich wie Beamte zu gerieren, hat gerade in den ersten Jahrzehnten des 19. Jahrhunderts nicht zu der grundsätzlich angestrebten Straffung in der (Selbst-)Verwaltung, sondern – im Gegenteil – zu einer Erweiterung der Kirchspielsgemeindeverfassung von den Landes- und Kirchspielsgevollmächtigten zu den Deputierten und weiter zu den Interessenten geführt. Dies geschah aber nicht einheitlich; die Kirchspiele entwickelten ein hohes Maß an Partikularismus, besonders bei der Zusammensetzung der Wahlkollegien. Versuche wie die des Landvogts Lempfert in den dreißiger Jahren zu einer Vereinheitlichung zu gelangen, blieben ohne Erfolg. Auf der Kirchspielebene war kaum jemand daran interessiert, die kommunalpolitischen Verhältnisse in Dithmarschen den Staatseinrichtungen der Herzogtümer anzupassen.

Wesselburen. Nach der Natur gezeichnet von Wacker 1834 und auf Stein von J. F. Fritz.

Vollmacht Hansen mit seinen Familienangehörigen. Gemälde von Nikolaus Peters, 1796. Vollmacht Hansen war nach Vermögen und sozialer Position einer der führenden Großbauern der Marsch. Die Statussymbole auf dem Gemälde verdeutlichen dies: der geöffnete Schrank mit den Geldsäcken, der Blick in die Diele mit dem vollen Erntewagen, die große klassizistische Uhr, das Teegeschirr aus Porzellan und die lange Kalkpfeife.

Kein Zweig der Dithmarscher Kommunalverwaltung hat durch die Jahrhunderte hindurch so zu Klagen, Beschwerden und Reformversuchen Anlass gegeben wie die Finanzwirtschaft. Jedes Kirchspiel hatte eigene Methoden der Rechnungsführung, die Unregelmäßigkeiten über Jahre hinweg möglich machten. Die Verschuldung war in beiden Teilen Dithmarschens hoch; verursacht wurde sie nicht nur durch Naturkatastrophen oder Missernten, sondern auch durch Unregelmäßigkeiten im Hebungs- und Rechnungswesen. 1786 wurde in Süderdithmarschen versucht, das Revisionswesen zu verbessern. Eine ganze Hierarchie von Revisoren wurde geschaffen, die keineswegs ehrenamtlich tätig waren, sondern vom Landvogt bis zu den Assignatoren dafür jährliche Aufwandsentschädigungen kassierten. Für Norderdithmarschen wurden 1807 vergleichbare Maßnahmen getroffen. Der Erfolg war wie im Süden bescheiden, denn zur dithmarsischen Selbstverwaltung gehörte es auch, dass die Revision von den

selbstgewählten Vertretern des Landes zu erfolgen hatte. Die Landschaftskasse konnte von den Funktionsträgern – oft unter Ausnutzung verwandtschaftlicher Verflechtungen – wie eine Bank genutzt werden. Nur so ist zu erklären, dass viele Kirchspielvögte im 19. Jahrhundert in der Lage waren, sich große Höfe oder gar adlige Güter in Holstein zu kaufen.

Die wirtschaftliche und kulturelle Entwicklung bis zum Beginn der napoleonischen Kriege

Die Diskussion über eine Reform der dithmarsischen Kommunalverfassung hielt bis 1864 an. Dabei standen sich bis zuletzt die Anhänger des Althergebrachten und die Modernisierer mit etwa gleichen Stimmenanteilen gegen-

Kaufmann und Landesge-vollmächtigter Jakob Jochims (1751–1812) aus Marne mit seiner Tochter.

über. Die seit der Erhebung von 1848 im Lande verfolgten politischen Ziele standen den Sonderinteressen der Dithmarscher zwar entgegen; aber selbst bei der politischen Gestaltung ihres Landes unter preußischem Vorzeichen erreichten sie eine gewisse Berücksichtigung der alten Kirchspielselbstverwaltung.

Die Vollendung des dänischen Gesamtstaates brachte für die Dithmarscher zwar keine großen Veränderungen in der politischen Organisation auf der unteren Ebene, doch profitierten sie von der wirtschaftlichen Blüte Dänemarks nicht weniger als die anderen Teile Schleswig-Holsteins. Die kluge Außenpolitik Johann Hartwig Ernst von Bernstorffs hatte Dänemark zu einer anerkannten europäischen Großmacht aufsteigen lassen; dies kam der wirtschaftlichen und kulturellen Entfaltung im Geiste des aufgeklärten Absolutismus zugute. Das Land an der Westküste zwischen Eider und Elbe wurde zunehmend konfrontiert mit den Angelegenheiten der Herzogtümer. Auch für Dithmarschen war es von Bedeutung, wer an der Spitze der Deutschen Kanzlei in Kopenhagen stand. Der Land-

vogt Heinrich Christian Boie in Meldorf und sein Kollege Nikolaus Behrens in Heide waren sich dieser Tatsache bewusst. Boie war aufgrund seiner weitreichenden Kontakte – auch zum einflussreichen Bernstorff-Stolberg-Reventlow-Schimmelmannschen Familienkreis – über die politischen Differenzen zwischen z.B. dem Emkendorfer Kreis und Andreas Peter von Bernstorff bestens informiert. Im Geiste Bernstorffs hätte er gern mehr für seine Heimat getan, doch die Widerstände waren erheblich, wie u.a. die Briefe ausweisen, die er während der ersten Jahre in seinem Amt an seine spätere Frau Luise Mejer schrieb. Die Neutralitätspolitik des jüngeren Bernstorff und die Finanzpolitik Heinrich Carl von Schimmelmanns wirkten sich positiv für die innere Entwicklung des Gesamtstaates und seiner Teile aus. Es herrschte Vollbeschäftigung in der Landwirtschaft, und die Konjunktur war so günstig, dass hohe Preise und überdurchschnittliche Kaufkraft miteinander in Einklang standen. Die erhöhte Produktivität in der Landwirtschaft war auch die wichtigste Ursache für den Bevölkerungszuwachs in den Jahrzehnten nach 1780;

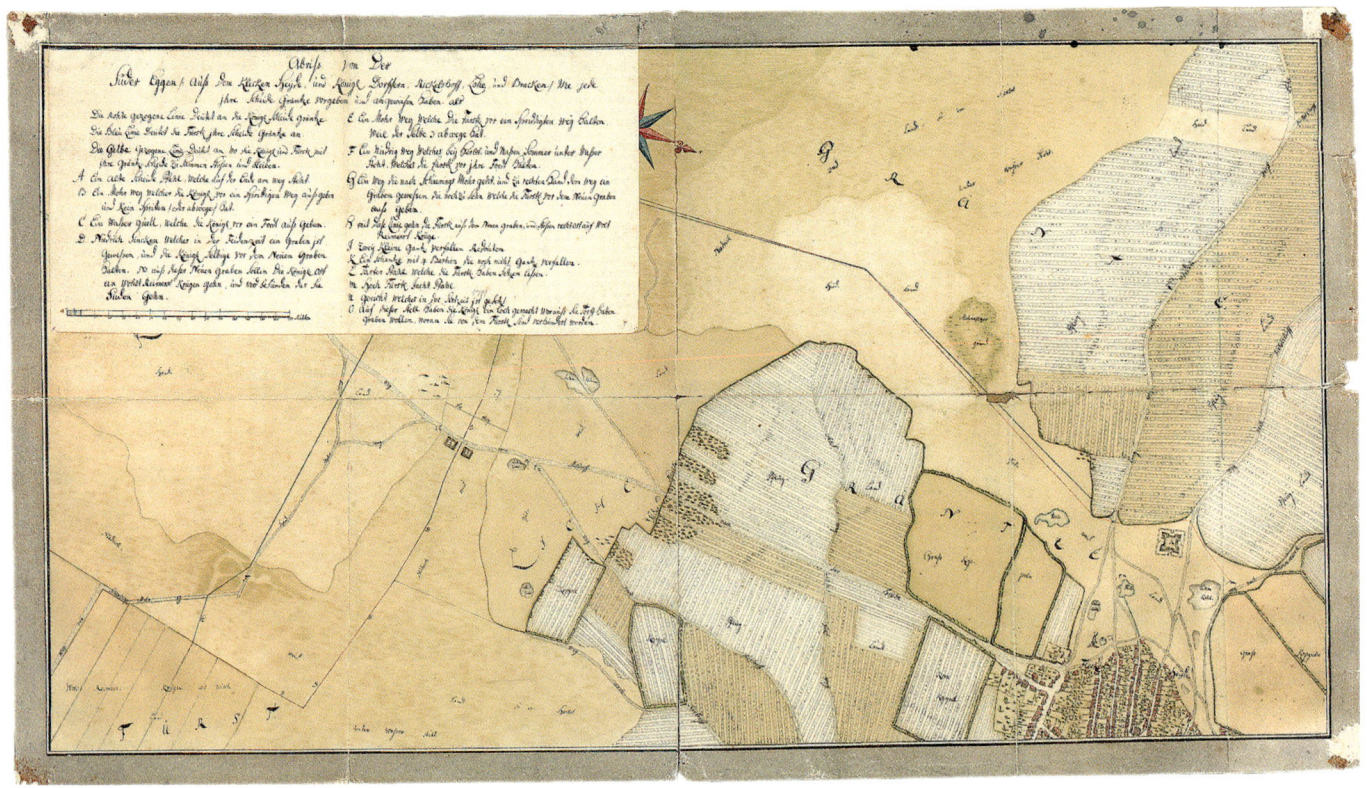

Kartenskizze um 1730 aus Anlass von Grenzstreitigkeiten zwischen Norder- und Süderdithmarschen. Am rechten unteren Rand ist ein Teil von Heide abgebildet. Die Feldmark hat noch den mittelalterlichen Charakter: das Ackerland ist gegenüber dem Weideland eingehegt und in schmalste Streifen aufgeteilt; daneben gibt es Wiesenland; der große Rest war Gemeinweide, die gegen die Wohn- und Gartengebiete abgegrenzt werden mußte.

die Verbesserung der hygienischen und medizinischen Verhältnisse setzte erst um 1830 ein.

Die Modernisierung der wirtschaftlichen Infrastruktur (im 18. Jahrhundert ist der Begriff „Meliorisierung" gebräuchlich) gehört zu den zentralen Zielen des aufgeklärten Absolutismus. In diesem Zusammenhang spielen die Aufhebung der Leibeigenschaft und die Verkoppelung eine wichtige Rolle. Die Leibeigenschaft hat es in Dithmarschen nie gegeben, doch die Verkoppelung war 1773 noch keineswegs abgeschlossen. Die „Meente" (Allmen

de) war zu großen Teilen bereits vor der Mitte des 18. Jahrhunderts aufgeteilt worden; dabei hatten sich aber zahlreiche Ungereimtheiten ergeben. So konnten Meentanteile verkauft werden, ohne dass auch die damit verbundenen Stimmenrechte (Meentgerechtigkeiten) abgegeben wurden; Meentgerechtigkeit und Meentbesitz mussten also nicht in einer Hand liegen. Hier war in den Kirchspielen und für den Landvogt noch bis weit ins 19. Jahrhundert hinein viel Reformarbeit zu leisten.

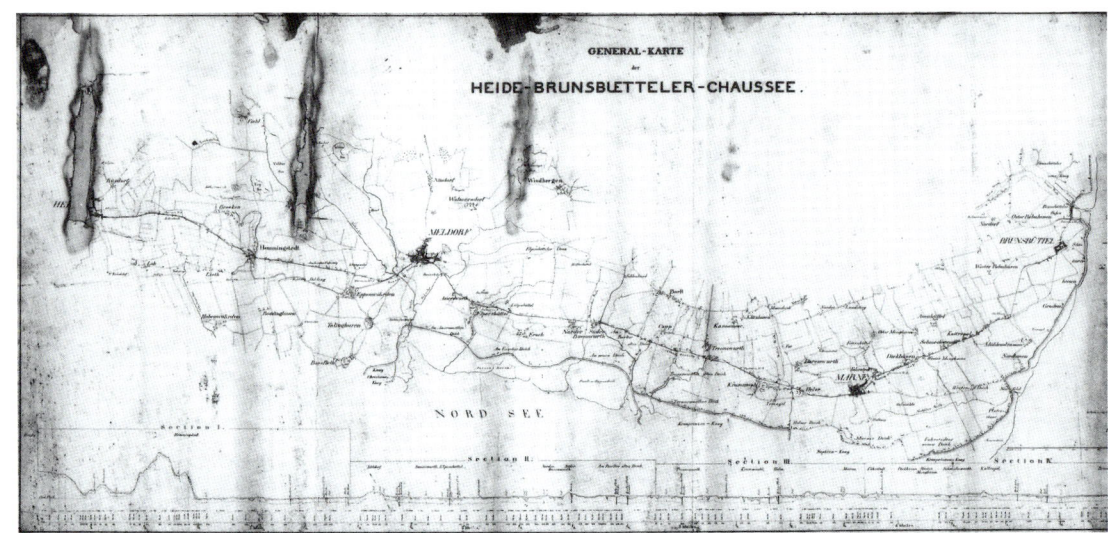

Generalkarte der Heide-Brunsbütteler Chaussee, ca. 1855.

Eiderfähre mit Blick auf Dithmarschen, Holzstich von K. Müller, um 1850. Altonaer Museum in Hamburg – Norddeutsches Landesmuseum.

Jahrhundertelang hatten Politiker, Gelehrte und Militärs über eine Kanalverbindung zwischen der Nord- und der Ostsee nachgedacht. Der 1398 eröffnete Stecknitzkanal hatte nur regionale Bedeutung und entsprach schon lange nicht mehr den Anforderungen der Schifffahrt und des Handels. Herzog Friedrich III. hatte im 17. Jahrhundert den Plan, Kiel mit einem Nordseehafen zu verbinden, ernstlich verfolgt, war aber am Widerstand Dänemarks gescheitert, das Einnahmeverluste beim Sundzoll befürchtete. Seit der Mitte des 18. Jahrhunderts wurden die Pläne konkreter, und mit der Erledigung der „Gottorfer Frage" waren dann auch die politischen Voraussetzungen für den Kanalbau geschaffen. Andreas Peter von Bernstorff, Heinrich Carl von Schimmelmann und der Statthalter Landgraf Carl zu Hessen engagierten sich für das Projekt, das die Ingenieuroffiziere Christian Friedrich Hermann Peymann und August Hinrich Detmers zwischen 1777 und 1784 verwirklichten. Mehr als 2000 Arbeiter und 300 Soldaten waren am Bau beteiligt. Von der Ostsee konnten Schiffe schließlich von Kiel aus über drei Aufstiegsschleusen (Holtenau, Knoop und Rathmannsdorf) und zwei Abstiegsschleusen (Königsförde und Kluvensiek) Rendsburg erreichen. Von dort wurde der Lauf der Eider genutzt, um nach Tönning und damit an die Nordsee zu gelangen. Überlegungen, den Kanal so breit und tief auszubauen, dass er auch für große Kriegsschiffe passierbar wurde, scheiterten an den wirtschaftlichen, vor allem aber an den technischen Möglichkeiten der Zeit. Aber auch das realisierte Projekt war der größte Kanal Europas. Er wurde von den Zeitgenossen als ein neues „Weltwunder" gerühmt. Bis 1884 benutzten 284000 Schiffe diese Wasserstraße.

Unmittelbaren Nutzen vom Schleswig-Holsteinischen Kanal (seit 1853 Eiderkanal genannt) hatten die Städte Kiel (Holtenau), Rendsburg und Tönning, aber auch die kleinen Eiderhäfen in Norderdithmarschen konnten von dieser Route profitieren.

Die Regierung in Kopenhagen förderte zwar die Schifffahrt und die Wasserwege; ein systematischer Ausbau des Straßennetzes, wie er in Westeuropa erfolgte, stand jedoch nicht auf dem Programm. Die Poststraßen hatten im Wesentlichen noch den Zustand des Mittelalters. Napoleons Pläne, ganz Europa mit einem modernen Straßennetz zu überziehen, waren nicht bis nach Dithmarschen vorgedrungen oder konnten in der Kürze der Zeit seiner Herrschaft nicht realisiert werden. Für Reparaturen waren die lokalen Gremien zuständig, und dabei waren die Streitigkeiten ähnlich heftig wie bei der Verteilung der Deichlasten. Die Modernisierung der Straßen begann in Schleswig-Holstein erst 1830 mit dem Bau der ersten Chausseen. Ein weitreichendes Gesamtkonzept wurde erst 1842 vorgelegt.

Dithmarschens wirtschaftliche Bedeutung beruhte auf der Landwirtschaft, und die hatte in den Jahrzehnten bis zu den napoleonischen Kriegen Konjunktur. Die Marsch- und Geestböden hatten unterschiedliche Wertigkeit. Doch auch in der („höherwertigen") Marsch gab es Unterschiede. Die Besiedlung der Köge war nur möglich, wenn in ausreichendem Maß Hilfsarbeiten verrichtet wurden. Deshalb siedelten sich mit dem Bau der ersten Höfe auch Landarbeiter an, die als Tagelöhner im Lohndrusch oder beim Deichbau beschäftigt waren und mit ihren Familien in großer Armut lebten. Dies trifft bereits Mitte des

Brunsbütteler Hafen, kolorierter Holzstich, ca. 1875. Altonaer Museum in Hamburg - Norddeutsches Landesmuseum.

Karte vom Wesselburener Koog von 1868, 6 Jahre nach der Eindeichung.

18. Jahrhunderts im Hedwigenkoog zu, der 1717 nach Sturmfluten neu eingedeicht werden musste und erst bis zum Ende des 18. Jahrhunderts wieder zu stabilen Verhältnissen kam. Aufgrund der Quellenlage wissen wir über die Entwicklung im Hedwigenkoog relativ viel. Diese Informationen können als beispielhaft für die Landschaft Norderdithmarschen angenommen werden. Die Betriebsgröße der Höfe im Hedwigenkoog war mit durchschnittlich 61,5 ha beachtlich, wobei der Anteil des Ackerlandes über 95 % betrug. Es gab 17 Höfe in Heubergform (Haubarge) im Koog (von denen sich keiner erhalten hat). Bis über die Mitte des 19. Jahrhunderts hinaus haben sich die Wirtschaftsverhältnisse im Hedwigenkoog kaum verändert, allerdings kam es zu häufigen Besitzwechseln. Norderdithmarschen wurde in den letzten Jahren des 18. Jahrhunderts von schweren Mäuseplagen in mehreren heißen Sommern heimgesucht. Die Mäuseinvasion wird mit der „ägyptischen Heuschreckenplage" verglichen. Der Absatz der landwirtschaftlichen Produkte erfolgte über Tönning oder Friedrichstadt nach Hamburg, England, die Niederlande und Frankreich.

Der Hedwigenkoog war 1696 entstanden; danach wurden bis 1762 vier weitere Köge geschaffen (Friedrichsgabekoog, 1714; Sophienkoog, 1718; Büsumer Neuenkoog, 1722 und der Brunsbütteler Neuenkoog, 1762). In der gesamtstaatlichen Zeit wurden die Arbeiten an weiteren Kögen vollendet, von denen der Kronprinzenkoog (1787, Gesamtfläche: 2180 ha), der Karolinenkoog (1800, Gesamtfläche: 928 ha), der Christianskoog (1845, Gesamtfläche: 780 ha), der Friedrichskoog (1854, Gesamt-

fläche: 2228 ha) und der Wesselburener Koog (1862, Gesamtfläche: 1070 ha) Hauptköge waren.

Nach Abschluss der Bedeichung des Kronprinzenkoogs teilte eine Kommission das Land in Parzellen von je 10 Morgen und bemühte sich um deren Verkauf. Die Dithmarscher Bauern in der Nachbarschaft waren misstrauisch; sie fürchteten, dass der frischgewonnene Boden sich in den ersten Jahren nicht für den Getreideanbau eigne. Abschreckend waren auch die hohen Deichlasten und die Notwendigkeit, den Boden für den Ackerbau zu ebnen. Gerade 1788 herrschte darüber hinaus in Dithmarschen erheblicher Geldmangel, der durch Viehsterben und (den schon erwähnten) Mäusefraß verursacht wurde. Deshalb verkaufte die Regierung das Koogland (den Morgen für 150 Mark) an eine Gesellschaft, die Bauern aus Ostfriesland ins Land holte; diese waren von der Fruchtbarkeit des Bodens überzeugt und gelangten durchweg in kurzer Zeit zu Wohlstand. Sie brachten eine neue Form des Hausbaus (langgestreckte Gutshäuser mit seitlich eingebautem Großtor) und einige Neuerungen bei der Viehhaltung mit nach Dithmarschen, von denen bald auch die Alteingesessenen profitierten.

Dem Kronprinzenkoog kommt auch medizingeschichtlich eine Bedeutung zu. Mit ihm wird die „Dithmarscher Krankheit" in Verbindung gebracht, die um die Wende vom 18. zum 19. Jahrhundert zu grassieren begann und den Ärzten viele Rätsel aufgab. Von ihr waren vor allem arme Leute betroffen, die selten einen Arzt aufsuchten. Als ganze Familien erkrankten, wurden die Medizinalbehörden aufmerksam. Der Morbus Dithmarsicus

Carsten Niebuhr und seine Frau Christiana Sophie.

wurde als ansteckende Krankheit erkannt, konnte aber lange Zeit nicht eindeutig identifiziert werden; deshalb blieben auch die Behandlungsmethoden unzureichend. Die Krankheit wurde als Form der Lepra oder des Skorbut angesehen; dass es sich um eine venerische Krankheit handeln könnte, wurde erst spät erkannt, weil der Lebenswandel der Betroffenen dafür untypisch war. Seit den dreißiger Jahren des 19. Jahrhunderts verdichtete sich der Verdacht, dass es sich bei der „Dithmarscher Krankheit" um Syphilis handeln müsse, die von den beim Bau des Kronprinzenkoogs beschäftigten Arbeitern ins Land gebracht worden war. Moderne medizinische Forschungen lassen es als sicher erscheinen, dass es sich bei der Dithmarscher Krankheit um eine endemische Syphilis gehandelt haben dürfte.

Mit der Gewinnung neuen Landes ging an der Westküste stets die Erhaltung des alten durch Deichbaumaßnahmen einher. Das Meer gibt und nimmt – mit dieser Erfahrung hatten und haben die Dithmarscher zu leben. Besonders gefährdet war das Gebiet um Brunsbüttel, weil sich hier die Sturmfluten besonders schwer und zusätzlich die Stromrinnenverlagerungen der Elbe auswirkten. Nach den Sturmfluten der Jahre 1716 und 1717 waren überall die Deiche erhöht worden; die Arbeiten gingen über Jahrzehnte und waren mit Streitigkeiten aller Art verbunden. Landvogt Heinrich Christian Boie klagte 1782 und in den folgenden Jahren besonders über das Verhalten der Bewohner im Gebiet um Brunsbüttel (er spricht vom „leidigen Deichwesen, oder vielmehr Unwesen"). Neben den Pflichten, für die Deiche zu sorgen, oblag den Marsch-

kirchspielen auch das Sielwesen, das ebenfalls mit erheblichem Aufwand an Zeit und Kosten verbunden war. In der Zeit vor 1773 waren diese Pflichten nahezu ausschließlich Angelegenheiten der Kirchspiele, denen bestenfalls nach Katastrophen Steuererleichterungen gewährt wurden. Der aufgeklärte Staat des späten 18. Jahrhunderts schuf einheitliche Regelungen; er sorgte vor allem für eine gleichmäßige Lastenverteilung. Eine erste Reform stellte das „Reglement wegen der Concurrenz zu den Deichkosten in der Landschaft Süderdithmarschen" vom Juli 1789 dar, demzufolge die gesamten Bau- und Unterhaltungskosten von der Landschaft insgesamt aufzubringen waren. Darüber hinaus wurden Anordnungen für die Deichgestaltung getroffen. Für Norderdithmarschen unterblieben derartige Regelungen zunächst. Erst mit der umfassenden staatlichen Gesetzgebung, die König Christian VII. im Januar 1800 mit dem „Patent, betr. die einzuführende Aufsicht über die Deiche der sämtlichen Marschkommünen (…) und oktroyierten Koege in den Herzogtümern" und weiteren Instruktionen vornahm, wurde auch eine Grundlage für beide Teile Dithmarschens geschaffen, die sich positiv gegenüber den zurückliegenden Verhältnissen auswirkte. Nach der Überwindung der durch die napoleonische Zeit ausgelösten Krisen kamen weitere Verordnungen hinzu.

Die kulturelle Entwicklung Dithmarschens wurde bis ins 18. Jahrhundert hinein vor allem durch den sich auf landwirtschaftliche Profite gründenden Wohlstand und durch die geographische Randlage bestimmt und weniger durch Verbindungen zu anderen Kulturregionen. Dass sich

Heinrich Christian Boie, Pastell von Leopold Matthieux.

die Einbindung Dithmarschens in den Gesamtstaat nach 1773 positiv auswirkte, dürfte nur zufälliger Natur gewesen sein. Die Flecken Heide und Meldorf waren zu unbedeutend, um aus ihnen heraus Impulse für die Kultur in Schleswig-Holstein oder gar darüber hinaus zu geben. Es war eher Zufall, dass der aus dem Land Hadeln gebürtige Carsten Niebuhr (1733–1815) und der Meldorfer Pastorensohn und spätere Landvogt Heinrich Christian Boie (1744–1806) einander in Meldorf begegneten und gesellschaftlichen Umgang miteinander pflegen konnten. Am 31. Oktober 1758 hatte Johann Hartwig Ernst von Bernstorff einen Brief an Carsten Niebuhr in Göttingen geschrieben, in dem er dem damals 25jährigen Studenten der Mathematik den Auftrag erteilte, eine Forschungsreise in den Orient anzutreten. Niebuhr wurde damit für neun Jahre in die Fremde geschickt und für weitere zehn Jahre verpflichtet, die Ergebnisse seiner Reise wissenschaftlich aufzuarbeiten. Erfolge wurden seine Veröffentlichungen nicht. Der in dänischen Diensten stehende Offizier nahm 1778 seinen Abschied und begnügte sich mit der Stelle eines Landschreibers und Steuereinnehmers in Süderdithmarschen mit dem Titel eines Justizrates. Sein Ruhm begann erst viel später.

Ähnlich erging es auch Heinrich Christian Boie, der während seines Studiums in Göttingen seine Liebe zur Literatur entdeckte, aber rasch seine bescheidene Begabung auf diesem Feld erkannte. Boie war Mitglied des Göttinger Hainbundes und damit eng mit den bedeutendsten deutschen Schriftstellern in der Tradition der Aufklärung verbunden, zu denen neben Johann Heinrich Voß und Matthias Claudius auch die Brüder Stolberg gehörten. Friedrich Gottlieb Klopstock war das große Vorbild; Johann Wolfgang von Goethe gehörte aber ebenfalls zum Bekanntenkreis. Boie vernachlässigte sein Jura-Studium, um stattdessen die Bekanntschaft von Lessing oder Gleim zu machen. 1770 begann er den ersten deutschen Musenalmanach herauszugeben. Im Göttinger Musenalmanach erschienen auch frühe Gedichte Goethes. Seit 1776 erhielt die Monatszeitschrift den Namen „Deutsches Museum" und wurde von 1789 bis 1791 als „Neues Deutsches Museum" unter Boies Redaktion eine der wichtigsten deutschen literarischen Zeitschriften im letzten Drittel des 18. Jahrhunderts. Boie war, um seine Existenz zu sichern, Sekretär in hannoverschen Diensten geworden und suchte nach einer einträglichen Anstellung. Diese fand er als Landvogt in Süderdithmarschen. Boie war kein Dichter, aber ein genialer Redakteur. Als solcher hat er für die deutsche Literatur am Ende des 18. Jahrhunderts mehr geleistet als viele der zeitgenössischen Dichter.

Boies gesellschaftlicher Umgang mit Carsten Niebuhr dürfte für beide Seiten ein Gewinn gewesen sein. Impulse für das Geistesleben an der Wende vom 18. zum 19. Jahrhundert sind von dieser Begegnung aber nicht ausgegangen.

Wie für Schleswig-Holstein insgesamt waren auch für Dithmarschen die Jahre der gesamtstaatlichen Zeit bis 1806 überwiegend positiv. Doch mit der Niederlage Preußens bei Jena und Auerstedt änderten sich auch die Verhältnisse in Schleswig-Holstein. Davon blieb Dithmarschen nicht unberührt.

Der dänische Gesamtstaat an der Seite Napoleons und die Folgen für Dithmarschen

Die kluge Politik der Bernstorffs hatte den dänischen Gesamtstaat aus den Konflikten der letzten drei Jahrzehnte des 18. Jahrhunderts herausgehalten. Doch die Aktivitäten Napoleons I. machten nicht Halt vor der seit Jahrzehnten gepflegten Ruhe des Nordens. Als Kaiser Franz II. sich am 1. August 1806 dazu entschlossen hatte, die Krone des Deutschen Reiches niederzulegen und alle Stände von den traditionellen Pflichten zu entbinden, war auch für Holstein – und damit für Dithmarschen – ein gravierender Einschnitt erfolgt. Das dänische Inkorporationspatent vom 9. September 1806 verkündete: „Unser Herzogthum Holstein, unsere Herrschaft Pinneberg (…) und unsere Stadt Altona sollen fortan unter der gemeinsamen Benennung des Herzogthums Holstein mit dem gesammten Staatskörper der unserm königlichen Scepter untergebenen Monarchie als ein in jeder Beziehung völlig ungetrennter

Theil derselben verbunden und solchem nach von nun an unserer alleinigen unumschränkten Botmäßigkeit unterworfen sein." Herzog Friedrich von Schleswig-Holstein-Augustenburg protestierte gegen diesen Versuch der dänischen Krone, die weibliche Erbfolge auch in Schleswig-Holstein einzuführen; er fand bei seinen Bemü-

hungen, die Erbfolge seines Hauses zu verteidigen, eine breite Unterstützung in der holsteinischen Öffentlichkeit. Nationalistische Maßnahmen auf Seiten der dänischen Politik lösten in Schleswig-Holstein Gegenmaßnahmen aus, die im Zuge der dänischen Politik während des Krieges gegen Napoleon an Intensität zunahmen.

Ansicht von Brunsbüttel von J. Seger, 1823.

Blick auf Büsum. Gezeichnet und lithografiert von A. Nay. Mitte des 19. Jahrhunderts.

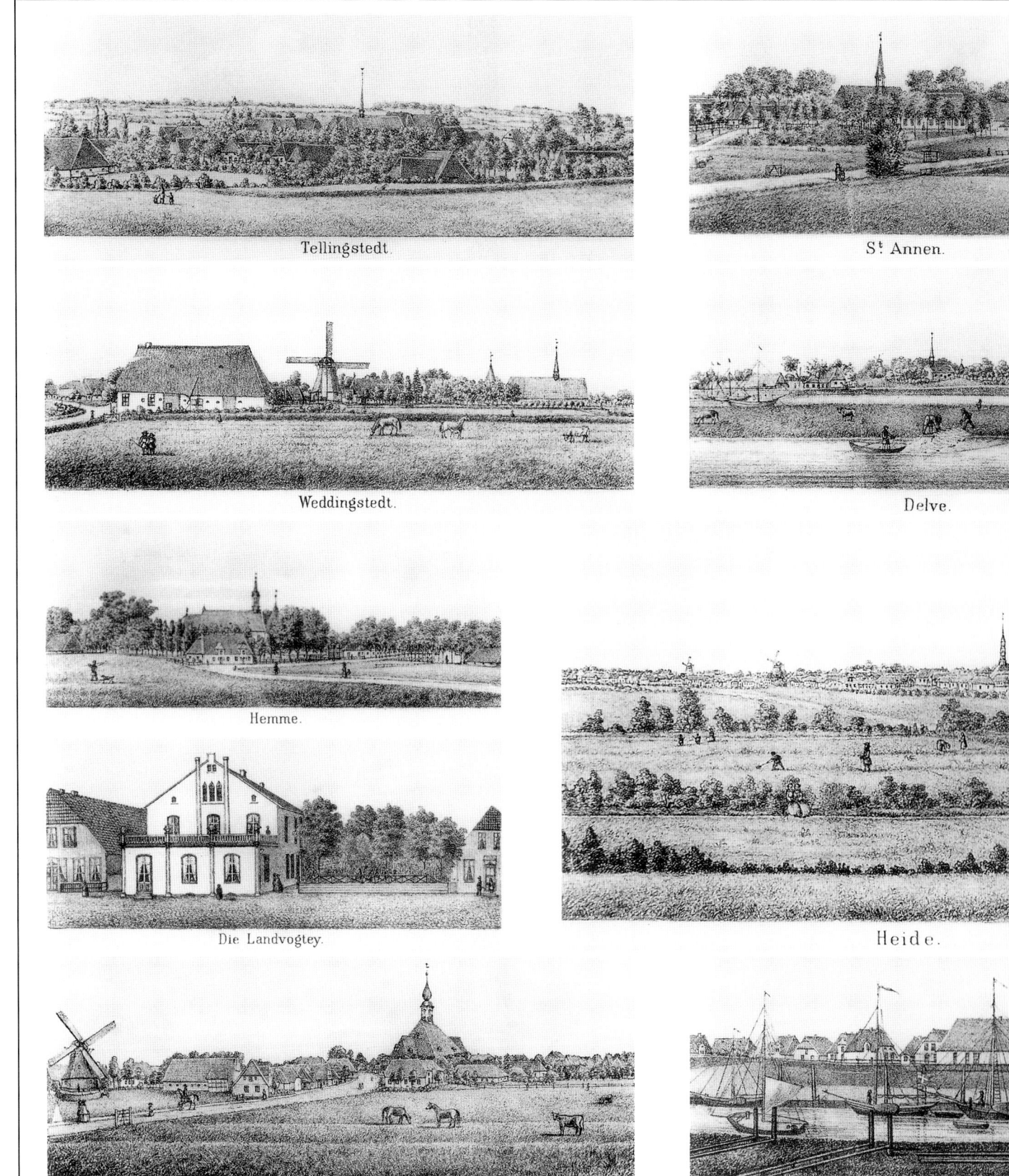

Tellingstedt.

St. Annen.

Weddingstedt.

Delve.

Hemme.

Die Landvogtey.

Heide.

Wesselburen.

Büsum.

Schlichting.

Hennstedt.

Neuenkirchen.

Heider Kirchhof.

Lunden.

Rundschau in Norderdithmarschen. Nach der Natur gezeichnet und lithografiert von H. Klinck. Um 1864.

Burg.

Brunsbüttel.

St. Michaelis-Donn.

Eddelack.

Süderhastedt.

Meldorf

Albersdorf.

Norderhastedt.

Hemmingstedt.

Marne.

Barlt.

Busenwurth.

Windbergen.

Wöhrden.

Rundschau in Süderdith-marschen. Nach der Natur gezeichnet und lithografiert von H. Klinck. Um 1864.

Lunden. Gezeichnet und lithografiert von H. Klinck. 1843.

England hatte die Auseinandersetzung mit der Französischen Revolution am konsequentesten betrieben. Als 1803 französische Truppen Hannover besetzt hatten und damit das linke Elbufer kontrollierten, versuchte England, dem entgegenzutreten und verhängte eine (im Ergebnis erfolglose) Blockade der Elbmündung. Die Dithmarscher verstanden es, davon zu profitieren. Der Schiffsverkehr ging nicht mehr direkt nach Hamburg, sondern machte einen Umweg über Tönning, das seine Zolleinnahmen binnen kurzer Zeit nahezu verzehnfachen konnte. Von Tönning wurden die Waren auf kleinen Schiffen oder auf dem Landweg nach Hamburg gebracht. Diese Frachtfuhren waren für die Dithmarscher profitabel, förderten aber unsolides Wirtschaftsverhalten, das besonders von den Moralisten beklagt wurde: der „gesunde Grund ehrlicher Arbeit" habe gefehlt. Schon Landvogt Boie hatte 1784 beklagt, dass die große Zahl der Wirtshäuser in Meldorf zu einer Verrohung der Sitten führen würde. Dass nach der Intensivierung der Frachtfuhren nach Hamburg an der Landstraße die Wirtshäuser wie Pilze aus der Erde wuchsen, galt kritischen Zeitgenossen als „Gipfel der Sittenlosigkeit".

Nach der Niederlage Preußens bei Jena und Auerstedt (14. 10. 1806) begann Napoleon I., auch den Norden Europas so zu ordnen, dass dort die Einhaltung der von ihm gegen England geplanten Kontinentalsperre erfolgen konnte. Dies hatte auch Folgen für die schleswig-holsteinische Westküste. Am 19. November besetzten französische Truppen die Stadt Hamburg und standen damit an der Grenze zu Dänemark. Zwei Tage später verhängte Napoleon von Berlin aus die Kontinentalsperre, um seinem Hauptgegner nachhaltig zu schaden. Im Frieden von Tilsit (9. Juli 1807) traten Russland und Preußen der Kontinentalsperre bei; Russland verpflichtete sich darüber hinaus, Dänemark und Schweden gegebenenfalls mit Waffengewalt zu zwingen, sich dem Handelskrieg gegen England anzuschließen. Dänemark sah sich nicht länger in der Lage, angesichts der neuen Machtkonstellation in Europa seine traditionelle Neutralitätspolitik aufrechtzuerhalten. Der Überfall der englischen Flotte auf Kopenhagen und der Raub der dänischen Kriegsschiffe sowie die Besetzung der Inseln Helgoland und Anholt entschieden über die künftige Haltung Dänemarks (und damit auch Schleswig-Holsteins) in der Auseinandersetzung mit Napoleon I.: Dänemark wurde zum Verbündeten Frankreichs und blieb es bis zur Niederlage des Korsen. Darauf hatte sich die Verteidigung des Gesamtstaates einzustellen. Das englische Vorgehen gegen Kopenhagen brachte in Schleswig-Holstein einen gesamtstaatlichen Patriotismus hervor. Auch in Dithmarschen wurden nicht nur die kriegsbedingten Lasten willig ertragen, darüber hinaus engagierten sich die Dithmarscher für den Wiederaufbau der dänischen Flotte, indem sie die Kosten für zwei Kanonenboote übernahmen.

Nachdem Schweden dem Königreich Dänemark 1807 den Krieg erklärt hatte, sandte Napoleon seinem neuen Verbündeten ein Hilfskorps von 32000 Mann unter dem Kommando von Marschall Bernadotte, das im Juli 1808 von Glückstadt über Brunsbüttel, Marne, Meldorf und Wöhrden nach Tönning zog. Dithmarschen hatte erhebliche Kriegslasten zu tragen, und zwar einerseits bei der Versorgung der französischen Truppen und andererseits für die Aufrechterhaltung der Küstenmiliz, zu der alle waffenfähigen Männer vom 20. bis zum 50. Lebensjahr herangezogen wurden. Die Aufforderung zur Bildung dieser Miliz war im August 1807 an die Landvögte und von diesen weiter an die Kirchspielvögte ergangen. 1808 war aus der zunächst freiwilligen eine Zwangsmiliz für waffenfähige Männer, die nicht mehr als zwei Meilen von der Küste entfernt wohnten, geworden. Eine „Nähere Vorschrift, wie die Küstensignale zu gebrauchen und die Küstenmiliz sich zu verhalten" hat (1807 in deutscher und dänischer Sprache abgefasst), enthielt genaue Anweisungen über die zu treffenden Maßnahmen zur Sicherung der Küste gegen feindliche Landungen. Aus anderen Quellen ist zu erfahren, dass der Kirchspielvogt die Funktion eines Befehlshabers in seinem Küstenabschnitt hatte und dass es klare Gliederungen für diese Miliz gab, die an eine militärische Einrichtung erinnern. Andererseits geht aus den Dokumenten hervor, dass die Bereitschaft, in der Miliz zu dienen, gering war. Sie trat nur 1813 in Erscheinung, als es vor Büsum zu einem Gefecht kam. Sonst spielte sie weder in der großen noch in der kleinen Politik eine Rolle.

Dithmarschen profitierte von den sich etablierenden illegalen Handelsstrukturen während der Kontinentalsperre. Der Schleichhandel wurde zunehmend schwieriger, aber auch lukrativer. Am 29. Januar 1811 hatten die dithmarsischen Landvögte deshalb „zur Verhütung alles strafbaren Verkehrs mit dem Feinde" zu verfügen, dass alle Fischereifahrzeuge mit einer registrierten Nummer zu versehen und für jedes Boot ein Erlaubnisschein zu erwerben und ein Bürge zu benennen seien. Es hatten strenge Kontrollen beim Einlaufen in einen Hafen stattzufinden.

Während der Kriegsereignisse der Jahre bis 1813 stiegen die Kapital-, Einkommen-, Grund-, Gebäude- und außerordentlichen Pflugsteuern kontinuierlich. Die Zwangsanleihe von 1811 und die Erhöhung der Pflugsteuer 1812 trugen zusätzlich zu einer anhaltenden wirtschaftlichen Rezession bei.

1808 war Friedrich VI., der seit 1786 die Geschicke des dänischen Gesamtstaates als Regent lenkte, weil sein Vater geistig nicht dazu in der Lage war, dänischer König geworden. Er entschloss sich dazu, Dänemark an der Seite Frankreichs zu halten. Die schwedischen und russischen Ambitionen hatte er dabei zu gering und die Macht der napoleonischen Position zu groß eingeschätzt.

Gedenkstein für die am 3. September 1813 beim Seegefecht vor Büsum gefallenen dänischen Matrosen auf dem alten Friedhof in Büsum.

Zum Einsatz der Truppen Bernadottes gegen Schweden kam es nicht; der Frieden von Jönköping im Dezember 1809 beendete den Krieg zwischen Dänemark und Schweden, bevor er begonnen hatte. Die schwedische Politik änderte sich grundlegend, nachdem König Gustaf IV. Adolf gestürzt und Marschall Bernadotte zum Kronprinzen gewählt worden war. Bernadotte brach mit den auf

Chr. Friedrich Griebel, Landvogt von Norderdithmarschen.

die Rückgewinnung Finnlands gerichteten Aktivitäten und arrangierte sich stattdessen mit Russland. Dafür erhielt er die Zusage des Zaren, ihn beim Erwerb Norwegens zu unterstützen. Dänemark beteiligte sich nicht am Feldzug Napoleons nach Russland. Als die Niederlage des französischen Kaisers bekannt wurde, versuchte die Regierung in Kopenhagen, Verhandlungen mit den Gegnern Napoleons zu führen, um die Abtretung Norwegens zu verhindern. Dänemark hatte sich nicht eindeutig genug von Napoleon abgewendet, um im Kreis der Verbündeten aufgenommen zu werden. Die Konstellationen waren so ungünstig, dass es keine Alternative zur Verbindung mit Frankreich gab. Am 10. Juli 1813 kam es in Dresden zu einem neuen Bündnis mit Napoleon. Darin verpflichtete sich Dänemark zur Bereitstellung eines Auxiliarkorps in Stärke einer Division. Die Kämpfe, die 1813 bis zum Kieler Frieden (14. Januar 1814) in Schleswig-Holstein stattfanden, dienten schwedischerseits im Wesentlichen dazu, die Abtretung Norwegens an Schweden zu erzwingen und dänischerseits, dies zu verhindern.

Dithmarschen blieb vom eigentlichen Krieg weitgehend verschont. Am 3. Dezember 1813 fand vor Büsum ein Seegefecht zwischen dänischen und englischen Kanonenbooten statt, bei dem acht Seeleute auf dänischer Seite den Tod fanden. In Büsum entstand nur geringer Schaden. Im Dezember zog der russische General Tettenborn mit seinen Kosaken durch Dithmarschen nach Friedrichstadt. Albersdorf, Tellingstedt und Heide büßten ihre Gemeindekassen ein. In Meldorf musste Landschreiber

Niebuhr die königliche Kasse ausliefern. Der Norden hatte unter den Requisitionen ungleich stärker zu leiden als der Süden. Die Bewohner wurden auch herangezogen, um den Übergang über die Eider zu bewerkstelligen. Landvogt Griebel in Heide errechnete Gesamtschäden in Höhe von 60000 Rthlr. für Norderdithmarschen, die der Landschaft vom 9. Dezember 1813 bis zum 24. Januar 1814 entstanden waren. Von August bis Dezember 1819 gab es erneut Einquartierungen. Die Summe der Kriegsschäden stieg auf 560000 Rthlr.; an Entschädigung erhielt die Landschaft nur 55000 Rthlr. Süderdithmarschen kam besser weg; hier beliefen sich die Kriegsschäden auf 160000 Rthlr.

„Der Krieg nach dem Kriege"

In einer Predigt kritisierte der streitbare Theologe Claus Harms (1778–1855) 1814 in deutlichen Worten die Missstände in seiner Heimat. Der Text der Predigt wurde mit dem Titel „Der Krieg nach dem Kriege" gedruckt und führte zur Einsetzung einer Untersuchungskommission. Der Krieg hatte die Wirtschaft durcheinandergebracht. Der dänische Staatsbankrott hatte auch für Dithmarschen schlimme Folgen. Das Silbergeld wurde eingezogen, und das dagegen ausgeteilte Papiergeld sank rapide an Wert. Viele Bauern standen vor dem Ruin, wussten aber Mittel, die Gläubiger daran zu hindern, zu ihrem

Bis 1838 konnte Dithmarschen das zugesicherte Privileg der Zollfreiheit bewahren. Bei der Aufhebung entstand in Heide diese Karikatur, auf der der dänische König als Landesherr im Verein mit dem Teufel die Zollfreiheit zerreißt.

Recht zu gelangen. Die Brandstiftung wurde berufsmäßig betrieben. Wucherei und Wechselbetrug griffen um sich.

Da die Bauern zahlungsunfähig waren, blieben auch die Steuern aus. Die Kirchspiele gewährten Aufschub, mussten aber ihrerseits, um die fälligen Abgaben zu zahlen, Kredite aufnehmen. Dabei zeigte sich, dass die Rechnungsführung, die schon immer unübersichtlich war, mehr und mehr auf Abwege geriet. Die Krise der Landwirtschaft, die bis in die zwanziger Jahre andauerte, ließ an eine Normalisierung nicht denken. Gesetzgeberische Initiativen blieben aus; die Zinslast wurde immer drückender, so dass Zweifel daran aufkamen, ob die Gemeinden überhaupt noch zahlungsfähig seien. Als über die Konsequenzen einer Zahlungsunfähigkeit nachgedacht wurde, stand die Gemeindeselbstverwaltung auf dem Spiel.

Es ist den Dithmarschern gelungen, sich bis 1830 aus dieser Misere herauszuarbeiten. Die wirtschaftlichen Rahmenbedingungen besserten sich allmählich, eine verstärkte staatliche Aufsicht wirkte sich positiv aus, ohne dass die Selbstverwaltung aufgegeben werden musste. Von der Mitte der dreißiger Jahre an begann eine neue Blütephase für das Land. Davor mussten aber noch die Folgen der Sturmflut von 1825 und der Missernten in den Jahren 1828, 1829 und 1830 verkraftet werden.

Seit 1756 hatte es an der Westküste keine große Sturmflut gegeben; die Deiche, für die viel getan worden war, schienen sicher. Seit 1800 gab es Deichinspektoren als staatliche Aufsichtsbeamte, die auf Einhaltung der technischen Normen zu achten und für die Kooperation der einzelnen Deichverbände zu sorgen hatten.

Der Winter 1824/25 war stürmisch; im November hatte es schwere Regenfälle gegeben, Überschwemmungen waren die Folge; die Deiche waren an vielen Stellen durchgeweicht. Auf die so beschaffenen Deiche traf in der Nacht vom 3. auf den 4. Februar eine schwere Sturmflut. Sie suchte die ganze Nordseeküste von Holland bis Jütland heim und forderte 800 Menschenleben; 45000 Stück Vieh ertranken, 2400 Gebäude wurden zerstört.

Norderdithmarschen wurde von der Februarflut stärker betroffen als der Süden. Mit Ausnahme der Tielenhemme im Kirchspiel Tellingstedt blieb kein Kirchspiel von Deichbrüchen verschont. Der Grund lag in der zu geringen Deichhöhe. Als wirklich gefahrdrohend galt aber nur der Durchbruch bei der Broklandsauschleuse im Kirchspiel Hennstedt. Es waren in Dithmarschen 6 Tote zu beklagen. 9000 Hektar Marschland waren überflutet. Für die Wiederherstellung der Deiche musste besonders Büsum große Kosten aufbringen: 108000 Mark, gefolgt von Delve: 34000 Mark.

Die Schadenserfassung und -regulierung erfolgte sehr zügig seitens der dänischen Regierung. Die vom König eingesetzte Kommission legte ihren Bericht mit detaillierten Entschädigungslisten am 4. Mai 1827 vor. Er wurde gedruckt (Kopenhagen 1827) und gab Auskunft über die Geschädigten und die Summe, die sie aus dem Fonds der im ganzen Land und auch in Städten des Deutschen Bundes gesammelten Spenden erhalten hatten. Der kleinste Betrag war 1 Rthlr., der höchste 800 Rthlr.

1815 hatte sich der dänische König Friedrich VI. für die Herzogtümer Holstein und Lauenburg dem Deutschen Bund angeschlossen. Artikel 13 der Bundesakte verpflichtete ihn, in diesen Territorien landständische Verfassungen einzuführen. Da Schleswig nicht zum alten Deutschen Reich gehört hatte, konnte es auch nicht ohne weiteres Mitglied des Deutschen Bundes werden. Aus diesem Umstand ergab sich in den Herzogtümern seit 1815 eine spezifische Verfassungsdiskussion, die im Wesentlichen von den Professoren der Kieler Universität und Teilen der Ritterschaft getragen wurde. Dithmarschen hatte seine eigenen Probleme und nahm an der aufgeregt geführten Debatte kaum teil. An dem, was in den „Kieler Blättern" oder im „Staatsbürgerlichen Magazin" veröffentlicht wurde, nahmen die Dithmarscher Bauern keinen und die Bürger in Heide und Meldorf nur geringen Anteil. Nicht Uwe Jens Lornsens Schrift „Über das Verfassungswerk in Schleswigholstein" (1830) erregte die Gemüter der Dithmarscher, sondern die Absicht der Regierung, die seit Jahrhunderten bestehende und durch Zahlung von hohen Abgaben beim Wechsel der Landesherren immer wieder abgesicherte Zollfreiheit für Dithmarschen aufzuheben. Die Bestätigung der Zollfreiheit war Jahrhundertelang mit Donationen an den Landesherrn und „Verehrungen" an zahlreiche Beamte verbunden gewesen. Als 1808 beim Regierungsantritt Friedrichs VI. die Privilegien nicht bestätigt wurden, erhob sich die Frage, ob das übliche Donativ angesichts dieser Umstände noch gerechtfertigt sei. Die Dithmarscher verweigerten die Zahlung, während die Kopenhagener Regierung auf der Zahlung des üblichen Betrags bestand. Das dithmarsische Landesvorsteherkollegium hielt das Donativ bis zum Ende der dänischen Zeit für unvereinbar mit dem Geiste moderner Staatsauffassung und bezeichnete es als eine „historische Antiquität". Beide Landschaften und die Kirchspiele im Einzelnen hatten sich gegen die Absicht der Regierung, der Dithmarscher Zollfreiheit vom 1. Januar 1839 an ein Ende zu bereiten, empört. Die zahlreichen Proteste waren aber nicht viel mehr als leere Drohungen, hinter denen sich die stille Überzeugung verbarg: „Wir bezahlen den Zoll, wenn wir müssen, werden aber versuchen, ihn zu umgehen, wenn wir können".

Die meisten Vertreter der Landschaft Norderdithmarschen votierten dafür, keinen freiwilligen Verzicht auf die Zollfreiheit zu leisten; eine Beschwerde beim Bundestag in Frankfurt wurde aber nicht angestrebt, weil sie als wenig erfolgversprechend galt. Stattdessen wollten die Dithmarscher mit dem König über eine Entschädigung für den Wegfall der Zollfreiheit verhandeln. Da der Norden anders

Nächste Doppelseite:
Die Westseite des Heider
Marktes um 1830/40.
Steindruck.

*Marktplatz in Meldorf.
Nach der Natur gezeich-
net von H. Klinck. Um
1850.*

verhandelte als der Süden, ergaben sich Schwächen gegenüber der Regierung. Am Ende gab sich Süderdithmarschen mit dem Betrag von 525000 Reichsbanktalern und
einem königlichen Gnadengeschenk von 10000 Rbthlr.
zufrieden. Norderdithmarschen hatte 700000 Rbthlr. gefordert und musste sich am Ende mit 500000, zuzüglich
einem Gnadengeschenk in Höhe von 16000 Rbthlr., be-
gnügen.

Die Dimensionen, um die es ging, wurden erst nach
dem Verlust der Zollfreiheit deutlich: Dithmarschen hatte
1839 etwa 56000 Einwohner; die Zolleinnahmen dieses
Jahres betrugen 64846 Rbthlr., schon 1840 erreichten sie
eine Summe von ca. 120000 Rbthlr., d.h. jeder Dithmarscher trug mit mehr als 2 Rbthlr. zum Wohlstand der Monarchie bei.

Von den übrigen Veränderungen in der politischen
Entwicklung Schleswig-Holsteins blieb Dithmarschen
weitgehend unbetroffen. Die Revolution von 1830 hatte
für mancherlei Unruhe gesorgt. Der dänische König hatte
am 28. Mai 1831 das „Allgemeine Gesetz wegen Anord-
nung von Provinzialständen in den Herzogtümern Schleswig und Holstein" erlassen, letztlich um die politischen
Grundsätze des Gesamtstaates aufrechtzuerhalten und
zugleich dem Artikel 13 der Bundesakte von 1815 gerecht
zu werden. Für Holstein trat seit 1838 ein Provinzialland-
tag in Itzehoe zusammen. Dass es gegen die getrennt ta-
genden Landtage (Schleswig und Itzehoe) zahlreiche Proteste gab, hat in Dithmarschen kaum Beachtung gefunden. Das gesamte Verfassungswerk von 1834 ging an den
Interessen der Dithmarscher genauso vorbei wie die Auf-

steins ausgedehnt werden sollte, und der in den anderen Teilen der Herzogtümer Empörung ausgelöst hatte, wurde in Dithmarschen mit Gelassenheit aufgenommen; die „Dithmarsische Zeitung" veröffentlichte den Text ohne Kommentar, und in den Protokollen der Landesversammlungen wurde er nicht einmal erwähnt. Die Erklärung für diese scheinbare Ignoranz liegt auf der Hand: Die von den übrigen Schleswig-Holsteinern bemühte Kampfparole „Up ewig ungedeelt" hatte für die erst 1559 unterworfenen Dithmarscher keine Bedeutung.

Die Ereignisse des Jahres 1848 wurden in Dithmarschen mit einiger Verzögerung wahrgenommen. Als die Nachrichten von der Bildung einer provisorischen Regierung nach Heide gelangt waren, rief Landvogt Paul Boysen am 25. März 1848 eine Landesversammlung zusammen, um sich über die Position Dithmarschens in dieser Angelegenheit zu verständigen. Zuvor hatte er den Lundener Kirchspielvogt Johannsen nach Rendsburg entsandt, um nähere Informationen einzuholen. Danach wurde darüber abgestimmt, ob die provisorische Regierung in Kiel von Dithmarschen anzuerkennen sei: Die Kirchspiele Hemme, Lunden, Büsum, Neuenkirchen, Hennstedt, Delve, Weddingstedt und Heide stimmten dafür; Wesselburen enthielt sich, Tellingstedt wollte sich noch beraten. Noch positiver verlief die vom Landvogt Georg Lempfert in Süderdithmarschen veranlasste Abstimmung. Es erfolgte ein einstimmiger Zuspruch, verbunden mit einem Hoch auf Schleswig-Holstein. Im Lande wurden zahlreiche, wenn auch wenig koordinierte Maßnahmen getroffen, um der schleswig-holsteinischen Sache förderlich zu sein. Dithmarschen stellte zwar ein Freikorps auf und ließ die Männer an Waffen ausbilden, doch lief das Engagement während der Erhebung im Wesentlichen auf Materiallieferungen und Geldzahlungen hinaus. Kurzfristig entfiel das Indigenatsrecht, da Artikel 12 des Staatsgrundgesetzes vom 15. September 1848 bestimmte: „Alle Staats- und Gemeindeämter sind für alle Staatsbürger gleich zugänglich, und alle Privilegien, welche damit in Widerspruch stehen, sind aufgehoben". Die Erhebungszeit hat in Dithmarschen das Gefühl der Zugehörigkeit zu Schleswig-Holstein gestärkt. Drei Persönlichkeiten haben dabei eine besondere Rolle gespielt: Georg Lempfert (1793–1871), Paul Boysen (1803–1886) und Hans Reimer Claussen (1804–1894).

Lempfert war gebürtiger Meldorfer; als junger Mann hatte er in der dänischen Armee gedient und war 1813 in der Schlacht bei Sehestedt schwer verwundet worden. 1815 war er zum Ritter vom Danebrog ernannt worden. Er schied 1817 als Premierleutnant aus, um in Kiel Jura zu studieren. Nach dem Abschluss trat er in die Schleswig-Holstein-Lauenburgische Kanzlei ein, um sich 1823 als Anwalt in Altona niederzulassen, wo er sich auch politisch betätigte. 1830 erfolgte seine Ernennung zum Landvogt in Meldorf und zum Inspektor des Kronprinzenkoogs.

regung um die Gegensätze zwischen Dänen und Deutschen im Herzogtum Schleswig. Wenn es in diesen Jahren an der Westküste südlich der Eidermündung einen Nationalismus gab, dann war dieser ausschließlich dithmarsisch!

Dithmarschen während des schleswig-holsteinischen Verfassungskampfs

Der „Offene Brief" des dänischen Königs vom 8. Juli 1846, in dem die Erbfolgeregelung des Königsgesetzes von 1665 auch auf Schleswig, Lauenburg und Teile Hol-

Landvogt Georg Lempfert.

Diese Ämter übte er bis 1858 aus. Lempfert war königstreu und ein Verfechter des Gesamtstaatgedankens. Bei den Entwässerungs- und Deicharbeiten (Miele- und Süderautal, Christianskoog, Dieksand) hat er sich große Ver-

dienste erworben. Lempfert scheiterte aber mit seinen Plänen, die Kommunalverfassung in den Kirchspielen zu reformieren: Das Wahlrecht wurde nicht vereinheitlicht und die Wählbarkeit auf Lebenszeit blieb bei allen Ämtern erhalten; die dringend notwendigen Modernisierungen blieben aus.

Lempfert verhielt sich 1848 besonnen, aber nicht ablehnend. Für die holsteinische Ständeversammlung war er Anfang April 1848 Mitglied des Frankfurter Vorparlaments. Seine Kandidatur für die Nationalversammlung war nicht erfolgreich; er unterlag bei der Aufstellung Hans Reimer Claussen. Seine 1848 veröffentlichte Schrift „Die Verfassung Deutschlands. Ein der constituirenden Versammlung zu Frankfurt hiemittelst vorgelegter Entwurf" fand keine Beachtung; sie enthielt Überlegungen für eine neue territoriale Gliederung Deutschlands, die erst im 20. Jahrhundert wieder akut wurden, so als sich Konrad Adenauer 1918 um eine Neuordnung des Deutschen Reiches Gedanken machte. Für den Norden schwebte ihm ein Herzogtum Holstein mit der Hauptstadt Hamburg vor, zu dem auch Schleswig, Lübeck und Lauenburg gehören sollten – Vorstellungen, die dem nach 1945 diskutierten Nordstaat-Modell Hermann Lüdemanns nahekamen.

Für den Meldorfer Wahldistrikt wurde Lempfert in die konstituierende Landesversammlung gewählt, trat dort aber wenig hervor. Nach dem Scheitern der Erhebung blieb er Landvogt; seine grundsätzlich loyale Haltung ersparte ihm das Schicksal seines Kollegen in Heide; im Gegenteil, Lempfert wurde mit weiteren Ehrungen und Auszeichnungen bedacht. Nach seinem Ausscheiden aus dem Amt (1858, aus gesundheitlichen Gründen) widmete er sich landesgeschichtlichen Studien. Lempfert war der letzte Landvogt in Dithmarschen, der vom gesamtstaatlichen Denken geprägt war und dem deshalb nationalistische Aufgeregtheiten fremd waren.

Ein besonnener Mann war auch der etwas jüngere, aus Heide gebürtige Paul Boysen. Nach dem Besuch der Meldorfer Gelehrtenschule studierte auch er Jura in Kiel, Bonn und Heidelberg und begann seine Beamtenkarriere als Landvogteisekretär, bevor er 1828 zum Kirchspielvogt in Büsum gewählt wurde. 1838 übernahm er die Geschäfte des Landvogts in Heide. Von Oktober 1848 bis Ende März 1849 gehörte Boysen der Gemeinsamen Regierung an. Nach dem Rücktritt der gemeinsamen Regierung im Oktober 1848 erfolgte am 27. 3. 1849 die Einsetzung einer Statthalterschaft durch die Frankfurter Reichsregierung für Schleswig-Holstein. Paul Boysen stand während dieser Statthalterschaft vom 14. 4. 1849 bis zum 4. 2. 1851 dem Department des Innern, als Vertreter zeitweise auch dem Kriegsdepartment vor.

Seine Absetzung als Landvogt 1852 kam nicht überraschend; sie war in dänischen Zeitungen bereits angekündigt worden. Sein Abschiedsschreiben wurde am 18. August 1852 in der Landesversammlung vorgelesen: „Ich

Landvogt Paul Boysen.

scheide aus dem bisher verwalteten Amte, aus dem landschaftlichen Vorstehercollegio, dem ich seit 24 Jahren angehört, mit (…) tiefer Wehmut, in meinem Wirken für das Wohl Norderdithmarschens innehalten zu müssen. (…) Ich werde, wie und wo auch immer mir die Gelegenheit geboten werden möge, dem Vaterlande meine Kräfte widmen." In Dithmarschen wurde ihm diese Gelegenheit nicht geboten, wohl aber in Hildesheim, wo er von 1853 an 22 Jahre lang als Bürgermeister sehr erfolgreich war.

Auch Hans Reimer Claussen aus Fedderingen im Kirchspiel Hennstedt war Jurist, doch sehr viel umtriebiger als seine Landsleute Lempfert und Boysen. Nach dem Studium in Kiel wurde er Advokat in Heide, ging 1834 aber als Ober- und Landgerichtsadvokat nach Kiel. Er profilierte sich als Kritiker der Regierung und des Justizwesens, was ihm den Ruf eines „Demagogen" eintrug und zum Scheitern seiner Bewerbung für das Amt des Kirchspielvogts in Burg führte. Ein Gutachten Lempferts bescheinigte ihm „gemeinen Haß gegen alle höher Gestellte". Zuvor hatte sich Claussen schon vergeblich um ein Mandat für die holsteinische Ständeversammlung bemüht. Erst 1841 zog er als Abgeordneter des Distrikts Neustadt-Heiligenhafen in das Itzehoer Ständehaus ein, wo er sich als Wortführer der linken Liberalen in rechtspolitischen Fragen hervortat; er engagierte sich für eine Justizreform, die Modernisierung der Städte- und Gemeindeordnungen, die Freiheit der Presse, die Versammlungsfreiheit und die Steuerreform. Er war ein Anhänger Theodor Olshausens und zählte zur Gruppe der „Neuholsteiner", die eine liberale Verfassung für Holstein als Mitglied des Deutschen Bundes anstrebten, ohne besondere Rücksicht auf die Zukunft Schleswigs zu nehmen. Erst nach 1844 schwenkte er auf die Linie der Schleswig-Holsteinischen Landespartei ein; nach Veröffentlichung des „Offenen Briefes" (1846) gehörte er zu den Abgeordneten, die das Itzehoer Ständehaus unter Protest verließen.

Am 18. März 1848 wurde er in die Deputation der fünf „Erfahrenen Männer" gewählt, die nach Kopenhagen reiste, um dem König die Einwände der schleswig-holsteinischen Stände gegen die neue Gesamtstaatsverfassung vorzutragen. Ein Regierungsamt erhielt er nicht, wurde aber nach Berlin entsandt, um den preußischen König um Unterstützung für die Sache Schleswig-Holsteins zu bewegen.

Claussen war von Mai 1848 bis zum Ende Abgeordneter des Paulskirchenparlaments, zunächst bei der linken Mitte, dann bei der republikanischen Linken. Zwischenzeitlich war er auch Abgeordneter der schleswig-holsteinischen Landesversammlung; als Mitglied des fünfzehnköpfigen Verfassungsausschusses gehörte er zu den treibenden Kräften bei der Erarbeitung und Verabschiedung des Staatsgrundgesetzes.

Als das Paulskirchenparlament Ende Mai 1849 aus Frankfurt vertrieben wurde, ging Claussen mit dem

Hans Reimer Claussen.

Rumpfparlament nach Stuttgart, um nach dessen Ende nach Kiel zurückzukehren. Dort konnte er in die Landesversammlung nachrücken. Als Abgeordneter für Marne wurde er 1850 bestätigt. Claussen, der wie kaum ein anderer für liberale Errungenschaften gekämpft hatte, sah sich am 11. Januar 1851 vor die traurige Pflicht gestellt, der von den Bundeskommissaren verlangten Forderung nach Unterwerfung Schleswig-Holsteins zuzustimmen. Im Juli 1851 verließ er mit seiner Familie Deutschland, um sich in Amerika niederzulassen. Dort war er als Anwalt und Politiker tätig und brachte es zum Senator des Staates Iowa.

In den Lebensläufen Lempferts, Boysens und Claussens spiegelt sich nicht nur ein Stück dithmarsischer Geschichte im 19. Jahrhundert, sondern in ihnen wird auch deutlich, wie stark sich die Angelegenheiten der beiden Landschaften an der Westküste in den Jahrzehnten nach 1773 mit den politischen Problemen Schleswig-Holsteins verzahnt hatten. Claussens politische Karriere enthält – trotz des Scheiterns und der Abkehr – einen Hinweis auf die Richtung der künftigen Wege dithmarsischer Politik.

Die Dithmarscher im Norden konnten das Ende der schleswig-holsteinischen Erhebung als Augenzeugen verfolgen, als Friedrichstadt am 4. Oktober 1850 in Brand geschossen wurde und der Feuerschein bis nach Heide zu sehen war.

Mit der durch das Londoner Protokoll vom 8. Mai 1851 wiederhergestellten „Integrität der dänischen Mon-

Kirchspielvogtei in Marne. Nach der Natur gezeichnet von F. G. Müller. Um 1860.

Friedrich Karl Griebel. Gemälde von Otto Speckter.

archie" begann die von zahlreichen Repressionen gegen die „Rebellen" in den Herzogtümern begleitete Schlussphase des dänischen Gesamtstaates. Auch in Dithmarschen, in dem sich im 18. Jahrhundert ein gesamtstaatlicher Patriotismus entwickelt hatte, dominierte nach 1850 eine Oppositionshaltung gegen Dänemark. Das Schleswig-Holstein-Lied und die Farben blau-weiß-rot wurden auch in Dithmarschen populär und als Mittel für politische Demonstrationen eingesetzt.

Das Ende der Erhebung und die danach einsetzende Verfolgung von schleswig-holsteinischen Patrioten durch die dänische Regierung hatte eine verstärkte Auswanderung zur Folge. Sie war nach 1849 allerdings nicht ein schleswig-holsteinisches Spezifikum, sondern betraf viele Regionen Deutschlands, in denen die Revolution von 1848 besondere Formen der Eskalation angenommen hatte.

Bereits vor 1848 war der Unmut über die wirtschaftlichen, sozialen und kulturellen (religiösen) Lebensbedingungen in Deutschland Anlass geworden für die Auswanderung nach Amerika. Eine besondere Forschung zur Auswanderung aus Schleswig-Holstein oder gar eine speziell für Dithmarschen hat bisher nicht stattgefunden. Deshalb dürfen die wenigen Angaben, die vorliegen, nicht mehr als provisorischen Charakter beanspruchen.

An den Massenauswanderungen zwischen 1830 und 1900 nach Nordamerika waren auch zahlreiche Dithmarscher beteiligt. Von wenigen Einzelpersönlichkeiten sind Nachrichten auf uns gekommen. Nur ganz vereinzelt haben sich Briefe erhalten.

Wir wissen zwar, dass der Anteil der Deutschen, die in die USA einwanderten, unter den Gesamteingewanderten ca. 6,5 Millionen Menschen betrug, was 6,5 % entsprach. Aber so wenig, wie es möglich ist, all diese Menschen als „deutschstämmig" zu identifizieren, ist auszumachen, wieviel Einwanderer aus Schleswig-Holstein oder speziell aus Dithmarschen stammten. Es gibt ein paar Auswanderer aus Dithmarschen, über die Nachrichten vorliegen, weil sie in den USA zu einflussreichen Persönlichkeiten wurden. Zu diesen gehören der schon erwähnte Hans Reimer Claussen und dessen Sohn Ernst Carl Olrog Claussen, geb. 1833 in Heide, der ein erfolgreicher Bürgermeister in Davenport (Iowa) wurde. Auch andere wie Johann Nicolaus Rusch, ein Lehrer aus Michaelisdonn, oder Emil Nicolaus Geisler aus Lunden übernahmen politische Ämter. Iowa war ein bevorzugtes Siedlungsgebiet für Einwanderer aus Nordeuropa.

Zwischen 1845 und 1855 gab es einen Höhepunkt der Einwanderung in die USA. Das erste Spitzenjahr, als über 220 000 Menschen registriert wurden, war 1854. Die Zahl der Schleswig-Holsteiner unter diesen ist deshalb schwer zu bestimmen, weil viele sich als Dänen ausgaben. Die Spezifizierung nach regionaler Herkunft war unüblich. Deshalb wird es auch der künftigen Forschung schwerfallen, den Anteil der Auswanderer aus Dithmarschen präzise zu erfassen.

An den großen politischen Veränderungen der fünfziger Jahre hatte Dithmarschen nur insofern Anteil, als es von der relativen Stabilität im Norden profitieren konnte.

Die wirtschaftliche Lage war außerordentlich gut, was der Verbesserung der Infrastruktur des Landes (Straßenbau) zugute kam.

Bevor die Ereignisse der Jahre 1864 bis 1866 zu einer Veränderung der Rechts- und Verwaltungsstrukturen führten, gab es ein Ereignis, das dem spezifisch dithmarsischen Eigenbewusstsein noch einmal Auftrieb gab. Am 13. November 1861 fand in der Landesversammlung Norderdithmarschens eine heftige Debatte statt, in deren Verlauf den hochangesehenen Landespfennigmeister Friedrich Karl Griebel der Schlag traf. Vor seinem Tod soll er ausgerufen haben: „Wahret die Rechte des Landes!" Landvogt Karl Nikolaus Hansen verband einen Nachruf auf Griebel mit einem Appell, die dithmarsische Sonderrolle in Schleswig-Holstein hervorzuheben. Er forderte dazu auf, die letzten Worte des Verstorbenen als Vermächtnis zu begreifen, auf dass „der Mahnruf: Vertreter Norderdithmarschens, wahret die Rechte eures Landes! mit Flammenschrift vor uns stehe und die Parole sei, auf

Eine Infanteriekompanie vom 3. Hannoverschen Jäger-Bataillon am Westende der Neuen Anlage in Heide. Die Aufnahme stammt aus dem Jahr 1864, in dem Truppen aus Preußen, Österreich aber auch Sachsen und Hannover durch Dithmarschen in den Krieg gegen Dänemark zogen.

Hamburger freiwillige Küstenwache am Strand bei Brunsbüttel.

die wir hören, schwören!" Das von Otto Speckter gemalte Bildnis Griebels wurde nicht nur im Norden wie eine Ikone verehrt. Tatsächlich liessen sich wichtige Elemente der dithmarsischen Identität über den Anschluss der Herzogtümer Schleswig und Holstein an den preußischen Staatsverband hinaus aufrechterhalten.

Unmittelbar nachdem König Christian IX. das Verfassungsgesetz für Dänemark bis zur Eider am 18. November 1863 vollzogen hatte, wurden von Hamburg aus tausende von Flugblättern verbreitet, in welchen der Augustenburger Erbprinz als Herzog Friedrich VIII. seinen Regierungsantritt in Schleswig-Holstein proklamierte. Erfolg hatte er damit überall im Lande, auch in Dithmarschen. Das Landesvorsteherkollegium des Südteils trat am 2. Januar 1864 zusammen, um in einer Adresse an den Deutschen Bundestag seine Zustimmung zur Regierungsübernahme des neuen Herzogs zu bekunden. Norderdithmarschen sandte eine Ergebenheitsadresse an den Herzog. Beide Landschaften überreichten der „Hohen Bundesversammlung" eine Adresse, in der nicht nur darauf hingewiesen wurde, dass „der Dithmarscher die Geschichte und das Recht des Vaterlandes" kenne, sondern die auch dazu aufforderte, „möglichst bald die Succession des Herzogs Friedrich zu Schleswig-Holstein-Augustenburg in der Regierung der Herzogthümer anzuerkennen und zur Verwirklichung derselben die geeigneten Maßnahmen zu treffen".

Der Herzog wurde eingeladen, Dithmarschen zu besuchen. Am 21. und 22. Januar 1864 hielt sich der Augustenburger in Norderdithmarschen auf und wurde dort be-

geistert empfangen. Auch im Südteil war die Begeisterung groß. An der Grenze hatte der Meldorfer Kirchspielvogt Karstens eine Ansprache gehalten. Ob deren sehr spezifischer Patriotismus beim Herzog ungeteilte Zustimmung auslöste, ist nicht überliefert. Karstens versäumte nicht zu betonen: „Noch lebt im Geiste der Dithmarscher etwas von jenem Geiste der Altvordern, der (...) Werke vollbracht, die uns noch jetzt mit Staunen und Bewunderung erfüllen, jener Geist, von dem dort das nahe Schlachtfeld von Hemmingstedt blutiges Zeugnis ablegt, der Geist der Freiheit und der Drang nach Unabhängigkeit".

Der Deutsch-Dänische Krieg des Jahres 1864 hatte für Dithmarschen keine nennenswerten Belastungen gebracht, aber patriotische Gefühle stimuliert; diese galten auf keinen Fall Preußen und nur sehr bedingt Deutschland; sie galten einem Schleswig-Holstein, in dem Dithmarschen mit „verbrieften Rechten" seine traditionelle Sonderrolle zu spielen hoffte. Auch nach Abschluss des Wiener Friedens (30. Oktober 1864) hielt Dithmarschen am Augustenburger Erbprinzen als Landesherrn fest; Norderdithmarschen entsandte sogar eine Deputation, um eine Ergebenheits- und Treueadresse zu überreichen. Die große Politik wurde aber weder in Heide noch in Meldorf gemacht, sondern vor allem in Berlin. Der preußische Ministerpräsident Otto von Bismarck hatte längst die Weichen für einen Anschluss Schleswig-Holsteins an Preußen gestellt und war deshalb nicht an einem neuen norddeutschen Kleinstaat Schleswig-Holstein unter Augustenburger Führung interessiert. Die Wünsche der Bevölkerung bei der Gestaltung der politischen Strukturen zu berück-

POSTSTRASSEN— bzw. CHAUSSEENETZ 1830, 1867, 1880 und 1914

Bearbeiter: W. Asmus

0   50   100 km

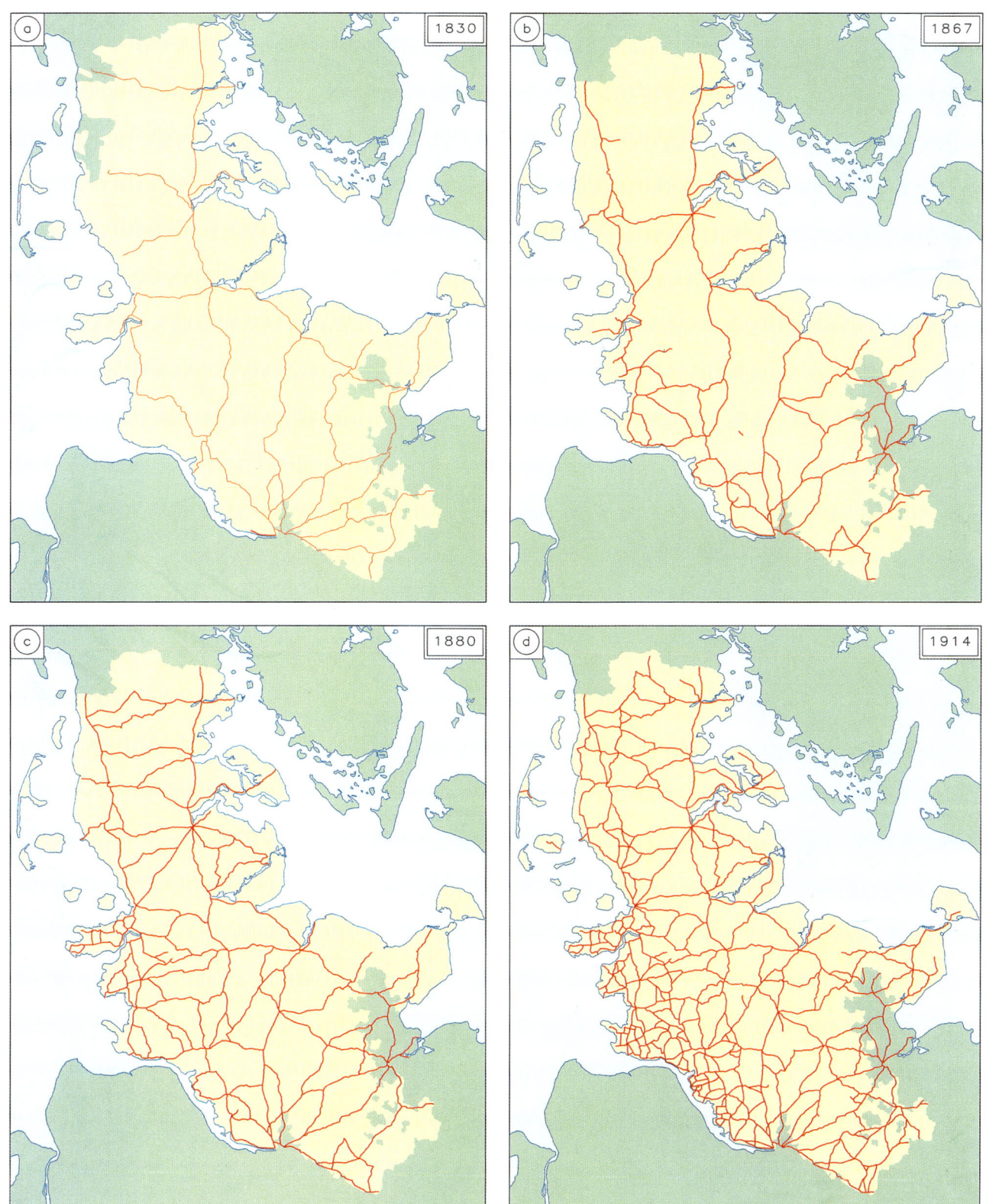

Eine frühe Aufnahme aus Meldorf, vor 1868. Die Kirche hat noch ihren alten Turm.

bezeugte den holsteinischen Besonderheiten ein hohes Maß an Toleranz; diese ließ es auch zu, dass die augustenburgische Bewegung sich weiterhin entfalten konnte, was wiederum von Preußen mit größtem Misstrauen beobachtet wurde. Die unterschiedlichen Auffassungen über die Zukunft Schleswig-Holsteins waren es am Ende, die Anlass zum Krieg zwischen Preußen und Österreich gaben. Die Niederlage Österreichs bei Königgrätz (3. Juli 1866) hatte deshalb die seit Jahrhunderten bedeutendste Zäsur in der Geschichte Schleswig-Holsteins zur Folge. Für Dithmarschen bedeutete sie das Ende einer politischen Sonderstellung, die über die Ereignisse der Jahre 1559, 1773, 1815 und 1848 hinaus in wesentlichen Positionen hatte bewahrt werden können.

Dabei waren die Jahre nach 1850 vor allem in wirtschaftlicher Hinsicht durchaus nicht bedeutungslos für die Entwicklung des Landes. Die wirtschaftliche Erholung erlaubte es, endlich an eine Verbesserung der Verkehrswege zu denken. Die Straßen Dithmarschens befanden sich seit langem in einem desolaten Zustand; selbst die Poststrecken waren bei ungünstigen Witterungsverhältnissen unbefahrbar. Während der Erhebung war es zeitweilig nicht möglich, die Artillerie, auch bei doppelter Bespannung, durchs Land zu transportieren. Spottgedichte wie die von dem im 19. Jahrhundert bekannten Franz Bockel verfasste „Grote Jeremiade über de Postlandstraat von Lunden na Friedrichstadt" charakterisieren den Zustand besser als statistische Angaben:

„Dat weer en Dreck, so deep un krus,
As weer de Weg von Appelmuß.
Un up den Diek – as Strafgericht –
den Stormwind liek in't Angesicht.
(…)
So'n Postweg baben up den Diek
is nicht in't ganze Königriek!"

1851 begann der Ausbau der Landstraße von Heide über Meldorf und Marne nach Brunsbüttel zu einem Verkehrsweg, der als Chaussee bezeichnet und für dessen Benutzung eine Gebühr erhoben wurde. Es folgte die Chaussee von Heide über Lunden zur Wollersumer Fähre, über die man nach Friedrichstadt gelangen konnte. Weitere Straßenbauten wurden bis 1867 vorgenommen, um Dithmarschen an das Wegenetz Holsteins anzuschließen. Zu den infrastrukturellen Modernisierungsmaßnahmen gehörte auch der Ausbau des Brunsbütteler Hafens. Durch Vertiefung und andere Maßnahmen konnten die Leistungen des Hafens so verbessert werden, dass er konkurrenzfähig blieb. Auch die Arbeiten zur Gewinnung neuer Köge und zur Verbesserung der Deiche nahmen in den fünfziger und sechziger Jahren einen beachtenswerten Aufschwung. Mehrere Projekte, Dithmarschen an das schleswig-holsteinische Eisenbahnnetz anzuschließen, scheiterten an den wirtschaftlichen Voraussetzungen. Erst nach

sichtigen, lag weder im Interesse der unmittelbar an der Lösung der Schleswig-Holstein-Frage Beteiligten, noch in dem der großen europäischen Mächte.

Die beiden deutschen Führungsmächte hatten sich darauf verständigt, die Herzogtümer Schleswig und Holstein gemeinsam zu verwalten (Kondominium), wobei Preußen in Schleswig und Österreich in Holstein die Kontrolle (mit militärischer Präsenz) ausüben sollte. Nach erheblichen Kontroversen verständigten sich die Mächte in Gastein (14. August 1865) darauf, dass unter Fortdauer der Rechte beider Staaten an der Gesamtheit der Herzogtümer Holstein von einem österreichischen Statthalter und Schleswig von einem preußischen Gouverneur regiert werden sollten.

Der auf dem Kieler Schloss residierende österreichische Statthalter, der Feldmarschall Ludwig von Gablenz,

Heide von der Nordwestseite. Nach der Natur gezeichnet von H. Klinck. Um 1840.

1878 entstanden Eisenbahnverbindungen nach Marne, Meldorf und Heide.

Dithmarschen und die deutsche Literatur im 19. Jahrhundert

In Dithmarschen haben bedeutende Chronikschreiber und mit Heinrich Christian Boie ein begabter Redakteur literarisch gewirkt; Dichter von Rang sind aber erst im 19. Jahrhundert aus dem Land hervorgegangen. Friedrich Hebbel (1813–1863), der aus Wesselburen stammte, hat sich nicht gern an seine Heimat zurückerinnert. Für ihn war Wesselburen ein „Nest" und Norderdithmarschen ein „für die Kultur fast verlorener Winkel". Der Dichter hatte es schwer, bevor er als Dramatiker Anerkennung fand und Ehrungen erfuhr; das erklärt eine gewisse Verbitterung beim Rückblick auf die frühen Jahre. Nach Dithmarschen ist er nie wieder zurückgekehrt. In einem Brief schrieb er, dass er „über den Ort, wo meine Wiege stand, jetzt für immer ein Kreuz" mache. Unter den deutschen Schriftstellern des 19. Jahrhunderts nimmt Friedrich Hebbel in mehrfacher Hinsicht eine Sonderrolle ein. Er war unangepasst und schonungslos. Seine Trauerspiele wurden als „Menschenfallen" empfunden; seine Gedichte betonen die Illu-

sionslosigkeit bei menschlichen Beziehungen. Seit seiner Kindheit hatte er in bettelarmen, in „ängstlichen" Verhältnissen gelebt, und diese finden in seinen Werken einen Niederschlag. Er konnte es schon zu Lebzeiten niemandem recht machen. Nicht zuletzt wegen seines Eigensinns stand er auch seiner Nachwirkung im Weg. Seine Tagebücher (von 1835 bis zu seinem Tod, 1863, geführt) enthalten nicht nur biographische Informationen, sondern eine Fülle literarischer Stoffe, die nicht ausgeführt wurden.

Hebbel wurde weitgehend vergessen. Als die – wie er – 1813 Geborenen gefeiert wurden, z.B. Büchner, Kierkegaard, Verdi und Wagner, wurde Hebbel kaum erwähnt. Die kritische Edition seiner Tagebücher ist noch immer nicht abgeschlossen (2014). Eine modernen Ansprüchen genügende Hebbel-Biographie liegt nicht vor. In Wesselburen existiert allerdings seit 1911 das Hebbel-Museum, das in akribischer Weise über Dithmarschens großen Dichter informiert und im Handschriftenzimmer wichtige Teile seines Briefwechsels bewahrt.

Die von seiner Witwe 1903 ins Leben gerufene Hebbel-Stiftung fördert nach wie vor unbemittelte Künstler aus Schleswig-Holstein. Und die Hebbel-Gesellschaft, mit Sitz in Wesselburen, bemüht sich um die Bewahrung des Œuvres und um die Förderung der Hebbel-Forschung. Aber Dithmarschen müsste mehr tun, um seinen bedeutendsten Schriftsteller und Intellektuellen, der sich keiner

Weltanschauung oder modischen Ästhetik überließ, zu bleibendem Ansehen zu verhelfen.

Mit Klaus Groth (1819–1899) wurde Dithmarschen selbst zu einem Stück Literatur. Einige seiner Gedichte sind heute so populär wie vor 140 Jahren, als sie entstanden. Es gibt allerdings einen Unterschied: Heute gelten sie, getragen von einprägsamen Melodien, als Folklore; im 19. Jahrhundert kannte das Publikum den Verfasser und bewunderte ihn als begnadeten Dichter, dem es gelungen war, stimmungsvolle Lyrik in der Dithmarscher Spielart des Niederdeutschen hervorzubringen. Das Werk, mit dem sein Name bis heute vor allem verbunden wird, entstand nicht in seiner Geburtsstadt Heide, in der er auch als Lehrer gewirkt hatte, sondern auf Fehmarn, wo der Dichter sich von 1849 bis 1852 aufhielt: „Quickborn. Volksleben in plattdeutschen Gedichten Dithmarscher Mundart". Dies Buch ist mehr als eine Sammlung von Gedichten; es ist ein sehr sorgfältig komponiertes Werk, in dem das Ziel verfolgt wird, einer Landschaft – Dithmarschen – und ihren Menschen in deren eigener Sprachform poetische Gestalt zu verleihen. Aus Verserzählungen und Balladen, Liebesgedichten und Kinderliedern, historischen Liedern und Spruchdichtung fügt sich ein geschlossenes Bild des Dithmarscher Volkslebens.

Der „Quickborn" erschien 1852 und hielt ein Volksleben fest, das gerade dabei war, sich von Grund auf zu verändern. Damit ist Groths Hauptwerk ein literarischer Rückblick auf die vorindustrielle Welt Dithmarschens, in dem aber auch die Ahnung vom Ende der über Jahrhunderte festgefügten Lebenswelt auf dem Lande zum Ausdruck kommt: „Weest noch, wa still dat weer, Jehann? / Dar röhr keen Blatt an Bom. / So ist dat nu ni mehr, Jehann, / As höchstens noch in Drom."

Der Einsatz von Maschinen in der Landwirtschaft hatte längst begonnen. Den Anfang machten Kornreinigungsgeräte, Häckselschneider und Buttermaschinen, bei denen Drehantrieb verwendet wurde. Der Pferdegöpel erlaubte den Einsatz kraftsparender Mechanik, etwa beim Dreschen. Die Mähmaschine, deren Herzstück der Mähbalken ist, der aus einem dreieckig gezahnten Messer besteht, das zwischen eisernen Fingern hin und her fährt und das Getreide schneidet wie eine Schere, kam bereits in den 1850er Jahren zum Einsatz. Im Dezember 1857 annoncierte eine Hamburger Firma im Meldorfer Wochenblatt: „Landwirtsch. Maschinen und verbesserte Ackergeräte, darunter Häcksel-, Rüben- und Wurzelschneide-Maschinen vorrätig. Dreschmaschinen, welche das Stroh gerade lassen, sind sogleich zu liefern, ebenso wie alle andern einschlagenden Gegenstände." Bei den „Dreschmaschinen, welche das Stroh gerade lassen", handelte es sich schon um die zweite Generation; die Maschinen der ersten Generation brachen die Halme, so dass sie zum Dachdecken nicht mehr verwendet werden konnten. Die neuen Maschinen lösten die Körner durch Drehbewegun-

gen mit einer Trommel. Von der Einführung der ersten Mäh- und Dreschmaschinen bis zum Einsatz von „Döschdampern", jenen legendären dampfgetriebenen Großdreschern, vergingen nur wenige Jahrzehnte. Der Einsatz von Mineraldünger führte zu einer Produktionssteigerung und machte zahlreiche Umstrukturierungen auf dem Lande erforderlich, die bis zu neuen Hausformen reichten (Trennung von Wohnhaus, Stall und Scheune). Die sozialen Folgen waren dramatisch; die Abwanderung von Landarbeitern in die Großstädte und die Auswanderung nach Amerika waren nur ein Teil dieses Wandels. Auch die Dörfer und Kleinstädte veränderten ihren Charakter. Das Landwirtschaftsmuseum in Meldorf macht diesen Prozess auf vorbildliche Weise anschaulich.

Dithmarschen wird preußisch

Als der Augustenburger Erbprinz am 21. Juni 1864 die Grenze nach Dithmarschen überschritt, wurde er mit einem Jubelgedicht Klaus Groths begrüßt: „Zeuch ein in deinen Grenzen, mein Herzog Friederich. Mit Jubel und mit Kränzen empfängt Dithmarschen dich!" Der Lehrer in Heide war ein Anhänger des Augustenburgers. Der gefeierte Dichter machte aber – wie viele seiner Landsleute auch – seinen Frieden mit den neuen politischen Verhältnissen, die Schleswig-Holstein im Allgemeinen und Dithmarschen im Besonderen mehr Vorteile als Nachteile einbrachten. Der preußische Ministerpräsident Otto von Bismarck hatte alles darangesetzt, einen weiteren norddeutschen Kleinstaat unter der Führung des Augustenburger Herzogs zu verhindern; er wollte die „Up ewig Ungedeelten" zu Preußen machen.

Bevor es dazu kam, geriet Holstein vorübergehend unter österreichische Verwaltung. Im Wiener Frieden (30.10.1864) musste Dänemark die drei Elbherzogtümer an Österreich und Preußen abtreten. Die beiden Siegermächte verständigten sich auf ein völkerrechtlich bemerkenswertes Kondominium in Schleswig und Holstein (Lauenburg war an Preußen übergegangen). Am 12.1.1865 wurde eine gemeinsame Regierung mit Sitz in Schleswig gebildet, deren Aufsicht einem österreichischen und preußischen Zivilkommissar oblag. Preußen stellte aber Forderungen, die von Österreich nicht erfüllt werden konnten. Die Wiener Politik war an Schleswig-Holstein nicht sonderlich interessiert und steuerte einen Kurs, der dem Deutschen Bund, in dem Österreich sich eine Unterstützung durch die Mehrheit sicher war, die Entscheidung über die Zukunft der Herzogtümer überlassen wollte. Tatsächlich war das eine Unterstützung der Augustenburger Ansprüche. Dem steuerte Bismarck entgegen, sodass es zu Konflikten kam, die sich im Sommer 1865 so sehr zuspitzten, dass eine Verständigung kaum noch für möglich gehalten

Amtsgericht in Meldorf.

wurde. Aber die Begegnung zwischen Kaiser Franz Joseph und König Wilhelm, die am 14.8.1865 in Badgastein zustande kam, führte zu neuen Vereinbarungen. Das Kondominium wurde beendet, stattdessen sollte Schleswig künftig durch Preußen und Holstein durch Österreich verwaltet werden. Preußen erhielt die Zustimmung zum Bau eines neuen Kanals zwischen Nord- und Ostsee.

Zu diesem Zeitpunkt war die Begeisterung für Friedrich von Augustenburg längst einer nüchternen Einschätzung gewichen. Ihm wurde die Fähigkeit abgesprochen, die Herzogtümer in eine erfolgreiche Zukunft zu führen.

Österreichs Absicht, den Deutschen Bund über die Zukunft der Herzogtümer in Norddeutschland entscheiden zu lassen, führte zum Bruch der Vereinbarungen von Badgastein. Der österreichische Statthalter in Kiel, Ludwig Freiherr von Gablenz, hatte die holsteinischen Stände nach Itzehoe einberufen. Dies interpretierte Bismarck als Vertragsbruch. Es kam zum Krieg, und die Entscheidung bei Königgrätz (3.7.1866) führte zum Prager Frieden, in dem Kaiser Franz Joseph alle Rechte in Holstein an König Wilhelm I. von Preußen abtrat.

Am 24. Dezember 1866 wurde im Preußischen Abgeordnetenhaus das Annexionsgesetz verabschiedet. Das Besitzergreifungspatent König Wilhelms I. vom 12. Januar 1867 machte Schleswig-Holstein zur preußischen Provinz. Die feierliche Einverleibung fand am 24. Januar durch den Oberpräsidenten Baron Carl von Scheel-Plessen im Kieler Schloss statt. Erst jetzt wurden auch die Dithmarscher zu Preußen.

Die Integration der neu gewonnenen Landesteile in den preußischen Staatsverband, ihre Organisation, Verwaltung und rechtliche Situation an die der preußischen Monarchie anzupassen und der Bevölkerung Vertrauen zu den notwendigen Reformen zu vermitteln, war eine schwierige Aufgabe. Dankbarkeit seitens der Schleswig-Holsteiner war kaum zu erwarten, wohl aber konstruktive Mitarbeit. Bismarck war sich der Tatsache bewusst, dass die Herzogtümer Schleswig und Holstein seit 1848 für die deutsche Nationalbewegung eine ideologische Bedeutung gewonnen hatten, die weit über ihr materielles Gewicht für den preußischen Staat hinausgingen. Deshalb wurde den vielfältigen Traditionen auf der unteren Verwaltungsebene mehr Rücksicht gezollt, als die zeitgenössischen Kritiker wahrhaben wollten. Bei der Festlegung der grundsätzlichen Strukturen verfuhren die preußischen Beamten allerdings rigoros und schlossen eine Beteiligung durch gewählte Gremien gänzlich aus; die preußische Verfassung galt in Schleswig-Holstein erst seit dem 1. Oktober 1867. Bis dahin waren auf dem Verordnungswege Fakten geschaffen worden.

Als General Edwin von Manteuffel 1865 das Amt des Gouverneurs in Schleswig antrat, äußerte er sich in einer

*Wochenmarkt in Meldorf,
Blick auf die Marktsüd-
seite von Osten, um 1900.*

Proklamation wie folgt: „Das Wort preußische Verwaltung schließt den Gedanken Gerechtigkeit, öffentliche Ordnung und Beförderung der allgemeinen Wohlfahrt in sich ein". Später fügte er hinzu: „Aufgabe der Verwaltung ist es, Geist zu machen!"

Lässt sich präzisieren, wie nach 1866 in Dithmarschen „Geist gemacht" wurde? Der Zeitablauf, mit dem der Anschluss Schleswig-Holsteins an Preußen erfolgte, war so eng bemessen, dass von einer Beteiligung der Bevölkerung insgesamt oder auch nur der Vertreter der Regionen nicht die Rede sein kann. Alle Veränderungen wurden auf dem Verordnungsweg, d.h. ohne parlamentarische Mitwirkung umgesetzt.

Das gilt für die Militärreform, die mit der Einführung der allgemeinen Wehrpflicht verbunden war und bereits am 13.10.1866 in Kraft trat. Aber so erfolgte auch die Neuorganisation der Post (1.1.1867) und die Einführung des neuen Steuersystems (28.4.1867, das die „neuen Preußen" schlichtweg überforderte, denn außer der Grundsteuer waren Erhebungen wie Einkommens-, Gewerbe- und Gebäudesteuer bisher nicht bekannt. Der Grundzug der neuen Ordnung, eine allgemeinere und gerechtere Verteilung der Lasten herbeizuführen, war den Menschen nicht vermittelt worden; sie erschien deshalb als preußische Unterdrückungsmaßnahme.

Auch die Gewerbeordnung (23.9.1867), mit der die Aufhebung des Passzwangs, die Freizügigkeit und die Gewerbefreiheit verbunden waren, führte zu Problemen, weil sie schlecht vorbereitet war. Den tiefsten Eingriff in die traditionellen Strukturen stellte die Justizreform (1.9.1867) dar. Sie führte zur Trennung von Verwaltung und Justiz. Die alten Volksgerichte sowie die Patrimonialgerichtsbarkeit mit ihrem Sportelwesen sollten abgelöst werden durch moderne Amtsgerichte, die so zugeschnitten waren, dass sie für jeweils etwa 10 000 Einwohner zuständig waren. Die Landgemeinde- und Kreisordnung (22.9.1867) war eine konsequente Folge der Verordnung über die Trennung von Justiz und Verwaltung.

Welche konkreten Folgen hatte die Verwaltungsreform für Dithmarschen? In Holstein gab es neben den Ämtern die sogenannten Landschaften: Norder- und Süderdithmarschen, Eiderstedt und Stapelholm mit sehr unterschiedlichen Privilegien, die oft aus genossenschaftlichen Vereinbarungen resultierten. In diesem Zusammenhang sind auch die „oktroyierten Köge" zu nennen, von denen es in Dithmarschen vier gab. Preußen war bereit, die Besonderheiten der Landschaften teilweise zu respektieren: Die beiden Dithmarschen behielten ihre Einheit. Es entstanden zwei Landkreise gleichen Namens. Norderdithmarschen wurde durch das Dorf Fedderingen und durch drei Köge (Karolinen-, Hedwigen-, Friedrichsgabekoog), Süderdithmarschen durch vier Köge (König Friedrich VII.-, Kronprinzen-, Sophien- und Christianskoog) erweitert. Nach dem Helgoland-Sansibar-Vertrag (1.7.1890) kam auch Helgoland, das von 1807 an unter britischer Hoheit gestanden hatte, an Süderdithmarschen.

An die Stelle der Landvögte traten jetzt preußische Landräte. In beiden Landkreisen wurden je zwei Amtsgerichte etabliert: Heide und Wesselburen im Norden und Meldorf und Marne im Süden.

Die nach Holstein entsandten preußischen Beamten erkannten zwar in den alten Strukturen „das unerreichte Muster einer autonomen Kommunalverfassung mit idealer Harmonie von Autonomie und Zentralisation", sahen sich aber nicht imstande, diese Vorzüge mit den Grundsätzen der preußischen Verwaltung in Einklang zu bringen.

Das zeigte sich besonders bei der Umsetzung der „Verordnung betreffend die Landgemeindeverfassungen im Gebiete der Herzogtümer Schleswig und Holstein" (LGVO) vom 22. September 1867, denn das Kirchspiel war mehr und die Bauerschaft weniger als eine preußische Gemeinde. In Preußen bildete die Gemeinde nicht nur die unterste kommunale Körperschaft, sondern war auch ein Organ zur Erfüllung wesentlicher Staatszwecke, z.B. des Militärersatzwesens, der Kriegslastverteilung, der Steuerveranlagung und des Landtagwesens. Die dithmarsische Bauerschaft war keine Gemeinde im Sinne der preußischen Verfassung, und das Kirchspiel fand keine Entsprechung in der preußischen Gemeindeordnung. Um aus den Problemen, die sich aus der Unvereinbarkeit der preußischen mit den schleswig-holsteinischen (oder gar dithmarsischen) Zuständen ergeben konnten, herauszukommen, gab es viele Vorschläge und entsprechend viele Diskussionen.

Am Ende ergab sich eine Lösung, der zufolge die Landkreise in Kirchspielvogteidistrikte eingeteilt wurden, die aus mehreren Kirchspielslandgemeinden bestanden. An der Spitze des Distrikts fungierte jeweils ein Kirchspielvogt als Organ des Landrats, der also nicht mehr – wie in der Vergangenheit – Organwalter der Kirchspiellandgemeinde war und zugleich zu einer unter der Kreisebene rangierenden staatlichen Unterbehörde degradiert wurde. Für die Verwaltung der Kirchspiele wurden Beamte bestellt, die als Kirchspielschreiber die Gemeindegeschäfte zu besorgen hatten und dafür besoldet wurden. Für die nicht zum amtlichen Geschäftsbereich gehörenden Angelegenheiten fungierte für jedes Kirchspiel ein auf sechs Jahre gewählter Vorsteher als „Erster Vollmacht" (später „Obervollmacht" genannt). Dabei handelte es sich um Ehrenämter. Die Kirchspiele bestanden also weiter als die eigentlichen Landgemeinden. Die Bauerschaften wurden ihnen als Unterabteilungen zugeordnet. Die Köge wurden als Gemeindebezirke anerkannt, die außerhalb der Landschafts- und Kirchspielverfassung Rechte zu beanspruchen hatten.

Mit der Städteordnung von 1869 erhielt Schleswig-Holstein eine Institution, die von freiheitlichem Geist geprägt war, weil sie ein hohes Maß an Selbstverwaltung enthielt. Zunächst war die holsteinische Städteordnung von 1854 beibehalten worden, die obrigkeitliche Züge trug. Die vom Kieler Staatsrechtler Albert Hänel entworfene Städteordnung für die neue Provinz war ein „Meisterwerk an Synthese von bewährten schleswig-holsteinischen und altpreußischen Einrichtungen" (Oswald Hauser). In langen Verhandlungen gelang es, für die schleswig-holsteinischen Städte eine Ordnung durchzusetzen, die den kommunalen Belangen mehr Raum gab, als sonst in Preußen üblich. Das Dreiklassenwahlrecht fand keine Berücksichtigung. Das „Gesetz betreffend die Verfassung und Verwaltung der Städte und Flecken in der Provinz Schleswig-Holstein" trat am 14.4.1869 in Kraft. Es war das modernste im Königreich Preußen.

Für die kleineren Städte und Flecken galt die „Einfache Städteverfassung". Bei ihr war kein Magistratskollegium vorgesehen, sondern der Bürgermeister war auch Vorsitzender der Stadtverordnetenversammlung. In einzelnen Ortsstatuten konnten besondere Regelungen getroffen werden. Wenn die Einwohnerzahlen der Städte stiegen oder fielen, konnte sich die jeweilige Verfassung ändern, eine Regelung, die auch in der Kreisordnung von 1882 beibehalten wurde.

Seit 1867 wurde in Preußen eine Reform der Kreisverfassung diskutiert. Die eingebrachten Vorschläge schwankten zwischen der Orientierung an konservativen und liberalen Prinzipien. In Schleswig-Holstein kamen regionale Spezifika hinzu, wobei in Nordschleswig deutlich andere Ziele verfolgt wurden als in Dithmarschen. Von der Westküste kam der Wunsch, die Vertreter der Kreise vornehmlich aus der Landschaftsversammlung zu wählen. Diesen Vorschlag lehnte der Regierungspräsident (später Oberpräsident) Karl Heinrich von Boetticher (1833 – 1907) ab: „In den beiden Dithmarscher Kreisen herrscht ohnehin ein vorwiegend partikularistischer Geist, welchem durch neue Ausnahmebestimmungen zu nähren sich keinesfalls empfiehlt. Ich lege aus politischen Gründen großen Wert darauf, dass den Marschkreisen keine Ausnahmestellung eingeräumt wird, weil die Hoffnung berechtigt erscheint, dass sie sich ohne eine solche viel leichter assimilieren werden, als dies bisher geschehen ist".

Die künftige Kreisordnung wurde auch in anderen preußischen Provinzen mit politischer Heftigkeit diskutiert. Der Gesichtspunkt der Staatseinheit stand der Erweiterung der Selbstverwaltung entgegen. Damit verbunden war aber auch das Problem, wie die tradierte Ständegliederung angesichts des immer stärker werdenden Bürgertums zu überwinden sei. Aber auch regionale Besonderheiten wie der Küstenschutz waren zu bedenken. Die Kreisordnung für die Provinz Schleswig-Holstein vom Mai

1888 trat am 1.4.1889 in kraft. In ihr wurde deutlich, dass die kontrovers geführte Diskussion zumeist zu tragfähigen Kompromissen geführt hatte. Für Dithmarschen und Eiderstedt waren folgende Einschnitte gravierend: Das Landesvorsteherkollegium, bisher die eigentlich Vertretung der alten Landschaften, musste aufgegeben werden. Auch das Amt des Landesbevollmächtigten entfiel. Die Landkreise wurden jetzt nur noch durch die Kreistage und die gewählten Kreisabgeordneten vertreten. Bedeutende Veränderungen brachte auch die Bildung der neuen selbstverwalteten Amtsbezirke mit sich. Sie hatten 800 bis 3000 Einwohner; an ihrer Spitze stand ein Amtsvorsteher. In den beiden Dithmarschen wurden in der Regel die Kirchspiele zu Amtsbezirken; mit ihren Grenzen deckten sich auch Schul-, Armen-, Wege- und Deichverbände. Aber auch hier gab es eine Ausnahme: Die großen Kirchspiellandgemeinden blieben aus Gründen historischer Rücksichtnahme ungeteilt. Das Amt Wesselburen hatte nicht 3000 (die normale Obergrenze), sondern 6578 Einwohner. Bei der Untergrenze gab es allerdings keine Toleranz: Die Köge, die zwar über große Flächen, aber über wenige Einwohner verfügten und die 1869 noch als selbständige Gemeindebezirke anerkannt worden waren, mussten sich jetzt zusammenschließen.

Den Blick aufs Ganze gerichtet, darf Dithmarschen aber als ein Beispiel dafür gelten, dass die Annexion der Herzogtümer Schleswig-Holstein nicht nur als ein Akt der Staatsräson erfolgte, sondern auch von einer gehörigen Portion Einfühlungsvermögen in jahrhundertelang gepflegten Besonderheiten begleitet war. Dithmarschen behielt auch unter preußischer Regierung ein gewisses Maß an Eigenständigkeit.

Die Schleswig-Holsteiner sind nie richtige Preußen geworden; die Dithmarscher waren bei der Pflege ihrer Eigenart so weit gegangen, dass sie selbst der Integration in einen selbständigen schleswig-holsteinischen Staat Vorbehalte entgegen gebracht hatten. Die Integration in das 1871 geschaffene Deutsche Reich haben sie aber nicht nur begrüßt, sondern auch unterstützt. Die Ressentiments dem preußischen Staat gegenüber blieben noch lange bestehen.

Möglicherweise waren die Dithmarscher beim Übergang von der nicht erstrebten Zugehörigkeit zu Schleswig-Holstein und dann in den preußischen Staatsverband und schließlich in den Gesamtzusammenhang des Deutschen Reiches innerhalb weniger Jahre angesichts jahrhundertelanger Eigenständigkeit schlichtweg überfordert.

Dithmarscher Gewitter – Brandstifterunwesen in den ersten Jahrzehnten des 19. Jahrhunderts

Von Rüdiger Möller

Brandstiftungen sind in Dithmarschen ein Problem mit einer langen Geschichte. Zu Beginn des 19. Jahrhunderts jedoch nahm dieses Problem in seiner Häufigkeit dramatische Formen an. Heike Jürgensen (1774–1837, Pastor in Hemme von 1802 bis 1824) schildert als Zeitzeuge das Geschehen in drastischer Weise und gibt damit ein eindrucksvolles Beispiel für das Erleben von Brandstiftungskriminalität in unserer Region:

Gehe an einem heitern Abend um die Mitternachtsstunde, oft noch früher oder später, ins Freie, was gilts, Du wirst in allen vier Himmelsgegenden oft Feuer auflodern sehen, die ihre Flammen gegen die Wolken verbreiten. Fragst Du, was hat dies zu bedeuten? Es sind Häuser, die verbrennen, das ist die Antwort, die man Dir gibt. [...] Uns unglücklichen Bewohnern dieses Landes ist dies keine Seltenheit mehr [...]. Oder durchreise im Frühjahr mehrere Districte dieses Landes und es wird Dir an Schutthaufen abgebrannter Häuser nicht fehlen, [...]. So, kann man sagen, sind in vielen Gemeinen dieser Landschaft eine große Menge neuer Häuser entstanden, die dem Verbrennen der alten ihr Dasein verdanken, [...].

Im Jahre 1815 veröffentlicht Jürgensen ein Buch zu diesem Thema. Mit seinem Werk „Enthüllte Brandscenen und Beraubungen des Eigenthums in Norderdithmarschen" wollte der Pastor von Hemme nicht nur die Verbreitung von Kriminalität in dieser Landschaft anprangern, sondern auch etwas für deren Eindämmung leisten. Jürgensen schildert hierin die Verhältnisse, wie er sie in seinem Kirchspiel in den wirtschaftlich schwierigen Zeiten nach dem dänischen Staatsbankrott empfand.

Tatsächlich fällt bei der Betrachtung von Statistiken über Brandhäufigkeit, die von den Brandkassen seit etwa 1795 geführt wurden, auf, dass es in den ersten Jahrzehnten des 19. Jahrhunderts in den Landschaften Norder- und Süderdithmarschen weitaus häufiger brannte, als in vergleichbaren Nachbarregionen. In den Jahren 1800 bis 1812 etwa fanden hier 36,9% der gesamten für Schleswig-Holstein von der Brandkasse registrierten Brandfälle statt. In Zahlen gesprochen: von den in diesem Zeitraum angefallenen 1.957 schleswig-holsteinischen Brandschäden, die die Brandkasse zu regulieren hatte, entfielen auf Dithmarschen 723.

In den nachfolgenden Jahren – und besonders in der Zeit der großen Agrarkrise ab 1819 – steigt diese augenfällige Besonderheit noch an. Schon damals bemühten sich obrigkeitliche Organe und die Brandkasse, Erklärungen für diese häufigen Brandfälle zu finden. So wurde etwa angeführt, dass in Dithmarschen eine erhöhte Brandgefahr durch Blitzschlag bestünde, da in der ebenen Marsch hohe Bäume eher selten zu finden seien und Gebäude daher oft die höchsten Punkte der Landschaft bildeten. Jedoch reichten derartige Erklärungsmuster nicht aus, da in den vergleichbaren Nachbarregionen, wie den Elbmarschen oder Eiderstedt, die Anzahl der Brandfälle um ein vielfaches geringer war, trotz der landschaftlichen Ähnlichkeit.

Der Schluss lag also nahe, dass in beiden Dithmarschen das Brandstifterunwesen besondere Blüten trieb. Gründe, die einen Menschen veranlassen konnten, seinen oder fremden Besitz anzuzünden, sind zum Beispiel Rache, Neid, die versuchte Vertuschung eines anderen Verbrechens, Geisteskrankheit und Heimweh. Letzteres war nachweislich bei jungen Dienstmädchen der Fall, welche Höfe, auf denen sie in Stellung waren, abzubrennen versuchten, in der Hoffnung, so zum Elternhaus zurückkehren zu können. Viele dieser Fälle sind belegt. Um die Wende vom 18. zum 19. Jahrhundert trat jedoch ein Motiv in den Vordergrund: die Absicht, die eigene finanzielle Lage zu verbessern. Der so motivierte Brandstifter legte Feuer an seinen Besitz, um die Entschädigung der Brandkasse zu erhalten.

Einen bedeutenden Anhaltspunkt für den Zusammenhang zwischen allgemeiner Wirtschaftslage und Brandstiftungshäufigkeit in ländlichen Regionen liefert die Betrachtung der Brandschäden im Verhältnis zur Entwicklung des Getreidepreises. Für die ersten drei Dekaden des 19. Jahrhunderts lässt sich im schleswig-holsteinischen Bereich hierbei beobachten, dass in Jahren, in denen der jeweilige Durchschnittspreis für Weizen, Gerste, Roggen und Hafer am Hamburger Markt einen Tiefstand erreichte, sich ein Höchststand an Brandfällen verbuchen ließ. Im Gegensatz hierzu sank beim Ansteigen der Preise die Zahl der Brandfälle oft rapide ab. In den Jahren 1824 und 1825, in denen der Getreidepreis einen absoluten Tiefstand erreichte, stiegen die von der ländlichen Brandkasse in Schleswig-Holstein zu zahlenden Entschädigungen auf über 350.000 Reichsbanktaler (Rbtl.). Hingegen sanken die nötigen Entschädigungszahlungen im Jahre 1829, nachdem sich der Getreidepreis erholt hatte, unter 110.000 Rbtl.

Dass wirtschaftliche Not die Skrupel herabsetzte, die Brandkasse zu betrügen, wobei sich der Täter oft einzureden versuchte, dass seine eigene Not nur auf viele Personen, noch dazu für diese kaum spürbar, verteilt würde, zeigen die Verhörprotokolle überführter Täter, die sich im Landesarchiv Schleswig befinden. Außerdem lässt sich feststellen, dass Brandstiftung in gewisser Weise „ansteckend" wirkte. Wenn nämlich ein Mitbürger eines Brandstifters die Erfahrung machte, dass dessen betrügerisches Vorgehen erfolgreich war und noch dazu unbestraft blieb, lag die Idee, es diesem gleichzutun, natürlich nahe.

Dithmarschen scheint in Krisenzeiten besonders von Brandstiftertätigkeit betroffen gewesen zu sein. Hierbei handelt es sich um eine Kontinuität, die auch von Zeitgenossen wahrgenommen wurde. So schreibt der 1778 in Dithmarschen geborene Theologe Claus Harms im Jahre 1843 über Dithmarschen: „Nach dem dänischen Staatsbankerott, da die Zahlung mit vollgültigem Geld wieder anfing, da fingen auch die Brände wieder an".

Auch das Alter des Baubestandes der Landschaft gibt diesbezüglich einen Anhaltspunkt, wie Theodor Möller 1912 feststellt: „Nirgends in Schleswig-Holstein hat man so gründlich mit den alten Bauernhäusern aufgeräumt wie in Dithmarschen. Die Landesbrandkasse weiß ein Lied davon zu singen, und die Redeweise vom ‚warm abbrechen' könnte hier geprägt sein".

Sogar der Volksmund hat sich dieses Sachverhaltes angenommen. So hieß in den angrenzenden Gegenden das Anzünden des eigenen Besitzes oft scherzhaft „en Dithmarscher Gewidder köpen". „Gewitter" war hierbei die Umschreibung eines Streichholzes („He holt dat Gewidder ut de Büxentasch"), womit auf die der Versicherung vorgetäuschte natürliche Ursache des jeweiligen Brandes angespielt wurde. Die wörtliche Verbindung mit Dithmarschen stand in direktem Zusammenhang mit der beobachteten Brandhäufigkeit.

Der Hemmer Pastor Jürgensen beobachtete in seiner Abhandlung aus dem Jahre 1815 verschiedene Arten von Brandstiftungen, die er auch mit einer verschiedenartigen Wertigkeit versah. Zunächst erkannte er Personen, die ihre alten, oft baufälligen Gebäude anzündeten oder anzünden ließen, um die übliche Brandkassenentschädigung zu erhalten. Diesen billigte der Geistliche noch eine Spur von Gewissen zu. Eine Verschlimmerung des Verbrechens sah er hingegen bei jenen, die sich zusätzlich in einer Assekuranz versicherten, um für den Verlust ihres Eigentums einen möglichst hohen Gewinn zu erhalten. Schändlicher war für Jürgensen wiederum der Kauf eines alten Hauses schon in der Absicht, dieses abzubrennen, um sich auf diese Weise Geldmittel für den Bau eines neuen zu verschaffen. Den Mangel an religiöser Erziehung und Kirchenzucht hielt der Pastor für den Hauptgrund des Anstiegs der Verbrechensrate in dieser Region. Der Verfall moralischer Werte, den er zu beobachten glaubte, war nach seiner Auffassung verursacht durch einen verbreiteten Hang zum Luxus und zu weltlichen Vergnügungen. Mit dem Festhalten an einem verschwenderischen Lebenswandel auch in Krisenzeiten erklärte sich der Kirchenmann die hohe Verschuldung der Bevölkerung, in der er wiederum den Anlass sah, dass auch neue Gebäude zum Zweck des Versicherungsbetruges angezündet wurden.

Haben nämlich in dieser Zeit Jemands Glücksumstände sich auf die Art verschlimmert, daß er sich nicht mehr zu helfen weiß; oder hat er durch solche Speculation sich zu weit ausgewagt, oder durch Aufwand und Pracht, Schwelgerei und allerhand schändliche Lebensart sich herunter gebracht: dann kümmert es Manchen nicht, ob sein Haus alt oder neu, prachtvoll oder geschmacklos sey, es muß im Feuer verbrennen [...].

Auch der mögliche Täterkreis war Jürgensen hinreichend bekannt, wenn er oft Handwerker unter den Brandstiftern zu erkennen glaubte. Seiner Meinung nach hatten die wirtschaftlich günstigen Jahre am Ende des 18. und noch zu Beginn des 19. Jahrhunderts viele Handwerker in den Landstrich gezogen, die sich durch die zahlreichen Bauvorhaben jener Zeit in Norderdithmarschen niederließen und eine Existenz hatten aufbauen können. Durch die wirtschaftlichen Schwierigkeiten, die Teuerung der Baumaterialien und das damit verbundene rapide Sinken der Bautätigkeit seien diese jedoch in eine finanzielle Misere geraten, weshalb sie sich gern den Gebäudeeigentümern als Brandstifter zur Verfügung stellten, um beim aus der Entschädigungssumme finanzierten Wiederaufbau zu profitieren. Jürgensen vermutete daher zahlreiche Täter unter den Zimmerleuten, Maurern und Tischlern. Wie die Betrachtung einzelner Brandstifterprozesse zeigt, war dies eine Einschätzung, die durchaus ihre Berechtigung hatte. Hierbei ging er zwar davon aus, dass auch öffentliche Gebäude von Handwerkern angezündet wurden, um Arbeit und Lohn beim Wiederaufbau derselben zu erhalten, doch lässt sich ein solches Vorgehen für Norderdithmarschen im Betrachtungszeitraum nicht belegen. Der kenntnisreiche Seelsorger hatte anhand der im Umkreis seiner Gemeinde kursierenden Gerüchte darauf geschlossen, dass in der Regel der Gebäudeeigentümer darum bemüht war, die Brandlegung nicht selbst ausführen zu müssen.

Selten ist jedoch ein Eigenthümer im Stande, selber einen solchen Brand zu veranlassen. Ob sein zartes Gewissen dies nicht zuläßt, oder ob er sich auf die Art reinigen, oder ob er einem Sachverständigen die Kunst überlassen will, vermag der Verfasser nicht zu entscheiden. Aber gewöhnlich wird ein Anderer dazu bedungen, das Haus anzuzünden. Daher soll es Menschen in dieser Gegend geben, die sich damit etwas verdienen und sich sehr geschickt darin auszeichnen sollen, die den Einwohnern zwar bekannt sind, die aber doch Niemand belangen kann, weil er keine Beweise darüber in Händen hat.

Die Bemühungen der Obrigkeit, dieser Art der betrügerischen Brandstiftung entgegenzuwirken erkannte Jürgensen an, doch sah er auch deren Erfolgsosigkeit. So gab es in jeder Gemeinde Brandaufseher, die zusammen mit der Kirchspielvogtei auf die Einhaltung der vorgeschriebenen Maßnahmen nach einem stattgehabten Brand zu achten hatten. Es wurden Taxatoren bestellt, die unter Aufsicht eines Branddirektors genaue Schätzungen über den Brandschaden durchzuführen hatten. Weiterhin wurden genaue Verzeichnisse über die verbrannten Wertgegenstände gefordert, welche vom Eigentümer beeidet werden mussten, und es fanden nach einem Brand Verhöre der übrigen Hausbewohner, der Nachbarn und aller Personen, die vielleicht etwas über die Entstehung des Feuers wissen konnten, statt.

„Protokollauszug „Extract aus dem Protocoll in Untersungssachen wider Michael Heesch u Cons." – Eine Seite aus dem umfangreichen Aktenmaterial zu der Verhandlung gegen die Brandstiftergruppe um den Tischlermeister Michael Heesch in Hennstedt vom 5. April 1825."

Und was ist der Erfolg von diesen Allem? Kein anderer, als daß das Häuserverbrennen in diesem Lande seinen glücklichsten Fortgang hat, und daß man im Publikum oft schon lange vorher weiß, daß bald bey Diesem und Jenem ein solcher Brand entstehen werde.

Die Verhöre der obrigkeitlichen Organe waren nach Jürgensen meist erfolglos, da man hierbei auf eine Mauer von Schweigen stieß. Die Gründe für dieses Schweigen sah der Geistliche in Bestechung, Angst und falschverstandenem Mitleid mit dem Täter. Aber auch den Verfall der moralischen Werte innerhalb der Bevölkerung machte er hierfür verantwortlich. Eine verbreitete Auffassung war, auch das bestätigen die späteren Prozesse, dass ein altes Haus durch die geleisteten Prämien sich für die Brandkasse schon bezahlt gemacht habe, es also keine Sünde sei, nun selbst daraus Gewinn zu ziehen.

Diese Gründe sind dafür verantwortlich, dass das Ausmaß der Brandstiftungen nicht an registrierter Straffälligkeit ablesbar ist, sondern vielmehr das genaue Registrieren dieses Deliktes durch das zeitgenössische Bewusstsein auf sie hinweist. So hat es in Norderdithmarschen im Betrachtungszeitraum nur zwei wirklich große Brandstifterprozesse gegeben. Einer dieser Fälle waren die Taten des Michael Heesch, bei dem sich die Brandlegungen weitgehend im Kirchspiel Hennstedt ereigneten. Bei Michael Heesch handelte es sich um einen Tischlermeister, der von der Landvogtei als Hauptangeklagter angesehen wurde. Seine Überführung im Jahre 1821 zog eine Verhaftungswelle nach sich, wie sie die Landschaft Norderdithmarschen bis zu diesem Zeitpunkt noch nicht gesehen hatte. Es wurden insgesamt vierzehn zum Teil hochangesehene Personen inhaftiert, denen man die Mitwisserschaft, Anstiftung oder direkte Ausführung von über dreißig Brandstiftungen nachweisen konnte. Drei Angehörige dieser Gruppe kamen mit einer befristeten Haftstrafe davon, einer starb im Gefängnis eines natürlichen Todes, einer beging Selbstmord. Die restlichen neun wurden nach einem außerordentlich umfangreichen Verfahren zum Tode verurteilt, jedoch später zu einer lebenslänglichen Zuchthausstrafe begnadigt. Die untersuchenden Organe der Landvogtei gingen bei diesem Fall von einer weit größeren Anzahl von Brandstiftungen und einem ebenfalls größeren Täterkreis aus, was sich jedoch zu Landvogt Griebels Bedauern nicht beweisen ließ. Für die jahrelange ungestörte Tätigkeit dieser Gruppe sah die Landvogtei durchaus Gründe, wie sich aus den Prozessakten ergibt:

In dem Kirchspiel Hennstedt hatten sich seit langen Jahren eine unerhört große Menge, sich immer wiederholender Brandfälle zugetragen. […] Die frühere Ortsobrigkeit, der damalige Kirchspielvogt, jetzige Landespfennigmeister Ottens verfuhr in dieser Rücksicht wenigstens mit Nachläßigkeit, so daß sich in dortiger Gegend verbreitete, die Obrigkeit selbst begünstige die Brandstiftung als Mittel

zur Verschönerung des Ortes, und die aus dem Erhalt der Brandkassengelder für die Abgebrannten resultirenden Vorteile waren die Veranlassung, daß in dortiger Gegend das Feueranlegen nicht für ein Verbrechen, sondern für eine Galanterie gegen den Besitzer des angezündeten Gebäudes angesehen wurde.

Der zweite große Brandstifterprozess war der Fall des Jürgen Grimmsmann, dessen Gruppe in der Umgebung von Neuenkirchen und Wesselburen tätig war. Jürgen Grimmsmann war aus dem Lande Hadeln zugewandert und hatte sich in Neuenkirchen als Tischlermeister niedergelassen. Er wurde im Dezember 1821 zusammen mit neun weiteren Personen verhaftet und von der Landvogtei in Gewahrsam genommen. Während seine Mittäter mit Zuchthausstrafen belegt wurden, zum Teil sogar aus Mangel an Beweisen – wiederum zum Bedauern des Landvogtes – freigelassen werden mussten, ergab der fünf Jahre andauernde Prozess für Jürgen Grimmsmann das Todesurteil, das jedoch auf Anraten des königlichen Oberkriminalgerichtes in Glückstadt in eine lebenslange Zuchthausstrafe umgewandelt wurde.

Bei der Betrachtung des Täterkreises der überführten Brandstifter aus Norderdithmarschen lässt sich zusammenfassend feststellen, dass es sich bei ihnen keinesfalls um gesellschaftliche Außenseiter gehandelt hat. Vielmehr waren die Verurteilten vor ihrer Inhaftierung vollständig in die jeweilige Dorf- oder Fleckensgemeinschaft integriert. In beiden großen Brandstiftungsprozessen der Landschaft Norderdithmarschen in den ersten Jahrzehnten des 19. Jahrhunderts erwies sich ein Handwerksmeister des Baugewerbes als Haupttäter. Dieser trat als Ratgeber und Verführer zur Kriminalität auf, übte jedoch auch selbst Anzündungen von fremden oder eigenen Gebäuden aus oder delegierte diese. Sein Motiv war hierbei, neben dem Gewinn durch Erhaltung der Brandkassengelder für eigene Bauten, auch die Aussicht auf Bauaufträge für den Neubau der abgebrannten Häuser. Es ließ sich jedoch im Erfassungszeitraum kein Fall nachweisen, bei dem der Eigentümer eines Gebäudes nicht von diesem Vorgehen informiert war. Die Mitangeklagten aus beiden Fällen teilen sich auf in sechs Hofbesitzer, einen landbesitzenden Kätner, fünf Handwerker des Baugewerbes, zwei Mühlenbesitzer, einen Kirchspielsbedienten und drei Tagelöhner, von denen zumindest einer ehemals Hofbesitzer war. Weiterhin gehörten zwei Frauen dazu, von denen eine die Ehefrau eines Hauptangeklagten war, die andere eine Kate mit etwas Land besaß. Hierin sind alle Personen enthalten, die nachweisbar in die Brandstiftungen der beiden Fälle involviert waren. Der Kreis der Verdächtigen war bedeutend größer. Unter denjenigen, denen die Prozessakten offen oder verdeckt zumindest Mitwisserschaft und Duldung des Deliktes unterstellen, befand sich neben anderen angesehenen Personen auch der ehemalige Kirchspielvogt Ottens in Hennstedt.

Bei vielen der Brandstifter ließen sich finanzielle Probleme und zunehmende Verschuldung nachweisen. Aus den Befragungen von Zeugen aus dem jeweiligen Umfeld der Angeklagten ergaben sich zwar bei einigen von ihnen Vorwürfe der Alkohol- und Spielsucht, von denselben Zeugen wurde jedoch bei allen Beschuldigten Bösartigkeit oder kriminelle Veranlagung als Beweggrund zur Brandstiftung deutlich ausgeschlossen. Vielmehr wurden in der Regel den Angeklagten äußerst vorteilhafte Zeugnisse ihres bisherigen Lebenswandels ausgestellt. Aus den protokollierten Geständnissen ergab sich, dass die Angeklagten zwar oft die Tat zugaben, sie jedoch nicht als wirkliche Sünde ansahen. Diese Behauptungen wurden vom landschaftlichen Gericht tatsächlich meist nicht als Rettungsversuch, sondern als mangelndes Religionsverständnis gewertet. Zumindest in den dokumentierten Fällen scheinen sich damit die Vermutungen über Brandversicherungsbetrüger zu bestätigen, die Heike Jürgensen bereits 1815 aussprach:

[…] auch hat sicher kein Mensch Ursache, sich über die äußere Rohheit dieser Menschen zu beklagen. Sie sind oft die feinsten von der Welt in ihren äußern Manieren, sie können Manchen belachen, der zwar ehrlicher denkt; aber nie im Stande war, sich in solche Falten zu legen. Sie beobachten in ihrem äußern Betragen oft einen Anstand, die dem feinsten Weltmanne keine Schande machen würde.

Die Gerichtsprotokolle lassen vermuten, dass in den Fällen Grimmsmann und Heesch die Gewinnsucht, die als Motiv sicherlich eine Rolle gespielt hat, sich, zumindest im Zeitraum nach 1806 und in der Endphase der Brandserien, die mithin in die Zeit der großen Agrarkrise fiel, der Furcht vor sozialem Abstieg als Beweggrund unterordnete. Hierfür ist auch ein Indiz, dass die den Gruppen zugerechneten Brände ihre Schwerpunkte in den Krisenjahren 1806, 1810 und 1820/21 hatten.

Begünstigt wurde die Verbreitung der Brandstiftungskriminalität in Norderdithmarschen durch die Überforderung der Landvogtei, die durch die Kombination von Verwaltungsaufgaben und Justizausübung den immensen Arbeitsaufwand kaum bewältigen konnte. Ein weiterer Grund für die Weitläufigkeit dieser Verbrechensart war die Duldung innerhalb der Bevölkerung, was sich unter anderem aus der während der gerichtlichen Untersuchungen deutlich gewordenen Tatsache ergab, dass die beteiligten Personen in der Regel schon lange unter dem Verdacht der Brandstiftung gestanden hatten. Die allgemeine Schwierigkeit der Beweisführung stand auch mit dieser Duldung seitens der Bevölkerung in Zusammenhang, da es bei fehlenden Zeugenaussagen nahezu unmöglich war, einen beharrlich leugnenden Täter zu überführen. Das hierdurch bedingte relativ geringe Risiko einer Strafzuführung und die Beispiele gelungenen Brandversicherungsbetruges hatten eine geradezu ansteckende Wirkung, wodurch sich der Täterkreis immer mehr erweiterte. Mitverantwortlich für die Häufigkeit der Brandstiftungen war die Organisation des Feuerversicherungswesens, die einen bedeutenden Anreiz zum Betrug bot. Während in früherer Zeit die überschaubaren Brandgilden, deren einzelne Mitglieder meist einander kannten, sozial disziplinierend wirkten, verringerte die überregionale, relativ anonyme Brandkasse die moralischen Bedenken, die den Einzelnen von betrügerischen Taten zurückgehalten haben mochten. Dies galt im Besonderen für die Assekuranzen, die durch geringe Kontrollen und einfache Aufnahmebedingungen ein erhebliches Ausmaß von Überversicherungen möglich machten. Anzumerken ist, dass die Brandhäufigkeit mit Beendigung der Agrarkrise ab 1829 in Norderdithmarschen wieder sank, jedoch blieb sie auch in der Folgezeit bedeutend höher als in anderen Regionen Schleswig-Holsteins. Ob die „guten Erfahrungen", die große Teile der Bevölkerung offenbar mit dieser Form des Gelderwerbs gemacht hatten, hierfür verantwortlich sind, muss dahingestellt bleiben.

Aufbruch in eine neue Zeit – Dithmarschen 1864–1918

Von Nils Hansen

Im Lauf der Industrialisierung gerieten ländliche Gebiete wie Dithmarschen scheinbar ins politische, wirtschaftliche und gesellschaftliche Abseits. Die Einwohner der immer weiter wachsenden Ballungszentren blickten mit einem gewissen Hochmut auf die ländliche Bevölkerung herab, oft genug war vom rückständigen Bauern und vom spießigen Kleinstädter zu hören. Tatsächlich aber waren die Großstädte auf die Versorgung mit Nahrungsmitteln durch die ländlichen Regionen angewiesen. Die Landwirtschaft Dithmarschens zum Beispiel hat mit dazu beigetragen, dass eine Stadt wie Hamburg überhaupt erst zur Metropole anwachsen konnte. Und dass so etwas nicht mit einem rückständigen Agrarwesen, sondern nur mit einer fortlaufend modernisierten, industrialisierten Wirtschaftsweise zu erreichen war, bedarf sicher keiner weiteren Erläuterung.

Die Modernisierung erfasste aber nicht nur die Landwirtschaft, sondern alle Lebensbereiche, in Dithmarschen sicher etwas verspätet und gemäßigter als in den großen Städten, aber doch deutlich spürbar.

Politische Entwicklung

Am 24. März 1865 fand in Meldorf ein „Erinnerungstag" zum Gedenken an die sogenannte Erhebung Schleswig-Holsteins gegen Dänemark von 1848 statt. Bei einer der Reden, in der es um die politische Haltung der Dithmarscher Bevölkerung ging, sollen dabei folgende Worte gefallen sein: „Wir haben uns gegen die Dänen empört, weil sie unser Geld aus dem Lande schleppten; jetzt ist es Zeit, uns gegen die Preußen zu wehren, damit sie uns nicht den Geldsack leichter machen". Diese Formulierung traf die damalige Stimmungslage recht genau, denn während der eskalierenden Auseinandersetzungen zwischen Dänemark, Schleswig-Holstein und den deutschen Staa-

Kriegerdenkmal in Albersdorf in Holstein
Enthüllt am 19. Oktober 1913

ten in den Jahren 1864 bis 1866 lehnte ein großer Teil der Dithmarscher Bevölkerung jede dänische wie preußische Herrschaft ab. Kräftig unterstützt wurde dagegen die Politik des Herzogs Friedrich von Augustenburg, der aus den Herzogtümern Schleswig und Holstein einen eigenständigen Staat unter seiner Regierung errichten wollte. Viele Dithmarscher hofften dabei auf die Erhaltung älterer Sonderrechte der Landschaften Norder- und Süderdithmarschen hinsichtlich der Befreiung von Wehrdienst und Militäreinquartierungen, in Bezug auf die Frage der Verwaltung durch einheimische Beamte sowie bei der Regelung des Zoll- und Gewerberechts. Die auf deutscher Seite bestimmende preußische Regierung lehnte diese Pläne jedoch ab, reklamierte nach den gewonnenen Kriegen gegen Dänemark 1864 und Österreich 1866 alle Rechte über Schleswig und Holstein für sich und vollzog schließlich 1867 ihren Anschluss. Dithmarschen wurde damit zu einem Teil des Königreichs Preußen.

Viele Einwohner konnten sich nur sehr schwer mit den neuen Herrschaftsverhältnissen anfreunden. Wie fast überall in Schleswig-Holstein bekam der preußische Staat „Renitenz" zu spüren, und die Ablehnung wurde durch die noch 1866 angeordnete allgemeine Wehrpflicht und die 1867 erfolgte Einführung der neuen Einkommen-, Gebäude-, Gewerbe- und Grundsteuern weiter verstärkt. Kein Wunder also, dass zunächst häufig die Rede von den

Denkmalsenthüllung der 50jährigen Erhebungsfeier
Schleswig-Holstein i. Barlt, den 24. März 1908.
„Up ewig ungedeelt."

„verfluchten Preußen" war, auf die man gut und gerne verzichten könne. Erst nach dem Sieg im Deutsch-Französischen Krieg 1870/71 und der Gründung des Deutschen Reiches verschwand diese ablehnende Haltung allmählich. Im Hochgefühl des gewonnenen Krieges und der neuen „vaterländischen Einheit" setzte sich auch in Dithmarschen eine nationale Begeisterung durch, und zugleich trug der dann einsetzende wirtschaftliche Aufschwung der sogenannten Gründerjahre nicht unerheblich zum Stimmungswandel bei.

Aber noch einmal zurück zu dem anfangs zitierten Spruch vom „Geldsack", an den niemand herangelassen werden sollte. Wer musste da Befürchtungen hegen? Wenn überhaupt, dann doch wohl nur die sehr begrenzte Schicht der Wohlhabenden. Die sogenannten kleinen Leute, die Arbeiter und Arbeiterinnen, die Handwerksgesellen, auch manche Handwerksmeister, die kleinen Händler und Höker, die Handlungsgehilfen, Knechte und Mägde u.a.m., die den weitaus größten Teil der Bevölkerung ausmachten, berührten solche Sorgen weniger. Ihr „Geldsack" war ohnehin nie gefüllt, was sollte ihnen da genommen werden? Die meisten von ihnen interessierten sich viel mehr für eine Verbesserung ihrer Arbeitsverhältnisse. Schon im Jahr 1800 hatte es deswegen Arbeiterunruhen bei der Eindeichung des Karolinenkoogs gegeben, und um 1830 zum Beispiel war es in Wesselburen mehrmals zu Protestaktionen von Landarbeitern gekommen. Schärfere Angriffe der Landarbeiter gegen Bauern folgten dann 1848 in verschiedenen Dithmarscher Ortschaften. Sie richteten sich zum Teil ganz allgemein gegen die Landbesitzer, zum Teil auch gegen die unliebsame Konkurrenz der fremden Wanderarbeiter, drehten sich aber letztendlich um Fragen des Lohns und der Arbeitsbedingungen. Nun, gegen Ende der 1860er Jahre, verstärkte sich die Konfrontation mit der „besitzenden Klasse" durch das Aufkommen der organisierten Arbeiterbewegung. Nicht nur in den größeren Orten wie Heide, Meldorf, Marne und Wesselburen, sondern auch in kleineren Dörfern, zum Beispiel Hemme und Schülp, wurden in den folgenden Jahren Arbeitervereine gegründet. Ihr Ziel war es, die Arbeitssituation der ländlichen Unterschichten zu verbessern und ihnen den Erwerb von Grund und Boden, wenigstens von kleinen Landstücken zur eigenen Gartenbewirtschaftung u.ä., zu erleichtern. Seit 1875 wurden die Arbeitervereine dann in Ortsvereine der Sozialistischen Arbeiterpartei Deutschlands, der späteren SPD, umgewandelt. Ihre Versammlungen und Beratungen wurden zwar nicht gut besucht, was also selbst bei den Mitgliedern auf ein geringes Interesse an der Vereinsarbeit schließen lässt. Aber es reichte doch zu einer stärkeren öffentlichen Selbstdarstellung, zur Veranstaltung von eigenen Arbeiterfesten und -umzügen, zum Beispiel 1872 in Lunden und Heide, und zur Organisation von Streiks, etwa um höhere Löhne durchzusetzen. Tragende Kräfte solcher Aktionen waren

Delver Kampfgenossen 1870/71 in Hollingstedt.

neben den Arbeitern die Handwerksgesellen. Hingewiesen sei hier nur auf die Heider und Meldorfer Tischler und Maurer, die in den 1870er Jahren und nach der Aufhebung der von 1878 bis 1890 geltenden Sozialistengesetze mehrmals in den Ausstand traten. Dass die Ideen der Sozialdemokratie relativ rasch Verbreitung fanden, lässt sich außerdem an den Ergebnissen der Reichstagswahlen ablesen. Im Wahlkreis 5, zu dem allerdings nicht nur Norder- und Süderdithmarschen gehörten, sondern auch Steinburg, bekamen die Sozialdemokraten bei der Wahl im Jahr 1877 immerhin 34,5 Prozent. Bei den Wahlen von 1898 bis 1912 lag ihr Stimmenanteil sogar zwischen 36 und 42 Prozent. Auch wenn der Wahlkreis aufgrund des damaligen Wahlrechts, das die vermögenden Bevölkerungsschichten bevorteilte, immer von freisinnigen und nationalliberalen Politikern gewonnen wurde, weisen die genannten Zahlen doch darauf hin, dass die Sozialdemokratie eine wichtige Rolle im politischen Bewusstsein vieler Dithmarscher gespielt hat. Ihre Anhänger fanden sich neben den Arbeitern und Gesellen der meist kleinen Industrie-, Handwerks- und Gewerbebetriebe vor allem unter

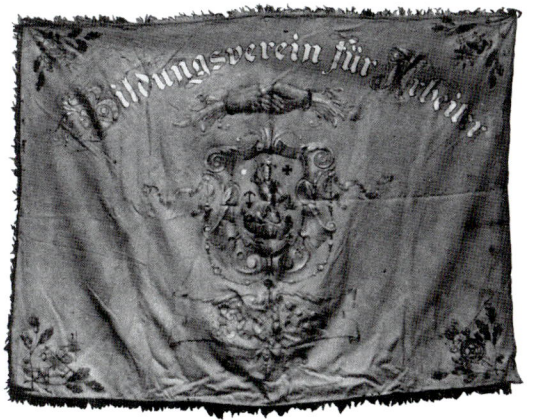

Fahne eines Bildungsvereins für Arbeiter aus Dithmarschen.

Die Saalfahrer des Arbeiter-Radfahrer-Vereins Marne 1909

Die Saalfahrer des Arbeiter-Radfahrer-Vereins vor dem Vereinslokal H. Kruse in der Wilhelmstr. 11 in Marne.

Inspektion von auf dem Heider Marktplatz angetretenen Truppen, Mai 1915.

den Landarbeitern in den Marschgebieten, weniger dagegen auf der Geest. Der Grund dafür lag offenbar darin, dass die sozialen Unterschiede zwischen Reich und Arm, zwischen den begüterten Hofbesitzern und den mittellosen Tagelöhnern in der Marsch stärker spürbar waren als in den Geestdörfern und daher den Widerstand der Landarbeiter stärker herausforderten. Anscheinend betraf das aber in erster Linie ihre innere Einstellung, denn die Bereitschaft, sich in einer politischen Partei oder in einem Arbeiterverein zu organisieren, war wenig ausgeprägt und nahm erst in den Jahren nach 1900 zu.

Obwohl der Organisationsgrad relativ gering blieb und von einer echten Arbeiter-„Bewegung" in Dithmarschen nicht recht die Rede sein konnte, wurden die einschlägigen Aktivitäten von den bürgerlichen und bäuerlichen Kreisen argwöhnisch beobachtet. Bei der Mitarbeit in politischen Vereinigungen hielten sie sich zwar ebenfalls sehr zurück, aber aus Furcht vor der Durchsetzung sozialdemokratischer Kandidaten kam es doch regelmäßig vor anstehenden Wahlen zur Einrichtung von sogenannten Wahlvereinen, die für die bürgerlichen Parteien

warben. Aus ihnen entstanden allmählich engere Zusammenschlüsse, die zumeist von den örtlichen Honoratioren geleitet wurden und sich überwiegend zum Liberalismus bekannten. Die Nationalliberalen unterstützten dabei Bismarcks „Realpolitik" wie auch das Weltmachtstreben des Deutschen Kaiserreichs einschließlich der militärischen Aufrüstung und forderten innenpolitisch ein scharfes Durchgreifen gegen die Arbeiterbewegung. Im Gegensatz dazu lehnten es die sogenannten Linksliberalen, wie die in Dithmarschen besonders erfolgreiche Deutsche Freisinnige Partei, zunächst ab, die Arbeiterbewegung mit Verboten zu bekämpfen und plädierten dafür, die sozialdemokratischen Ideen im freien Meinungsstreit zu überwinden. Nach der Jahrhundertwende verschärften sie dann aber ihre Angriffe gegen die Sozialdemokratie, und zwar mit dem Vorwurf, dass sie international ausgerichtet sei und sich damit gegen die nationalen Interessen Deutschlands wende. In außenpolitischer Hinsicht unterstützten die Freisinnigen die Militär- und Kolonialpolitik des Deutschen Reichs, anfänglich noch mit gewissen Einschränkungen, nach 1900 aber mit zunehmend nationalistischen Tönen und wachsender Kriegsbereitschaft. Der von 1896 bis 1903 bestehende Nationalsoziale Verein, der in Dithmarschen im Vergleich zum übrigen Schleswig-Holstein überdurchschnittlich viele Anhänger fand, wünschte innenpolitisch ein „soziales Kaisertum", das die Rechte der Arbeiterschaft schützte, um sie für den Staat zu gewinnen. Außenpolitisch forderte er einen strammen Imperialismus, der in Verbindung mit einem kräftigen Ausbau von Heer und Flotte dem Deutschen Reich zur führenden Rolle in der Weltpolitik verhelfen sollte. Hinzu kamen rassistische Überzeugungen, die sich unter anderem gegen das „Vordringen des Slawentums" richteten. In der relativ breiten Zustimmung, die dieses politisch-weltanschauliche Programm in Dithmarschen erhielt, sind bereits manche Ansätze zur Erklärung für das rund 30 Jahre später gerade hier so rasche Aufkommen des Nationalsozialismus zu erkennen.

Andere Parteien konnten sich dagegen nicht etablieren. Das katholische „Zentrum" blieb im fast rein protestantischen Dithmarschen bedeutungslos, und die sonst einflussreichen Konservativen galten als eine Partei der ostelbischen Adligen und Großgrundbesitzer, die eine „preußische" Politik betrieb, was viele Dithmarscher entschieden ablehnten. In dieser Beziehung blieb die antipreußische Haltung bis weit in die Kaiserzeit hinein spürbar, und die konservative Wählerschaft, die es auch in Dithmarschen zahlreich gab, stimmte überwiegend für die Nationalliberale Partei, die sich zwar liberal nannte, aber ein konservatives Programm vertrat. Insgesamt konnten sich die bürgerlichen Parteien lange Zeit nicht auf eine gemeinsame Linie einigen. Über alle Streitigkeiten hinweg verband ihre Vertreter jedoch die Überzeugung, dass die Sozialdemokratie als ernste Gefahr für das Gemeinwesen

Siegesfeier in dem Kriegsjahr 1915 auf dem Marktplatz in Marne

Siegesfeier auf dem Marktplatz in Marne Anfang des Erster Weltkriegs

anzusehen war und in jeder Hinsicht „ruhiggestellt" werden musste. Arbeitnehmer, die etwa mehr Lohn und kürzere Arbeitszeiten forderten, kamen schnell in den Ruf, Sozialisten zu sein, und das kostete leicht die Arbeitsstelle. Vor allem in den kleineren Dörfern war es aber wohl auch bekannt, wer welcher politischen Linie anhing.

Die weltanschaulichen und politischen Gegensätze rückten 1914 mit Beginn des Ersten Weltkriegs in den Hintergrund. Zunächst überwog die Begeisterung über die anfänglichen militärischen Erfolge, dann verdrängten die Trauer um die wachsende Zahl der Kriegsopfer und die zunehmenden Versorgungsnöte fast alle anderen Themen. Die landwirtschaftliche Produktion blieb zwar einigermaßen funktionsfähig, litt aber unter dem Mangel an Arbeitskräften, Düngemitteln und Futterstoffen. Die Preise für Produkte des täglichen Bedarfs stiegen, Lebensmittel wurden rationiert, Brennstoff und Heizmaterial waren knapp. Nicht jeder konnte sich noch ausreichend ernähren, und so wurden zum Beispiel in Heide und Meldorf neben der Schulspeisung und verschiedenen Spendenaktionen Kriegsküchen für Bedürftige eingerichtet. Aber es kam auch zu einer wachsenden Not-Kriminalität, weil sich manche Leute nicht anders als mit Feld- und Tierdiebstahl und anderen Eigentumsdelikten zu helfen wussten. Die menschenverachtende Grausamkeit und Sinnlosigkeit des Krieges zeigte sich im Dithmarscher Alltag darüber hinaus in Einrichtungen wie dem Heider Lazarett und dem Kriegsgefangenenlager in Süderrade. Niemand konnte übersehen, dass der Krieg nicht nur vielen Menschen das Leben kostete, sondern auch viele Überlebende zu körperlichen und seelischen Krüppeln machte. Dennoch wurde

Abholen der Kirchenglocken zum Einschmelzen vor dem Meldorfer Dom, 1917.

Oben:
Russische Kriegsgefange-
ne im Gefangenen-Lager
Osterrade. Gebet vor der
Mittagsmahlzeit.

Mitte:
Küstenwache Neufeld.

bis zu seinem Ende im November 1918 von offizieller Seite an Durchhalteparolen festgehalten.

Wirtschaftliche Entwicklung

Versorgungsprobleme im größeren Stil, so wie im Ersten Weltkrieg und in der unmittelbar anschließenden Zeit, hatte es seit der Mitte des 19. Jahrhunderts nicht mehr gegeben. Die Ernährungsbasis war besser abgesichert, weil die Landwirtschaft durch Einsatz der neuen chemischen Düngemittel und Verbesserungen in der Pflanzen- und Tierzucht die Produktion deutlich gesteigert hatte. In Dithmarschen trug auch die Ausweitung der Anbauflächen durch Trockenlegung von Niederungen und die in den Jahren 1872/73 bzw. 1899 erfolgte Anlage des Kaiser-Wilhelm-Koogs und des Auguste-Viktoria-Koogs zur landwirtschaftlichen Produktionssteigerung bei. Missernten, die in früheren Jahren sofort zu Hunger und Not in der Bevölkerung geführt hatten, waren nicht mehr vorgekommen. Der Aufschwung im Agrarwesen kam allerdings nicht allen landwirtschaftlichen Betrieben zugute, denn auch in den Jahrzehnten um 1900 galt bereits das Motto: „Wachsen oder weichen". So mussten zahlreiche kleine Anwesen mit weniger als fünf Hektar Land aufgegeben werden. Für viele größere Höfe war es dagegen eine Art „goldenes Zeitalter" mit wachsenden Gewinnen, und bis weit ins 20. Jahrhundert hinein blieben Ackerbau und Viehzucht der Haupterwerbszweig Dithmarschens. Im Jahr 1867 waren 59 Prozent der Erwerbstätigen der beiden

Unten:
Kartoffelernte in Dith-
marschen.

*Zuckerfabrik in Wessel-
buren.*

*Zuckerfabrik St. Michae-
lisdonn.*

*Häckselschneiderei Wes-
selhöft in Meldorf.*

Meierei in Wesselburen.

Maschinen-Fabrik Voss in Heide.

Portland-Cementfabrik Saturn, Brunsbüttelkoog.

Die Voss'sche Ziegelei bei Burg

Ziegelei in Pahlen.

Dithmarscher Kreise in der Landwirtschaft beschäftigt, 1950 waren es immerhin noch 37 Prozent.

Während die landwirtschaftliche Produktion einen kräftigen Aufschwung erlebte, wuchs die Bevölkerungszahl in Dithmarschen nur langsam von rund 63.500 im Jahr 1845 auf knapp 96.400 im Jahr 1910. Das Zuwachsverhältnis war damit deutlich geringer als die allgemeine Bevölkerungszunahme in Schleswig-Holstein. Städte gab es zunächst weder in Norder- noch in Süderdithmarschen. Meldorf bekam als erster Ort 1869 die Stadtrechte, dann folgten Heide 1870, Marne 1891 und Wesselburen 1899.

Die vier Orte wuchsen unterschiedlich stark, blieben aber Kleinstädte: Heide hatte 1910 rund 9.800 Einwohner, Meldorf nicht ganz 4.100, Marne reichlich 3.400 und Wesselburen um 2.500. Die Gemeinde Brunsbüttelkoog hatte 1910 bereits knapp 5.700 Einwohner und war nach Heide in wirtschaftlicher Hinsicht wohl der bedeutendste „Ballungsraum" in Dithmarschen, besaß aber noch nicht das Stadtrecht. Im Übrigen blieb das schon lange vorhandene Netz der zentralen Orte bestehen, wobei ohnehin große und weiterhin wachsende Dörfer wie Lunden, Hennstedt, Büsum, Albersdorf, Burg, St. Michaelisdonn u.a.m. wichtige Funktionen in Hinsicht auf die Versorgung und Verwaltung sowie das Kirchen- und Schulwesen für ihr Umland übernahmen.

Obwohl Dithmarschen agrarisch geprägt blieb, ging die Industrialisierung nicht spurlos vorüber. Wie auch in anderen Gegenden setzte vielmehr mit Beginn der Industriezeit ein grundsätzlicher Wandlungsprozess der Lebens- und Wirtschaftsweisen ein. Maßgeblich war daran die Entwicklung in der Landwirtschaft beteiligt. Seit etwa den 1860er Jahren befand sie sich verstärkt im Umbruch von der Hand- zur Maschinenarbeit, und gerade in Dithmarschen, wo es eine größere Anzahl finanzkräftiger Hofbesitzer gab, kam diese Umstellung rasch voran. Bereits 1882 wurde hier auf etwa jedem vierten Hof mit Maschinen gedroschen. Außerdem wurden viele andere moderne Geräte eingesetzt, die aus der Fabrikproduktion stammten. Für die Zeit kurz nach 1900 seien nur Selbstbinde- und Grasmähmaschinen, Düngerstreuer, Heuwender, Häcksler und Schrotmühlen genannt. Einerseits kurbelte die Landwirtschaft mit der Verwendung dieser Geräte den Maschinenbau an, andererseits stellten sich ländliche Handwerker wie Schmiede und Stellmacher auf den Repa-

raturbetrieb um und erhielten dadurch eine neue Erwerbsquelle. In der Hauptsache aber trug die Mechanisierung neben den schon angesprochenen Boden- und Zuchtverbesserungen zur Steigerung der landwirtschaftlichen Produktion bei. Erst damit war die Voraussetzung zur Versorgung der in dieser Zeit stark anwachsenden Großstädte geschaffen, wobei Dithmarscher Getreide, Fleisch und Milchprodukte vor allem nach Hamburg geliefert wurden.

Die Intensivierung der Landwirtschaft wurde vom Aufbau einer „grünen Industrie" begleitet, die zur Verarbeitung der Agrarprodukte diente. Den Anfang machte der Bau der Zuckerfabrik von Charles de Vos in Wesselburen im Jahr 1869. Zu dieser Fabrik gehörten insgesamt 640 Hektar Land zum Eigenanbau von Zuckerrüben, zusätzlich bestanden Anbauverträge mit einer Reihe von Landwirten. In Spitzenzeiten beschäftigte der Betrieb rund 300 Arbeitskräfte. Im Jahr 1880 wurde dann in St. Michaelisdonn eine weitere Zuckerfabrik gegründet, allerdings nicht von einem einzelnen Unternehmer, sondern durch eine enge Kooperation ortsansässiger Landwirte. Noch wichtiger aber waren der Anbau und die Verarbeitung von Kohl. Im Jahr 1892 wurden die ersten Versuche mit Gemü-

Erdölwerke Hemmingstedt.

se auf dem Osterhof bei Büsum durchgeführt, und dabei erwies sich der Kohlanbau als besonders ergiebig. Auch der Absatz entwickelte sich überaus günstig, so dass die Dithmarscher Anbauflächen von 532 Hektar im Jahr 1906 auf 10.000 Hektar im Ersten Weltkrieg und damit auf ein Viertel des gesamten Kohlanbaus in Deutschland ausgedehnt wurden. Zur Verarbeitung des Kohls entstand schon 1907 an Stelle der alten Zuckerfabrik in Wesselburen, die inzwischen aufgegeben worden war, eine Sauerkrautfabrik.

Einen weiteren lukrativen, heute weitgehend vergessenen Teil der „grünen Industrie" bildete der Handel mit Häcksel, der in den Großstädten in enormen Mengen benötigt wurde, so lange dort Pferde im Verkehrswesen eine vorrangige Rolle spielten. Die Anzahl der gewerblichen Häckselschneidereien in Dithmarschen ist nicht genau bekannt, um die Jahrhundertwende hat es aber mindestens acht Betriebe in Heide, Meldorf, Marne und im Kronprinzenkoog gegeben. Sie lieferten zum größten Teil nach Hamburg und Altona, aber auch nach Kiel, Neumünster und Rendsburg, und zwar in einem erheblichen Umfang. So wurden zum Beispiel im Jahr 1881 allein aus dem Kirchspiel Marne und den angrenzenden Kögen rund 5 Millionen Pfund Stroh nach Hamburg verkauft.

Im Zusammenhang mit der „grünen Industrie" sind auch die Meiereien zu nennen, wobei vor allem die genossenschaftlich organisierte Milchverarbeitung einen raschen Aufschwung erlebte. Die erste Genossenschaftsmeierei entstand 1880 in Heide, zehn Jahre später gab es in den beiden Dithmarscher Kreisen bereits 38 solcher Betriebe. Für den Aufschwung war, wie überall in Schleswig-Holstein, die Einführung leistungskräftiger Zentrifugen in den 1870er Jahren ausschlaggebend. Sie wurden von Dampfmaschinen angetrieben und ermöglichten es,

große Mengen von Milch in kurzer Zeit zu verarbeiten. Die Meiereien stellten damit eine neue Art Fabrik dar, milchwirtschaftliche Zentralen, die deutliche Produktionssteigerungen und bessere Vermarktungschancen für Milchprodukte ermöglichten.

Schwerindustrie und größere Fabriken gab es in Dithmarschen vor dem Ersten Weltkrieg nicht. Die Industriezeit äußerte sich, wie auch in anderen ländlichen Gegenden, nicht so sehr in der Ansiedlung solcher Produktionsstätten, sondern auffälliger im Ge- und Verbrauch industrieller Erzeugnisse. Dampfdreschmaschinen mögen dabei als „Leitfossilien" der Industrialisierung auf dem Land gelten. Aber auch Milchkannen, Zinkeimer, Eisenpflüge, Baumaterialien wie Teerpappe, Bleche und Eisenträger, Öfen, Herde, Ausgüsse, Pumpen, Möbel und ein umfangreiches Sortiment von Haushaltsgeräten kamen aus der Fabrikproduktion und brachten die Industriezeit in die ländlichen Gebiete. Solche Gerätschaften mussten jedoch nicht unbedingt aus weiter entfernten Fabriken und Großunternehmen bezogen werden, sondern wurden häufig von kleineren Firmen in der Region hergestellt. Die frühesten Nachrichten über Industriebetriebe in Dithmarschen stammen aus den 1840er Jahren. Berichtet wird über Holzschuh-, Tabak- und Zündholzfabriken in Heide, die

Links:
Elektrizitätswerk in Meldorf.

Rechts:
Elektrizitätswerk in Marne.

Gasanstalt in Tellingstedt.

dadurch auffielen, dass sie in erheblichem Maß Kinder beschäftigten. Während hier noch viele Tätigkeiten in Handarbeit verrichtet wurden, setzte die Mechanisierung der Betriebe seit etwa 1860 ein. In Rickelshof wurde im Jahr 1861 die Maschinenfabrik und Gießerei Voß gegründet, deren Nachfolger Köster sich später vor allem durch die Produktion von Windturbinen einen Namen machte. Ebenfalls in den 1860er Jahren brachte die Firma Wolf in Heide eiserne Pflüge auf den Markt. 1869 wurde die Maschinenfabrik von Möller & Bindseil in Marne gegründet, 1888 die Groß- und Dampftischlerei Albers & von Drathen in Meldorf. In diesem Jahr entstand auch eine große Ziegelei in Brunsbüttel, und 1899 kam hier eine Portlandzementfabrik hinzu, die später von der Rhenania-Düngerfabrik abgelöst wurde. Aus manchen kleinindustriellen Anlagen wie Ziegeleien und Kalkbrennereien entwickelten sich Firmen mit umfangreicher Produktion. Die Ziegeleien in Pahlen, Flehde, Wackenhusen, Wolmersdorf und Osterbelmhusen zum Beispiel steigerten ihren Ausstoß unter Einsatz der Dampfkraft in ganz erheblicher Weise. Weitere wichtige Betriebe waren die Zementfabrik in Pahlhude, die Schiff- und Bootsbauer in Burg, die Erdölverarbeitung in Hemmingstedt, das 1857 eingerichtete Gaswerk in Heide und die Elektrizitätswerke, die 1893 in Wesselburen, 1898 in Marne, 1900 in Meldorf und 1905 in Lunden errichtet wurden.

Eine besondere Rolle spielte die eben genannte Erdölquelle bei Hemmingstedt. Zwar wurden nur ölhaltige Sande und Ölkreide gefunden, aber trotzdem war es eine revolutionäre Entdeckung, die noch dazu schon 1856 gemacht wurde, also bereits zwei Jahre bevor der Erdölboom in den USA ausbrach. Auch wenn die Funde in Dithmarschen nicht für eine größere Produktion ausreichten, wurde doch immerhin ein sogenanntes Leuchtöl entwickelt, mit dem das Zeitalter der Petroleumlampe begann. Den bis dahin üblichen künstlichen Lichtspendern war es jedenfalls überlegen, und es wurde anfänglich recht gut verkauft. Schon nach wenigen Jahren war es aber der amerikanischen Konkurrenz nicht mehr gewachsen, weil die Hemmingstedter Bohrungen nur wenig Öl lieferten und zu teuer waren.

Verbesserung der Verkehrsverhältnisse

Der Aufbruch in die Industriezeit wurde in Dithmarschen durch die bestehenden Verkehrsbedingungen um einiges erschwert. Über Land war die Region wegen ihrer Randlage und durch die Niederungen von Eider, Elbe und Holstenau seit jeher schwer zugänglich. Der Zugang per Schiff über die Nordsee war leichter. Der größte Teil des Frachtverkehrs wurde daher auf diesem Weg mit Seglern bewältigt und lief über verschiedene kleine See- und Flusshäfen. Dazu gehörten Brunsbüttel, Neufeld, Barlt,

Frachtschiffe im Hafen von Neufeld.

Burg, Meldorf, Wöhrden, Büsum, Schülp, Delve und Pahlhude. Durch die gesteigerte Getreideausfuhr vor allem nach Hamburg nahm der Verkehr mit Segelschiffen von der Mitte des 19. Jahrhunderts an bis etwa 1880 zu, ging dann aber durch den Einsatz der Eisenbahn zurück. Die Bahn erhielt immer mehr Frachtaufträge, weil sie die Transporte schneller und pünktlicher erledigte, als es mit Segelschiffen möglich war. Die Häfen im Wattenmeer litten jedoch grundsätzlich auch darunter, dass sie wegen ihres flachen Fahrwassers von den modernen Dampfschiffen kaum angelaufen werden konnten.

Erst mit der Eröffnung des Nord-Ostsee-Kanals, der in den Jahren von 1887 bis 1895 erbaut wurde und damals noch Kaiser-Wilhelm-Kanal hieß, erhielt Dithmarschen einen Zugang zur Großschifffahrt sowie eine schnelle und sichere Verbindung mit den Ostseehäfen. Zugleich rückte der schon Mitte des 19. Jahrhunderts für den Handel mit Hamburg bedeutende Hafen Brunsbüttel wieder mehr in den Vordergrund, nachdem hier zeitweise wegen der zunehmenden Frachttransporte durch die Eisenbahn eine Flaute im Schiffverkehr geherrscht hatte. Das auf der „grünen Wiese" entstehende Brunsbüttelkoog entwickelte sich dabei prozentual gesehen zu einem der am stärksten wachsenden Orte in Schleswig-Holstein, und die mit der raschen Bevölkerungszunahme verbundenen Erwartungen waren so groß, dass 1895 ein Bebauungsplan entworfen wurde, der auf eine Einwohnerschaft von 100.000 Menschen berechnet war. Dieser Plan wurde allerdings

schon kurz nach der Jahrhundertwende wieder aufgegeben. Der Nord-Ostsee-Kanal brachte aber auch für weiter im Binnenland liegende Ortschaften Vorteile, zum Beispiel für die Haltepunkte Hochdonn und Hohenhörn, wo vor allem Baumaterialien, Brennstoffe, Getreide und Kunstdünger umgeschlagen wurden. Der Haltepunkt bei Hochdonn wurde in der Zeit um 1900 jährlich immerhin von etwa 300 Schiffen angelaufen. Einen zeitweiligen Auf-

Hafen in Schülpersiel.

schwung erlebte auch der an der Eidermündung liegende Hafen Karolinenkoog. Er entwickelte sich zum Hauptumschlagplatz für die aus England importierte Steinkohle, die zur Deckung des mit der Industrialisierung steigenden Bedarfs an Brennstoff notwendig war.

Größte Bedeutung für die Entwicklung der Wirtschaft in Dithmarschen hatte die Einführung der Eisenbahn. Wegen der unruhigen politischen Lage in Schleswig-Holstein zwischen 1848 und 1866 sowie einiger interner Streitigkeiten um den geplanten Streckenverlauf kam der Bahnanschluss allerdings relativ spät. Erst 1877 wurde eine östliche Verbindung von Heide nach Neumünster eröffnet, ein Jahr später dann die südliche Strecke von Hamburg nach Itzehoe über Meldorf bis Heide verlängert. In Richtung Nordfriesland wurde sie aber erst 1887 fortgesetzt. Zu diesen beiden Hauptlinien kamen einige Zweigbahnen innerhalb Dithmarschens hinzu: 1878 Heide – Wesselburen, 1880 St. Michaelisdonn – Marne, 1883 Wesselburen – Büsum, 1885 Marne – Friedrichskoog. 1893 wurde St. Margarethen mit Brunsbüttelkoog verbunden, 1905 folgte noch die Norderdithmarscher Kleinbahn von Heide über Hennstedt und Tellingstedt nach Pahlhude. Abgesehen davon, dass die Bahn vielen Menschen vergleichsweise bequeme, schnelle und sichere Reise- und Transportmöglichkeiten bot, waren die Bahnstationen attraktive Wirtschaftsstandorte für Unternehmer. Nach Möglichkeit siedelten sie ihre Betriebe in direkter Nachbarschaft zur Bahn an, der Zuckerfabrikant de Vos sorgte 1878 in Wesselburen sogar dafür, dass sein Fabrikgelände einen eigenen Gleisanschluss erhielt.

Der Aufbau des Bahnnetzes war außerdem Voraussetzung für die Entstehung der Berufsfischerei in größerem Stil. Nebenerwerbsfischerei hatte es schon früher gegeben, aber der Fisch- und Krabbenfang mit Kuttern bzw. Kutterflotten entstand erst in den 1880er Jahren, als die Eisenbahn eine Verbindung zu den großstädtischen Absatzmärkten im Binnenland herstellte und für einen raschen Transport der empfindlichen Ware zu den dortigen Konsumenten sorgte. Zentren der Fischerei und Fischverarbeitung wurden Büsum und später Friedrichskoog. In Büsum und seiner unmittelbaren Umgebung entwickelte sich zudem, ebenfalls durch die Eisenbahn ermöglicht, ein lebhafter Fremdenverkehr und Badebetrieb. Auch in einigen anderen Orten wie Albersdorf und Burg, die als Kur-

Oben:
Bau des Meldorfer Hafens ca. 1910.

Mitte:
Schleusen des Nord-Ostsee-Kanals in Brunsbüttelkoog.

Unten:
Kanalerweiterungsarbeiten bei Grünental.

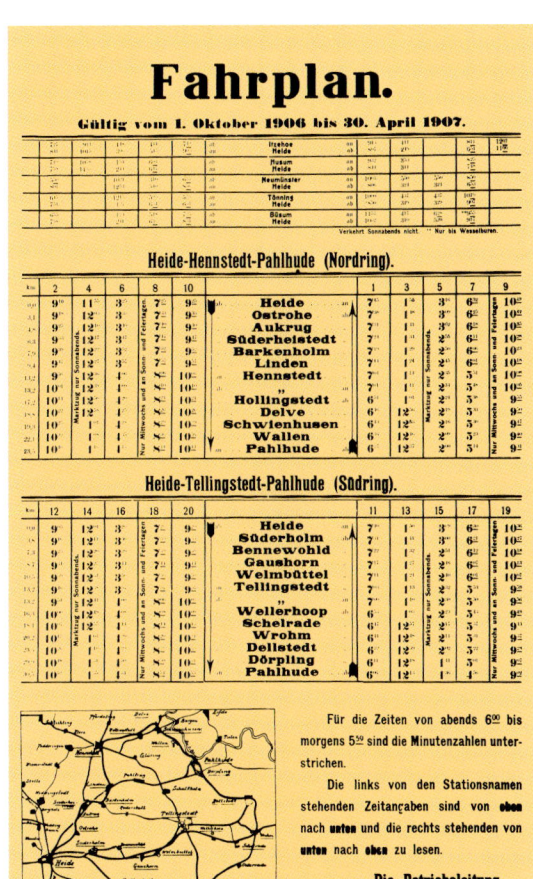

und Ausflugsorte größere Besucherzahlen anlockten, wäre das Tourismusgeschäft ohne die Bahn wohl kaum in Gang gekommen. In bescheidenerem Maß galt das auch für Brunsbüttel, Meldorf und den Kaiser-Wilhelm-Koog, die mit Angeboten für den Badeurlaub auf sich aufmerksam machten.

Eine unverzichtbare Funktion übernahm die Bahn für den Ausbau des Postwesens. Seit dem 17. Jahrhundert hatte es zentrale Poststellen nur in Lunden, Heide, Meldorf und Brunsbüttel gegeben. Sie waren für den überregionalen Postverkehr mit Pferd und Kutsche zuständig,

Oben:
Fähranlage Brunsbüttel-
koog

Mitte:
Der erste Fahrplan der
Kleinbahn von 1906.

Unten:
Bahnhof Wesselburen.

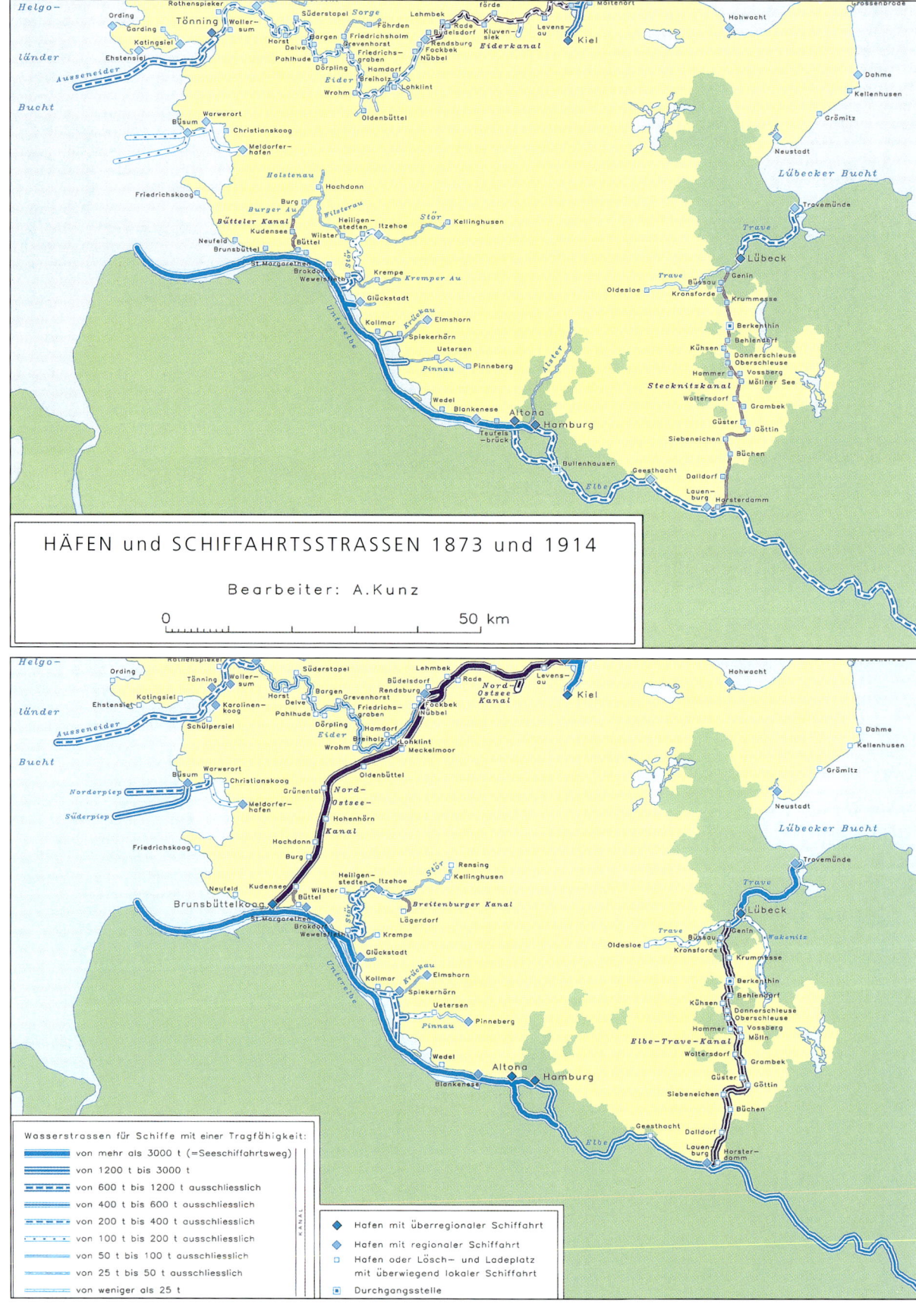

HÄFEN und SCHIFFAHRTSSTRASSEN 1873 und 1914

Bearbeiter: A. Kunz

0   50 km

Wasserstrassen für Schiffe mit einer Tragfähigkeit:

— von mehr als 3000 t (=Seeschiffahrtsweg)
— von 1200 t bis 3000 t
— von 600 t bis 1200 t ausschliesslich
— von 400 t bis 600 t ausschliesslich
— von 200 t bis 400 t ausschliesslich
— von 100 t bis 200 t ausschliesslich
— von 50 t bis 100 t ausschliesslich
— von 25 t bis 50 t ausschliesslich
— von weniger als 25 t

◆ Hafen mit überregionaler Schiffahrt
◆ Hafen mit regionaler Schiffahrt
☐ Hafen oder Lösch- und Ladeplatz mit überwiegend lokaler Schiffahrt
▣ Durchgangsstelle

AUSBAU des EISENBAHNNETZES 1844–1914

Bearbeiter: W. Asmus

0   50 km

Ausbau des Streckennetzes:

—— 1845 in Betrieb
—— 1867 in Betrieb
—— 1880 in Betrieb
—— 1895 in Betrieb
—— 1914 in Betrieb
——×— Strecke wieder abgebaut

—— Haupt- und Nebenbahn (Normalspur)
····· Nebenbahn (Schmalspur), Kleinbahn (Normal- und Schmalspur)

Bahnstationen (Stand 1914, Auswahl)
⊙ Stadt
○ Eisenbahnknotenpunkt oder wichtige Bahnstation

Wattenpolonaise vor Bü-sum 1910.

Badeanstalt in Brunsbüt-telkoog.

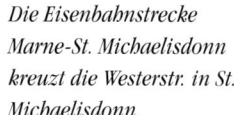

Die Eisenbahnstrecke Marne-St. Michaelisdonn kreuzt die Westerstr. in St. Michaelisdonn.

während Sendungen innerhalb Dithmarschens von Privatpersonen und bestimmten offiziell angestellten Boten, die meist aus den Kirchspielshauptorten stammten, transportiert wurden. Das Beförderungstempo und die Zuverlässigkeit der Zustellung ließen dabei nicht zuletzt wegen der oft schlechten Wegeverhältnisse einiges zu wünschen übrig. Erst mit dem Einsatz der Eisenbahn und den nach 1867 in allen Städten und größeren Dörfern eingerichteten staatlichen Postbüros trat in dieser Beziehung eine deutliche Verbesserung ein. Die in den folgenden Jahren stark zunehmende Menge an Brief- und Paketsendungen wäre ohne die Eisenbahn nicht zu bewältigen gewesen, war andererseits aber eben auch auf die Professionalisierung des Post- und Bahnverkehrs zurückzuführen. Die Anschlüsse einiger Dithmarscher Orte an das Telegraphennetz in den 1860er Jahren und an das Telefonnetz in den 1890er Jahren brachten zu dieser Zeit noch kaum eine Entlastung für den schriftlichen Nachrichtenverkehr, da sie zunächst nur sehr selten privat, sondern fast ausschließlich in dringenden geschäftlichen bzw. beruflichen Angelegenheiten genutzt wurden.

Die Eisenbahn spielte schließlich auch für die Verdichtung und Erneuerung des Straßen- und Wegenetzes eine wichtige Rolle. Die Bahnhöfe mussten an das vorhandene Verkehrsnetz angeschlossen werden, und so manche Straße wurde deshalb ausgebaut oder als Zubringer völlig neu angelegt. Im Übrigen fällt aber auf, dass der Straßenbau einige Zeit vernachlässigt wurde. In den 1850er Jahren waren zwar Chausseen angelegt worden, die zunächst Heide und Meldorf miteinander verbanden und dann

nach Lunden, Wesselburen und Brunsbüttelkoog ausgebaut wurden bzw. in Richtung Osten, nach Rendsburg und Itzehoe führten. Aber die übrigen Wege blieben weiterhin schlecht befestigt und waren im Frühjahr und im Herbst oft so aufgeweicht und tief, dass sie mit Fuhrwerken gar nicht und auch zu Fuß nur mit großer Mühe zu bewältigen waren. Bis um 1890 bestand auf diesem Gebiet ein Defizit, das erst in den folgenden Jahren bis zum Ersten Weltkrieg einigermaßen behoben wurde. Welch große Bedeutung das moderne Wegenetz hatte und wie stolz die Zeitgenossen darauf waren, lässt sich unter anderem daran ablesen, dass selbst kleinere Orte eigene Bildpostkarten mit Ansichten „ihrer" neuen Straßen drucken ließen. Mit dem Autoverkehr hatten sie allerdings wenig zu tun, denn Kraftfahrzeuge blieben zunächst eine

Obere Hafenstraße in Friedrichskoog

Führerschein von 1913

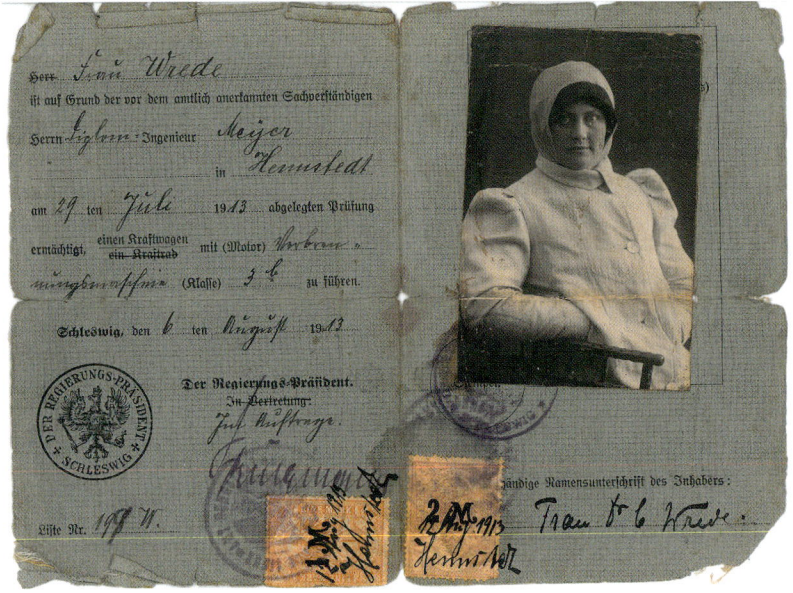

Rarität. So gab es im Jahr 1909 noch keine 100 Autobesitzer in Dithmarschen.

Sozialer Wandel

Die Mechanisierung der Landwirtschaft, die Einführung von Industrieprodukten, der Aufbau von Betrieben der Kleinindustrie und der Wandel des Verkehrswesens brachten im Zusammenspiel mit anderen Entwicklungen, wie zum Beispiel dem Um- und Ausbau des öffentlichen Dienstes und Versorgungswesens, das gesellschaftliche Gefüge Dithmarschens in Bewegung. Traditionelle Berufe in der Landwirtschaft und im Handwerk gingen verloren, neue Branchen und Dienstleistungen wurden aufgebaut, und die Verbesserung des Verkehrsnetzes vor allem durch die Eisenbahn führte zu einer erheblich größeren Mobilität der Menschen. Wegen des zurückgehenden Arbeitsangebots im Agrarbereich verließ ein Teil der Dithmarscher Bevölkerung das Land und zog in die Zentraldörfer. Dies sorgte dafür, dass neben den „neuen Städten" weitere Orte in Hinsicht auf die Berufsstruktur und das „gründerzeitliche" Erscheinungsbild einen kleinstädtischen Charakter erhielten. Lunden, Albersdorf, Tellingstedt, Hennstedt und Süderhastedt sind Beispiele dafür. Ein weiterer Teil der ländlichen Bevölkerung wanderte in andere Gegenden Schleswig-Holsteins und nach Hamburg ab. Überwiegend waren es Männer und Frauen aus den unteren Sozialschichten, die durch vermeintlich bessere Einkommensmöglichkeiten, Lebens- und Arbeitsbedingungen von den Großstädten und Industriezentren angelockt wurden. Einige Tausend entschlossen sich auch zur Auswanderung nach Amerika, weil sie sich dort eine größere persönliche und berufliche Freiheit erhofften. So emigrierten gegen Ende der 1860er Jahre zahlreiche junge Männer wegen der drohenden Einberufung zum Militär. Zeitweilig lag der Kreis Süderdithmarschen an der Spitze der schleswig-holsteinischen Auswandererstatistik, und insgesamt verließen so viele Menschen Dithmarschen, dass die Landwirte seit den 1870er Jahren nicht mehr genügend Arbeitskräfte fanden und zunehmend über „Leutenot" klagten.

Auf der anderen Seite nahm die Anzahl der Fremden zu. Neben reisenden Händlern und Kaufleuten, Fachkräften für die modernen Berufe sowie Ausflüglern und Urlaubern sind in dieser Hinsicht vor allem die landwirtschaftlichen Wanderarbeiter, die sogenannten Monarchen, zu nennen. Während der Erntesaison wurden sie an den Dampfdreschmaschinen beschäftigt, denn weder die Dreschunternehmen noch die Landwirte konnten genügend einheimische Arbeiter zusammenbekommen. Die Wanderarbeiter standen wegen ihres ungebundenen Lebensstils und ihrer oft alkoholträchtigen Sonntagsvergnügungen nicht nur in bürgerlichen Kreisen in einem denkbar schlechten Ruf. Auch die einheimischen Landarbeiter hielten offenbar wenig von ihnen. So bemerkte Franz Rehbein in seinen Erinnerungen an seine Zeit als Landarbeiter in Dithmarschen, dass die Wanderarbeiter oft nicht fähig waren, ihre Aufgaben zu erfüllen, weil sie diese Arbeit nicht erlernt hatten. Möglicherweise war dieser Vorwurf nicht ganz zutreffend, denn die meisten Tätigkeiten waren nicht besonders kompliziert. Aber sie erforderten körperliche Kraft und Ausdauer, und anscheinend hat es manchen Wanderarbeitern daran gefehlt. Dass ihre Arbeitskraft dennoch zum Einbringen der Ernte dringend notwendig war, wurde in den meisten zeitgenössischen Darstellungen, die sich mit den Wanderarbeitern beschäftigten, nicht berücksichtigt. Und dass die Monarchen nicht einfach als Sauf- und Raufbolde betrachtet werden durften, sondern häufig in beklemmender sozialer Not lebten, wurde erst relativ spät thematisiert. Besondere Verdienste hat sich dabei der Heider Pastor Ludwig Schlee erworben, der in den Jahren um 1910 durch Vorträge und Veröffentlichungen auf die schwierige Situation der Wanderarbeiter aufmerksam machte. Darauf aufbauend sorgten lokale Initiativen dafür, dass Herbergen für die Monarchen eingerichtet wurden, in denen sie Schlafplätze und Verpflegung erhielten, wenn sie arbeitslos oder auf dem Weg zu einer neuen Arbeitsstelle waren. Gleichzeitig wurde von den jeweils zuständigen örtlichen Behörden der Alkoholverkauf an die sogenannten fremden Arbeiter eingeschränkt und 1914 im Zusammenhang mit dem Kriegsausbruch ganz verboten.

Ein weiteres Problem bildete seit jeher die Armenfürsorge. Alte, Kranke, Verunglückte, Witwen, alleinerziehende Frauen, Waisen, Arbeitslose, herumziehende Handwerksgesellen, sogenannte Landstreicher und Bettler — alle diejenigen, die kein eigenes ständiges Einkommen hatten und keine finanziellen Rücklagen bilden konnten, gerieten schnell in Notsituationen. Arme gab es in allen Städten und Dörfern, aufgrund von saisonaler Arbeitslosigkeit in bestimmten, ungünstig gelegenen Gegenden sogar in überdurchschnittlich großer Zahl. In Norderdithmarschen war das zum Beispiel in der Umgebung von

Oben:
Straßenszene in Tellingstedt. Die Häuser auf der rechten Straßenseite haben noch Reetdach, während auf der linken Straßenseite schon die modernen Baustoffe verwandt wurden.

Unten:
Marktplatz in Marne.

Idyllische Szene vor einem Haus in Meldorf am Sandberg, wo vor allem arme Leute lebten.

Kate in Retolm an der Eddelaker Str. (Süderdonn).

Lunden der Fall und in Süderdithmarschen auf dem Donn. Dort fanden viele Leute zwar während der Saat-, Ernte- und Dreschzeit Arbeit auf den Höfen in der Marsch, im Übrigen aber mussten sie immer wiederkehrende Phasen der Arbeitslosigkeit über sich ergehen lassen, in denen sie keinerlei Einkommen hatten und nach und nach Schulden anhäuften. Hilfe boten die in den einzelnen Kirchspielen eingerichteten Armenkassen, jedoch nur für diejenigen, die in diesem Kirchspiel beheimatet, das heißt geboren waren oder hier, nach einer seit 1829 geltenden Regelung, mindestens 15 Jahre gelebt hatten. Eine deutliche Verbesserung für die Bedürftigen brachte erst das Gesetz über den Unterstützungswohnsitz von 1870/71 mit sich, das einen Versorgungsanspruch bereits nach zweijährigem Aufenthalt an einem Ort garantierte. Hilfeleistungen erhielten Notleidende außerdem von den Kirchengemeinden und aus privaten Stiftungen sowie von Handwerkszünften und einigen Gilden und Vereinen, wenn sie dort Mitglied waren. Seit den 1870er Jahren gab es auch schon einige freiwillige Sozialversicherungen, aber sie waren eher städtische Einrichtungen und auf dem Land nur selten vertreten. Zu den wenigen Ausnahmen gehörten die 1873 gegründete Kranken- und Altersversorgungskasse in Neuenkirchen und die Anfang der 1880er Jahre bestehende Tellingstedter Krankenkasse. Insgesamt reichten jedoch die Mittel der Sozialfürsorge oft nicht aus. Viele

Bedürftige konnten nur durch verwandtschaftliche und nachbarschaftliche Unterstützung das Existenzminimum halten.

Hilfsinstitutionen von oft zweifelhaftem Ruf waren die Armenhäuser. Um 1880 gab es rund 20 Einrichtungen dieser Art in Dithmarschen. Sie wurden von den Städten und Kirchspielen finanziert und boten Personen, die nicht in der Lage waren, einen eigenen Hausstand zu führen, Unterkunft, Verpflegung und medizinische Betreuung. Die Qualität der Unterbringung reichte von einigermaßen zweckmäßig ausgestatteten Häusern bis hin zu vollkommen vernachlässigten Quartieren, in denen Obdachlose, Alte, Kranke, Behinderte, Waisenkinder und andere Bedürftige wahllos gemischt ein kümmerliches Dasein hinnehmen mussten. Das galt vor allem für die Armenarbeitshäuser, in denen häufig als verwahrlost und arbeitsscheu geltende Männer und Frauen mit ihren Kindern regelrecht kaserniert und mit einfachen, aber streng beaufsichtigten Tätigkeiten beschäftigt wurden. Die Arbeitshäuser waren bei den Armen gefürchtet, und wer dazu in der Lage war, verweigerte die Einweisung. Diejenigen aber, die sich erfolgreich wehrten, verloren ein für allemal das Recht auf Unterstützung aus öffentlichen Mitteln und waren wiederum auf die Hilfsbereitschaft von Verwandten und Nachbarn angewiesen. Auf der Straße und an der Wohnungstür zu betteln, was in früheren Zeiten fast alltäglich war, wagten jedenfalls immer weniger Bedürftige, denn solch ein Verhalten wurde in der zweiten Hälfte des 19. Jahrhun-

derts zunehmend als öffentliche Schande empfunden. Vor allem die städtisch-bürgerlichen Kreise fühlten sich belästigt, und nicht zuletzt deshalb bemühten sie sich durch die Gründung von Vereinen und Stiftungen um die Abschaffung der Bettelei. So wurden kostenlose Mahlzeiten und Übernachtungsmöglichkeiten zur Verfügung gestellt und Besuchsdienste bei Kranken und Hilflosen eingerichtet. Verschiedene Frauenvereine engagierten sich auf diesem Gebiet besonders stark, und für viele Notleidende waren solche Initiativen auch dann noch unverzichtbar, als mit der Einführung der allgemeinen Kranken-, Unfall-, Invaliditäts- und Altersversicherung seit 1883 ein staatlich geregeltes Auffangnetz zur Linderung der sozialen Not geschaffen wurde. Durch eine verbesserte Ausstattung gestalteten sich seit dieser Zeit auch die Lebensbedingungen in den Armenhäusern etwas menschenfreundlicher. Dennoch blieben sie in vielen Fällen nur notdürftig unterhaltene Abschiebestationen für diejenigen, die sich nicht selbst versorgen konnten.

Zu den von sozialem Abstieg und Verarmung bedrohten Bevölkerungsgruppen gehörten seit dem letzten Drittel des 19. Jahrhunderts zunehmend die Landarbeiterschaft und ein Teil der Handwerker. Größte Existenzsorgen hatten die Tagelöhnerfamilien, weil ihre Arbeitskraft wegen der Ausweitung der Mechanisierung in den landwirtschaftlichen Betrieben immer weniger benötigt wurde. Franz Rehbein hat ihre Situation anschaulich in seinen Lebenserinnerungen geschildert. Er wies darauf hin, dass es

Gustav Adolph Thomsen, geb. 1833 in Zennhusen, gest. 1915 in Heide. Thomsen übernahm zunächst den elterlichen Hof. Mit der Gründung einer Holzhandlung in Schülpersiel zusammen mit Hans Hermann Gehlsen entwickelte er sich zu einer bedeutenden Unternehmerpersönlichkeit an der Westküste. 1871 gründete er die „Tönninger Dampfschiffahrts-Gesellschaft", 1876 die „Tönninger Darlehensbank". Nach Unstimmigkeiten mit anderen Direktoren der Bank gründete er 1896 in Heide ein Konkurrenzunternehmen, die „Westholsteinische Bank". Thomsen war seit 1881 Reichstagsabgeordneter für den Wahlkreis 5 (Norder- und Süderdithmarschen-Steinburg) und blieb es, bis er 1898 aus Altersgründen sein Mandat niederlegte.

in früheren Zeiten genügend Arbeit in der Landwirtschaft gab, weil alle Tätigkeiten mit der Hand verrichtet wurden. Wenn auch auf einem sehr niedrigen Niveau, so waren damit doch das Einkommen und die Versorgung der Landarbeiterfamilien für den größten Teil des Jahres gesichert. Jetzt, so Rehbein, herrsche dagegen aufgrund der Mechanisierung Saisonarbeit vor, und nach Beendigung der Herbstarbeiten „macht der Bauer seine Tür zu". Die Landwirte hatten im Winterhalbjahr kaum noch Arbeit zu vergeben und kümmerten sich nicht weiter um die Tagelöhner. Den Landarbeitern blieb damit auf längere Sicht nichts anderes übrig, als andere Einkommensmöglichkeiten zu suchen, was oft mit einem Ortswechsel verbunden war. Gleiches galt für Textil-, Keramik- und manche Holzhandwerker. Sie litten unter der zunehmenden Konkurrenz der industriell gefertigten, preiswerteren Produkte und konnten sich allenfalls aufs Reparaturgeschäft verlegen. Viele Weber, Färber, Tuchmacher, Schuhmacher, Töpfer, Böttcher, Tischler, Drechsler u.a.m. mussten jedoch ihre Arbeitsstelle oder sogar ihren bis dahin selbstständig geführten Betrieb aufgeben und konnten froh sein, wenn sie eine neue Anstellung fanden.

Andererseits ergaben sich verschiedene, bis dahin unbekannte oder in nur sehr eingeschränkter Weise bestehende Möglichkeiten zum beruflichen und sozialen Aufstieg. Gemeint sind hier nicht die Lebensläufe einzelner herausragender Dithmarscher Persönlichkeiten, wie etwa Gustav Thomsen aus Zennhusen, der als Landwirt, Unternehmer, Bankdirektor und schließlich Reichstagsabgeordneter Karriere machte. Gemeint sind vielmehr die Chancen, die sich den einfachen Leuten eröffneten. Neue Berufe mit sicheren Arbeitsstellen boten sich zum Beispiel bei der Eisenbahn und der Post sowie im expandierenden Verwaltungswesen. Auch das Bauhandwerk war, obwohl die Anzahl der selbstständigen Meister zurückging, wegen des in Dithmarschen seit etwa 1880 anhaltenden Baubooms eine lohnende Branche. Gleiches galt für Maler und Tapezierer sowie für die neuen Berufe des Landmaschinenmechanikers und des Elektrotechnikers, die mit der Mechanisierung der Landwirtschaft bzw. der beginnenden Elektrifizierung aufkamen. Begehrt waren zudem Berufe im kaufmännischen Bereich, etwa bei den überall entstehenden Kolonial- und Manufakturwarengeschäften, sowie der Beruf des Lehrers. Zum Teil waren diese Berufsfelder mit einer sozialen Stellung verbunden, die bis dahin von den sogenannten kleinen Leuten kaum erreicht werden konnte. Wer etwa den Sprung vom Sohn eines kleinen Dorfhandwerkers zum Lehrer an einer Landschule schaffte, katapultierte sich gemessen an der herkömmlichen dörflichen Hierarchie in ungeahnte Höhen und gehörte nun oft, wenn auch nicht gleichrangig mit Hofbesitzern oder bestimmten Funktionsträgern, zu den örtlichen Respektspersonen. Das hing nicht nur von der Persönlichkeit des Betreffenden ab, sondern war auch ein Resultat des allgemein steigenden Bildungsbewusstseins. Während das niedere Schulwesen in früheren Zeiten in der Öffentlichkeit nicht viel galt, nahm nun das Ansehen der Schule und damit auch das des Lehrers deutlich zu.

Ausbau der öffentlichen Einrichtungen

Im letzten Drittel des 19. Jahrhunderts entstanden durch die Industrialisierung neue berufliche Anforderungen, die eine bessere Ausbildung voraussetzten. Viele Menschen erkannten, dass eine gute Schulbildung in dieser Hinsicht die Schlüsselfunktion einnahm, und so wurde ihr Wert in allen gesellschaftlichen Schichten immer mehr anerkannt. Die preußischen Schulbehörden forcierten diese Entwicklung durch schärfere Kontrollen des Schulbesuchs, bessere Ausbildungsgänge der Lehrer und Ausweitung der Lehrpläne. Die Schulhäuser wurden renoviert oder neu erbaut, die Klassenräume besser ausgestattet. Das lässt sich auch an der Statistik ablesen: Von den etwa 190 ehemaligen Schulgebäuden, die es in Dithmarschen um das Jahr 2000 noch gab, wurden allein 130 zwischen 1850 und 1919 errichtet. Noch immer versäumten Kinder den Schulbesuch, wenn sie zum Beispiel als Erntehelfer in der Landwirtschaft arbeiten mussten, und noch immer gab es Klassen mit 80 oder mehr Schülerinnen und Schülern. Im Vergleich mit früheren Zeiten wurde der Unterricht jedoch erheblich intensiviert. Allerdings war die Schulerziehung zum einen stark mitbestimmt von der Einschwörung der Kinder und Jugendlichen auf den nationalen Gedanken, auf „Kaiser, Reich und Vaterland", und zum anderen bezogen sich die schulischen Verbesserungen in erster Linie auf die Ausbildung der Jungen. Das Bildungswesen für Mädchen blieb trotz der Einrichtung von „Höheren Töchterschulen" stärker eingeschränkt. Nach vorherrschender Meinung war für Mädchen und junge Frauen keine besondere Bildung notwendig, weil sie „nur" auf ein Leben als Mütter und Hausfrauen vorbereitet werden sollten. Erst ganz allmählich setzten sich in dieser Beziehung emanzipatorische Gedanken durch. Dass eine Frau an einer Universität studierte, wie die 1859 als Tochter eines Landwirtes im Sophienkoog geborene Helene Höhnk, die 1914 den Verein für Dithmarscher Landeskunde mitbegründete, war eine absolute Ausnahme und galt in den Augen der meisten Zeitgenossen sicher als ein etwas „zweifelhaftes" Verhalten. Aber auch für die Jungen, vor allem für die aus den Unterschichten und den unteren Mittelschichten, waren Grenzen gesetzt. Schon die Bürgerschulen, die späteren Mittelschulen, kamen für sie wegen des dort erhobenen Schulgeldes oft nicht in Frage. Und das Abitur an der Meldorfer Gelehrtenschule oder an der 1903 gegründeten Oberrealschule in Heide, dem späteren Gymnasium, zu erreichen, blieb für die allermeisten vollkommen unrealistisch, weil das Schulgeld dort noch höher war. Nur we-

Schule in Dückerswisch bei Schafstedt.

nige, in ihren Leistungen besonders herausragende Schüler erhielten einen sogenannten Freiplatz und waren damit von der Zahlung der Schulgebühr befreit. Für etwa 80 bis 90 Prozent aller Kinder blieb damit weiterhin allein der Besuch einer Volksschule möglich. Immerhin eröffnete sich jedoch mit den Gewerbeschulen für die Auszubildenden in Handel und Handwerk eine neue Möglichkeit zur Fortbildung, und für Landwirte und diejenigen, die es werden wollten, bot die 1889 in Heide eingerichtete Landwirtschaftliche Schule einen speziellen Unterricht an.

Eine weitere Ergänzung des Bildungswesens waren die Volkshochschulen, für die in Dithmarschen Pionierar-

Knabenbürgerschule Marne. Erbaut 1901/02 von Wilhelm Voigt.

Marne i. Holst.

Neue Knabenschule.

Rechts:
Helene Höhnk.

beit geleistet wurde: Die erste Volkshochschule in Deutschland entstand 1906 in Albersdorf.

Die „preußischen" Reformen machten sich nicht nur im Schulwesen deutlich bemerkbar, sondern auch in der Umgestaltung und im Aufbau vieler anderer öffentlicher Institutionen. Von Eisenbahn und Post war schon die Rede, und hinsichtlich des Verwaltungswesens sei nur soviel gesagt, dass Gemeinde- und Magistratsorganisation, Finanz-, Kataster-, Gesundheitsbehörden u.a.m. nach 1867 in ihren Grundlagen großenteils so geschaffen wurden, wie sie uns noch heute bekannt sind. Neu war allerdings die Entkommunalisierung der Behörden vom „Amt" im Kirchspiel zum Amt des Landes, des Staates. Neu war auch, dass sich die Bevölkerung im Umgang mit diesen Einrichtungen an das „preußische Amtsgebaren" gewöh-

nen musste, das eine strengere Disziplin einforderte, als es früher üblich war. Manch einem erschien das als purer Bürokratismus.

Besonders hervorzuheben ist der Ausbau der medizinischen Einrichtungen. Bis ins letzte Drittel des 19. Jahrhunderts hinein galt die Krankenfürsorge im Wesentlichen als Privatsache, und wer erkrankte, wandte sich meist an einen Quacksalber oder eine „weise Frau". Für kleinere

Bad Albersdorf i. Holst.
Volkshochschule

Das 1899 erbaute Kreis-verwaltungsgebäude in Meldorf. Das Gebäude rechts war der Dienst-wohnsitz des Süderdith-marscher Landrats.

ärztliche Behandlungen waren auch die Barbiere zuständig. Einen akademisch ausgebildeten Arzt aufzusuchen, kam vor allem für die Zugehörigen der unteren Sozialschichten kaum in Frage, weil sie erst eine gewisse Schwellenangst gegenüber den „hohen Herren" überwinden mussten und die Behandlungskosten nicht ohne Weiteres bezahlen konnten. Außerdem hatten sich nur wenige professionelle Ärzte in Dithmarschen niedergelassen: Um 1800 waren je zwei in Heide und Meldorf ansässig, ein weiterer in Marne. Nur an diesen drei Orten gab es auch Apotheken. Um 1890 waren dann insgesamt in Dithmarschen immerhin 27 examinierte Ärzte und neun Apotheken vorhanden.

Für eine einschneidende Veränderung im Gesundheitswesen sorgte das staatliche Krankenversicherungsgesetz, das 1884 in Kraft trat. In bestimmten Fällen bestand jetzt nämlich für die Versicherten ein gesetzlicher Anspruch auf Versorgung in einem Krankenhaus. Auf diesem Gebiet war die Entwicklung in den beiden Dithmarscher Kreisen bis dahin ausgesprochen rückständig gewesen, denn stationäre Behandlungen waren allenfalls in den Krankenstuben der Armen- und Arbeitshäuser möglich, nur für Militärangehörige waren 1848 zwei Lazarette in Heide eingerichtet worden. Nun mussten Krankenhäuser gebaut werden. Den Anfang machte 1883 Heide, dann folgten 1889 Brunsbüttel, 1890 Meldorf und 1893 Marne. Weiterhin wurden allerdings viele Kranke in Eigeninitiative versorgt. Eine seit 1894 verbreitete, vor allem für die Landgemeinden wichtige Hilfseinrichtung bildete in dieser Beziehung die private Margarethenspende, die „Medizin-

schränke" mit verschiedenen Geräten zur Krankenversorgung zur Verfügung stellte. Insgesamt sind in mehr als 50 Dithmarscher Ortschaften solche Schränke angeschafft worden.

Eigeninitiative lässt sich auch in Bezug auf die eng mit dem Gesundheitswesen zusammenhängende Frage der öffentlichen Hygiene feststellen. Zwar sorgte der Druck, den die Regierungsbehörden ausübten, für Verbesserungen, aber ein großer Teil der Bevölkerung entwickelte auf diesem Gebiet seit den 1890er Jahren auch eine eigene, neue Sensibilität. Wo früher Abflussgräben, Rinnsteine, „Aaskuhlen", Misthaufen usw. Geruchsbelästigungen, Wasserverschmutzungen und gesundheitliche Schäden verursachten, wurde nun vielfach auf Initiative

Apotheke in Burg.

aus der Bevölkerung hin durch Kanalisationen, Abdeckereien, regelmäßige Straßenreinigung und Fäkalienabfuhr wirksame Abhilfe geschaffen. Neben den administrativen Maßnahmen, den neuen Erkenntnissen aus den Naturwissenschaften und der Medizin hatte die Cholera-Epidemie, die im Jahr 1892 in Hamburg ausbrach, starken Einfluss auf diesen Sinneswandel. Die Angst vor einer Einschleppung der Seuche war in Dithmarschen, wie fast überall in Schleswig-Holstein, groß und machte vielen Menschen bewusst, dass mit hygienischen Problemen in Zukunft sorgfältiger umgegangen werden musste.

Ein wichtiges Medium zur Verbreitung der neuen Verhaltensweisen und Bewusstseinshaltungen war das aufblühende Pressewesen. Die Zeitungen waren zwar privatwirtschaftlich organisiert, übernahmen aber als amtliche Bekanntmachungsorgane öffentliche Aufgaben. Sie brachten jedoch nicht nur offizielle Mitteilungen aus Politik, Wirtschaft und Gesellschaft sowie allgemeine regionale und überregionale Nachrichten, sondern griffen nun immer häufiger die Probleme des öffentlichen Lebens vor Ort auf und boten Raum für Leserbriefe, in denen zum Beispiel Fragen des Schulwesens, der medizinischen Versorgung und der lokalen Infrastruktur diskutiert wurden. Diese Art der öffentlichen Meinungsbildung war neu: Die Zeitungen öffneten sich für die Mitwirkung ihrer Leser und wurden jetzt zu einem „normalen" Kommunikationsmittel, das jedem offenstand. Gleichzeitig wurden sie aber

auch zunehmend als Ort politischer Information und Darstellung, oft einseitig im Sinne der offiziellen regierungsamtlichen Meinung im Kaiserreich in Beschlag genommen und missbraucht. Die bekanntesten Dithmarscher Presseerzeugnisse waren die seit 1831 in Heide erscheinende Dithmarscher Zeitung, die seit dem Jahr 1849 in Meldorf erscheinende Dithmarscher Landeszeitung und der 1870 gegründete Heider Anzeiger. Hinzu kamen der seit 1863 in Wesselburen herausgegebene Dithmarscher Bote, die Marner Zeitung (seit 1874), die Heider Zeitung (seit 1879), die Brunsbüttelkooger Canalzeitung (seit 1888), die Burger Zeitung (seit 1890) und die Büsumer Nachrichten (seit 1899). Die Erscheinungsweise dieser Blätter beschränkte sich anfänglich allerdings auf ein bis zwei Ausgaben pro Woche. Erst die verbesserte Druckereitechnik ermöglichte eine höhere Frequenz und Aktualität. Die größte Dithmarscher Zeitung, der Heider Anzeiger, wurde 1870 zweimal pro Woche herausgegeben, seit 1887 dreimal wöchentlich und ab 1903 täglich. Die Auflage stieg von 540 Stück im Jahr 1870 auf über 5.000 im Jahr 1904 und schließlich auf 10.000 im Jahr 1919.

Der Ausbau des Nachrichtenwesens führte zu einer bis dahin nicht gekannten Informationsfülle, die zwar im Allgemeinen als deutliches Zeichen des Fortschritts begrüßt wurde, andererseits aber auch für Verwirrung sorgte. So wirkte die große Menge an Neuigkeiten aus aller Welt im Zusammenspiel mit den ständigen Entdeckun-

Krankenhaus in Marne.

Wasser zapfen am Kandelaber in Marne.

gen, Erfindungen und Weiterentwicklungen in Wissenschaft, Wirtschaft, Technik, Medizin usw. geradezu atemberaubend auf viele Zeitgenossen. Die bis dahin herrschenden Lebens- und Denkmuster wurden in Frage gestellt bzw. verdrängt und die Neuerungen liefen überdies mit großer Geschwindigkeit ab. Es bestand kein Zweifel daran, dass sich alle Daseinsbereiche im öffentlichen Leben wie in der Privatsphäre grundlegend veränderten, und auch in Dithmarschen war daher um 1900, wie überall in Deutschland, oft die Rede vom „nervösen" und „aufgeregten Geist" der Zeit.

Ausweitung des Freizeitangebotes

Großen Anteil am Wandel der Lebensweisen und der damit verbundenen „Aufgeregtheit" hatte die Ausweitung der Freizeit und des Freizeitangebots. Die allgemeine Arbeitsdauer in den Geschäften und Betrieben wurde seit Ende der 1880er Jahre von durchschnittlich 12 bis 13 Stunden auf 10 Stunden pro Tag reduziert, und auch in der Landwirtschaft forderten und erhielten die Mägde und Knechte nun in vielen Betrieben einen geregelten Feierabend, der ihnen – abgesehen von Arbeitsspitzen wie der Ernte – ein wenig mehr Privatleben ermöglichte. Parallel zur zunehmenden, individuell frei verfügbaren Zeit entstand eine wachsende Nachfrage nach Unterhaltungsmöglichkeiten. Diesem Bedürfnis kamen zum einen die

neuen Nationalfeiertage des Kaiserreichs entgegen, die neben den gewohnten Festtagen ausgiebig zelebriert wurden: am 18. Januar der Reichsgründungstag, am 27. Januar Kaisergeburtstag, am 2. September Sedantag. Zum anderen wurden vermehrt lokale Veranstaltungen organisiert. Neben den Jahrmärkten und altbekannten Vergnü-

Segelregatta vor dem Büsumer Strand.

Heider Boßelverein „Lik ut".

Hinzu kamen Kirchen- und Schulfeiern sowie in größerer Zahl Tanz- und Maskenbälle, Vereins-, Gilde- und Innungsfeste. Zu den neuen Terminen, die regelmäßig stattfanden und einen größeren Bekanntheitsgrad erlangten, gehörten die seit 1894 durchgeführte Büsumer Kutterregatta, das seit 1902 bestehende Albersdorfer Volksfest und die seit 1904 in Heide veranstalteten Pferderennen. Ältere Feste wie das Heider Hahnebier wurden in der Öffentlichkeit stärker bekannt gemacht, Boßelwettkämpfe, Ring- und Rolandreiten, die nun in Vereinen institutionalisiert wurden, fanden wieder häufiger statt. Als ganz neuartige, herausragende Einzelereignisse aus den Jahren vor dem Ersten Weltkrieg sei hier nur auf eine Völkerschau hingewiesen, bei der mehrere Gruppen exotischer Naturvölker gegen Eintritt „besichtigt" werden konnten, sowie auf eine dreitägige Flugschau, bei der Kunstflugvorführungen zu bestaunen waren. Beide Veranstaltungen wurden auf der Fichtenhain-Rennbahn in Heide durchgeführt.

gungen, wie zum Beispiel Maifeuer, Erntefest und Vogelschießen, bereicherten nun unter anderem Sängerfeste, Turnvorführungen, Tierschauen, landwirtschaftliche und gewerbliche Ausstellungen den Veranstaltungskalender.

Überall entwickelten sich die jetzt zahlreich gegründeten Vereine zu tragenden Stützen für das Freizeitge-

1904. Erstes Trabrennen auf dem Heider Markt. Nachdem das „Markttrabrennen" 1907 ein Opfer des Wetters wurde, entschloss man sich zum Bau der Fichtenhain-Rennbahn, die 1907 eingeweiht werden konnte. 1925 wurde die Bahn dann zu einer Auto- und Motorradrennbahn ausgebaut.

*Jahrmarkt auf dem Holz-
markt in Burg.*

schehen, und mit ihren regelmäßigen Treffen, Festen und Ausflügen boten sie ein attraktives Programm für Mitglieder und Gäste. Größere öffentliche Bedeutung gewannen vor allem die städtischen Bürger-, Handels- und Gewerbevereine, in denen die örtlichen Honoratioren den Ton angaben und durchaus Einfluss auf die Lokalpolitik nahmen, die Frauenvereine, die sich um karitative Aufgaben kümmerten, die Gesangvereine, die sich als Instrument zur Förderung der Kultur verstanden, die Krieger- und Kampfgenossenvereine, in denen die ehemaligen Militärangehörigen „Politik machten", sowie die Sportvereine, denen es um körperliche Ertüchtigung ging. Auch die Freiwilligen Feuerwehren, die in Dithmarschen seit dem Jahr 1847 entstanden und wesentlich zur Verbesserung der Brandbekämpfung beitrugen, sind in diesem Zusammenhang zu nennen. Vor allem in den Dörfern wuchsen sie rasch zu zentralen Verbänden der erwachsenen männlichen Bevölkerung an. Eine umfassende Geschichte des Vereinswesens in Dithmarschen ist bisher noch nicht geschrieben worden. Am Beispiel der Stadt Meldorf lässt sich aber die Entwicklung recht gut zahlenmäßig veranschaulichen: Vor dem Jahr 1869 gab es hier nur neun vergleichbare Zusammenschlüsse, bis zum Ersten Weltkrieg wurden rund 30 weitere Vereine gegründet.

Dem Wunsch nach Zerstreuung und Unterhaltung entsprachen vor allem die Gastwirtschaften. Gasthäuser und Krüge hatte es in den Städten und Dörfern schon seit Jahrhunderten gegeben, aber jetzt wurden viele von ihnen zu „Institutionen", die ein umfangreiches Freizeitangebot zur Verfügung stellten. Dazu gehörten Tanz-, Kegel- und Vortragsabende, Tombolas, Konzerte, Theater- und Gesangsvorführungen. Auch waren Räumlichkeiten für größere Versammlungen vorhanden, zum Beispiel der Dorfschaften und der Vereine. Um allen Ansprüchen gerecht zu werden, renovierten die Wirte ihre Häuser oder erbauten sie völlig neu. Viele Gastwirtschaften erhielten einen großen Saal, eine Vortragsbühne, eine Kegelbahn und ein sogenanntes Clubzimmer, das von den übrigen Gasträumen abgetrennt war und eine „verschwiegene" Atmosphäre garantierte. Zur modernen Einrichtung gehörten zudem ein Tresen und ein Musikautomat. Sehr beliebt waren Gartenlokale, die in der wärmeren Jahreszeit an Sonn- und Feiertagen zu einem Ausflug einluden.

Die eben erwähnten Theateraufführungen fanden nicht deshalb in den Gastwirtschaften statt, weil es den Schauspielern so gut gefiel, sondern weil es in Dithmarschen keine speziellen Häuser für ihre Auftritte gab. Das

*Mannschaft des Fußball-
vereins Germania in Mel-
dorf.*

Feuerwehrübung in Marne an der Ecke Wilhelmstr./Schillerstr./Kurzestr.

hätte sich wohl auch nicht gelohnt, denn bis gegen Ende des 19. Jahrhunderts waren ausschließlich wandernde Schauspielgruppen unterwegs und ihre Veranstaltungen wurden oft nur sehr schwach besucht. Obwohl das Publikum im Allgemeinen etwas „schwierig" war, anspruchsvollere Stücke ablehnte und leichtere Unterhaltung bevorzugte, wurden die früheren Wandertheater Mitte der 1890er Jahre in Heide und Meldorf von „stehenden" Ensembles abgelöst. In Meldorf fanden regelmäßig Aufführungen in der „Erheiterung", in der „Ditmarsia" und im „Deutschen Haus" statt, das Theater in Heide trat im „Kaisersaal" und im „Tivoli" mit immerhin drei Vorführungen pro Woche auf und spielte, wie auch die Meldorfer Gruppe, an den übrigen Tagen im Umland. Außerdem bildeten sich in einigen anderen Ortschaften, zum Beispiel in Wesselburen, Laienspielkreise.

Ein für die Zeitgenossen ganz erstaunliches neues Freizeitangebot war das Kino. „Laufende Bilder" oder „lebende Photographien", wie damals gesagt wurde, wollte jeder einmal gesehen haben, und so entwickelten sich Filmvorführungen rasch zu einer echten Attraktion. Spätestens 1897, nur zwei Jahre nach Erfindung der Kine-

matographie, vielleicht sogar schon etwas früher, waren sie auch in Dithmarschen zu bestaunen. Anfänglich war das nur gelegentlich in Wanderkinos möglich, aber bereits im Jahr 1900 wurde das erste ortsfeste Kino Dithmarschens in Heide eröffnet. Auch in Wesselburen, Meldorf, Burg, Marne und Brunsbüttelkoog wurden noch vor dem Ersten Weltkrieg ständige Kinos eingerichtet. Das Programm war jedoch sehr eingeschränkt. Meist bestand es aus kurzen Filmen mit Szenen von besonderen Ereignissen, die Kaiserfamilie bei einem Empfang zum Beispiel, oder es wurden ebenfalls nur einige Minuten dauernde „Dramen" und Sketche gezeigt, oft musikalisch unterlegt mit Klavierbegleitung.

Insgesamt entwickelte sich gegen Ende des 19. Jahrhunderts ein im Vergleich zu früheren Zeiten sehr vielfältiges Freizeitangebot. Ob allerdings die sogenannten kleinen Leute viel davon hatten, darf bezweifelt werden. Den Mitgliedsbeitrag für einen Verein und das Eintrittsgeld für einen Theater- oder Kinobesuch konnten sich viele von ihnen wegen ihres geringen Einkommens nicht oder nur selten leisten, und zu einer ganzen Reihe von Veranstaltungen hatten ausschließlich „geschlossene Gesellschaf-

ten" Zutritt, zu denen die kleinen Leute nicht gehörten. In dieser Beziehung blieb eine deutliche gesellschaftliche Spaltung bestehen, und bezeichnenderweise boten zum Beispiel manche Gastwirtschaften spezielle Fest- und Tanzabende ausdrücklich für Dienstboten an. Da jedoch die örtlichen Verwaltungs- und Polizeibehörden, aber auch viele Vertreter der bürgerlichen Schichten in diesen Veranstaltungen eine „sittliche" Gefahr sahen, wurde ihre Anzahl gesetzlich beschränkt. In Meldorf beispielsweise durften seit etwa 1880 pro Jahr nur 16 Tanztreffen für Dienstboten stattfinden.

Wandel der Haus- und Wohnformen

Zu den auffälligsten Veränderungen der Jahre nach 1870 gehörte der Wandel der Haus- und Wohnformen. Dithmarschen war nicht allein davon betroffen, aber es scheint doch so, als sei die bauliche Modernisierung hier im Vergleich zu anderen ländlichen Gebieten Norddeutschlands besonders rasch vorangekommen. Die älteren, regionaltypischen Bauten mit ihren niedrig gehaltenen Fachwerkwänden und steil aufragenden stroh- oder reetgedeckten Dächern wurden aufgegeben und durch massive, meist eineinhalb- oder zweigeschossige Backsteinbauten mit flacher geneigten Teerpappe-, Schiefer- und Blechbeda-

chungen ersetzt. Ziegeldächer waren in den Städten und in manchen größeren Dörfern aufgrund bestimmter örtlicher Bauvorschriften schon länger üblich, fanden nun aber auch in den übrigen Ortschaften eine stärkere Verbreitung. Viele landwirtschaftliche Wohn- und Betriebsgebäude erhielten zusätzlich ein erweitertes Dachgeschoss mit einer Seitenverschalung aus Holzbrettern oder Blechplatten, einen sogenannten Drempel, der dem Dachboden zur Unterbringung der Ernte mehr Volumen verschaffte. Das Resultat der regen Bautätigkeit war ein vollkommen neues Ortsbild der meisten Dithmarscher Dörfer und Städte. Wie rasant der „Umbau" selbst in den kleineren Ortschaften ablief, veranschaulicht das Beispiel des Dorfes Eggstedt: Hier wurden allein in den Jahren von 1900 bis 1914 rund die Hälfte aller Gebäude neu errichtet oder modernisiert.

Einige der wichtigsten neuen Baustoffe waren in Dampfziegeleien hergestellte Mauer- und Dachziegel, maschinell gesägte Bretter, Zement, Stahl- und Eisenträger, gusseiserne Fensterrahmen, Dachrinnen, Teerpappe und, seit kurz nach 1900, Bleche für die Dachhaut und zum Verschalen der Drempel. Alle Baumaterialien stammten nun aus der industriellen Massenproduktion, und mit ihnen ging die Zeit der Eigenversorgung im ländlichen Hausbau zu Ende. Wo früher für ein Bauvorhaben Holz, Stroh, Reet und Lehm aus der Umgebung verwendet wurden, musste nun alles im Handel oder direkt bei den Fabri-

Straße mit Villen in Marne.

Geschäftshaus in Meldorf kurz vor und nach der Modernisierung.

ken gekauft werden. Allerdings war das nicht unbedingt ein Nachteil. Reet zum Beispiel war durch die Trockenlegung der Feuchtgebiete immer schwieriger in ausreichender Menge zu bekommen, Stroh ließ sich wegen des zunehmenden Maschinendrusches, bei dem es zerknickt wurde, nicht mehr uneingeschränkt als Bedachungsmaterial verwenden. Die industriell gefertigten Baustoffe waren dagegen, eben weil sie Massenprodukte waren, in fast jeder gewünschten Menge und zu einem annehmbaren Preis erhältlich.

Charakteristisch für die neuen Gebäude war die schärfere bauliche Abgrenzung zwischen Wohnen und Wirtschaften. In den landwirtschaftlichen Betrieben wurden dazu Brandmauern eingezogen, wenn sich Wohn- und Wirtschaftsbereich weiterhin unter einem Dach befanden. Oft wurden aber auch separate Gebäude errichtet. Wer vermögend genug war, baute sein Wohnhaus im Stil einer Villa mit Veranda, Erker und Balkon. Zugleich wurde viel Wert auf eine großzügige, repräsentative Gestaltung des Hauseinganges gelegt, indem die Haustür etwa einen bis eineinhalb Meter in den Flurbereich zurückversetzt und der so entstehende Windfang mit Säulen abgestützt wurde. Auch manche „kleinen Leute" konnten sich trotz sehr geringen Eigenkapitals ein neues Haus leisten, was offenbar damit zusammenhing, dass die Bodenpreise wenigstens in einigen Gegenden niedrig und Baudarlehen zu günstigen Zinsen zu bekommen waren. Bei diesen Häusern handelte es sich allerdings um kleine, einstöckige Bauten in schlichter Ausführung. Außerdem wurden kurz vor 1900 in einigen größeren Gemeinden wie Meldorf und Brunsbüttelkoog Arbeiterbauvereine gegründet, die für preiswerten Wohnraum sorgten.

Abgesehen von den praktischen Verbesserungen, die die neuen Wirtschaftsbauten in den landwirtschaftlichen Betrieben brachten, wie zum Beispiel größere Lagerräume für das wachsende Ernteaufkommen, geräumige Stellplätze für die vermehrt angeschafften Maschinen und verbesserte Viehställe, lagen die Vorteile der neuen Hausformen vor allem in der Steigerung des Wohnkomforts. Die Woh-

Das neue Doppelhaus der Mineralwasserfabrik Möller in Marne in der Norderstr. 15 + 17 um 1900.

nungen wurden im Vergleich zu den meisten früheren Häusern in räumlicher Hinsicht stärker gegliedert und zumindest in Küche, ein oder mehrere Wohnstuben, Schlafzimmer und gegebenenfalls Gesindekammern aufgeteilt.

Verkaufswagen einer Gemüsehändlerin aus Helse in der Süderstr. in Marne.

Manchmal kam auch bereits ein Kinderzimmer hinzu. Gleichzeitig erhielten sie höhere Räume, und größere Fenster sorgten für mehr Licht und Luft. Neu war der Hausflur als Vorraum zur Wohnung. Neu waren die eisernen Küchenherde, die das Feuer in ihrem Innern verschlossen und auf denen die Speisen besser und vielfältiger zubereitet werden konnten als es auf den alten, offenen Schwibbogenherden möglich war. Neu war die Ausstattung der einzelnen Räume mit eigenen Öfen, die je nach Bedarf geheizt und wie der Küchenherd an einen Schornstein angeschlossen wurden, durch den der Rauch abzog, so dass das Haus nicht länger verqualmt und verrußt wurde. Und neu waren die Dielenböden, Terrazzo-, Fliesen- und Steinplattenbeläge, mit denen die mancherorts noch vorhandenen Fußböden aus gestampftem Lehm und Natursteinpflasterungen weitestgehend abgeschafft wurden.

Auch die Möblierung wurde modernisiert. Die früher üblichen wandfesten Betten, Bänke und Schränke wurden abgeschafft und durch frei bewegliches Mobiliar ersetzt, das nun nicht mehr in der dörflichen Tischlerei, sondern in der Regel bei einem Möbelmagazin oder einer Möbelfabrik gekauft wurde. Ganz nach der damaligen Mode bevorzugten die mittleren und höheren Sozialschichten Möbel im Stil des Historismus und des Jugendstils und machten es sich in ihren Wohnzimmern mit Plüschbezügen, Wandschmuck, Nippesfiguren, Stickerei- und Posamentierarbeiten gemütlich. In den Unterschichten konnte man sich so etwas, wenn überhaupt, nur in sehr eingeschränkter Weise leisten, aber auch hier wurden die Wohnungen allmählich mit modernen Herden und Öfen, mit Dielenböden und einzelnen neuen Möbelstücken besser ausgestattet. Allerdings lebte ein Teil der kleinen Leute weiterhin in ausgesprochen ärmlichen Verhältnissen. Die Lebenserinnerungen des Landarbeiters Franz Rehbein und die Aufnahmen des Marner Fotografen Thomas Backens sprechen in dieser Beziehung eine deutliche Sprache.

Die modernen Häuser brachten eine Steigerung des Wohnkomforts mit sich, verlangten aber zumindest von den Hausfrauen und vom weiblichen Gesinde einen erhöhten innerhäuslichen Arbeitseinsatz. So ermöglichten zwar die modernen Küchenherde eine verbesserte Zubereitung der Speisen, eine Ausweitung der Speisepläne und letztendlich eine gesündere Ernährung, aber dafür benötigten die Frauen, die dafür zuständig waren, auch ein spezielleres Wissen, das sie sich erst mit Hilfe von Kochrezepten, Haushaltsbüchern und oft durch eine Fachausbildung aneignen mussten. Hinzu kam eine stärkere Arbeitsbelastung, die aus den gesteigerten Wohnansprüchen erwuchs. Zwar waren nun auch in den ländlichen Gebieten Rauch und Ruß aus den Häusern verschwunden, weil Herd und Öfen an Schornsteine angeschlossen waren, aber die insgesamt in Küche und Stuben umfangreichere Ausstattung führte zumindest in den größeren Haushalten zu einem deutlich erhöhten Aufwand an Reinigungsarbeiten und Möbelpflege. Zum Teil wurde deshalb zusätzliches weibliches Personal eingestellt, das nur für den häuslichen Innendienst zuständig war.

Wie sich in diesen meist vermögenderen bäuerlichen und bürgerlichen Haushalten das Zusammenleben der Familien mit den Dienstboten gestaltete, lässt sich nicht leicht beurteilen. Manche Hausherrn, vor allem in den landwirtschaftlichen Betrieben, haben sich vermutlich nach dem älteren, streng patriarchalischen Vorbild auch weiterhin als eine Art Vormund ihrer Mägde und Knechte verstanden, andere haben ein verständnisvolles Verhältnis zu ihnen entwickelt, und dritte haben das Gesinde mehr und mehr als ihre Angestellten betrachtet, mit denen sie nur wenig Kontakt hatten. Insgesamt hat sich in Dithmarschen, wie fast überall in Norddeutschland, gegen Ende des 19. Jahrhunderts allmählich eine stärkere Trennung zwischen Familie und Dienstboten im Alltagsleben bemerkbar gemacht. Das geschah durchaus auf beiderseitigen Wunsch: Hier stand das engere Familienleben im Vordergrund, dort der Wunsch nach mehr persönlicher Unabhängigkeit.

Die Auflösung des früher angeblich so gut funktionierenden patriarchalischen Systems zwischen Hausherrn und Gesinde, Handwerksmeister, Geselle und Lehrling, Kaufmann und Gehilfe ist auch in Dithmarschen in amtlichen Berichten, literarischen Werken, Leserbriefen an die Zeitungen usw. angesprochen und meistens beklagt worden. Häufig ließen die Verfasser dabei sogar eine noch weiter ausgreifende, allgemeine Unzufriedenheit mit der sogenannten Moderne erkennen. Aufgrund der vielen Veränderungen im öffentlichen und privaten Leben fühlten sie sich verunsichert, und nicht wenige sehnten sich deshalb zurück auf den „festen Boden" der Vergangenheit.

Die „Entdeckung" der Region und der Heimatgeschichte

Die Sehnsucht nach den alten Zeiten äußerte sich, wie auch in anderen Gegenden Deutschlands, in einem zunehmenden Interesse an Heimatkunde und Regionalgeschichte. Seit 1872 wurde das „Museum Dithmarsischer Alterthümer" in Meldorf systematisch aufgebaut, 1904 erhielt Heide ein kulturgeschichtliches Museum, 1905 wurde in Marne ein Museumsraum eingerichtet, und in anderen Dithmarscher Orten, wie zum Beispiel in Lunden und Büsum, entstanden kleinere Heimatstuben. In vielen Ortschaften wurden Denkmäler errichtet, „vaterländische" Feste und Feiern veranstaltet, etwa zur Erinnerung an den Krieg gegen Dänemark von 1848, und es entstanden zum Teil umfangreiche Publikationen zur Dithmarscher Geschichte. Am 10. Juni 1914 kam es dann zur Gründung des Vereins für Dithmarscher Landeskunde, der die verschiedenen Aktivitäten organisatorisch zusammenzufassen versuchte.

Eines der wichtigsten Ziele aller heimatkundlichen Bestrebungen, die überwiegend von Vertretern der sogenannten gebildeten Schichten, Lehrern sowie einigen Landwirten getragen wurden, war die Stärkung des Regionalpatriotismus und des Zusammengehörigkeitsgefühls der Dithmarscher Bevölkerung. Von kommunalpolitischer Seite wurden sie kräftig unterstützt, denn die Förderung der Heimatliebe schien ein besonders geeignetes Instrument gegen die gerade in Dithmarschen gesteigerte Auswanderungsbereitschaft zu sein. Ganz allgemein wurden die heimatkundlichen Aktivitäten als eine Orientierungs-

Das alte Pfarrhaus in Meldorf. Hier wurde die Sammlung „Dithmarscher Alterthümer" aufbewahrt, bevor der Neubau des Museums bezogen werden konnte.

anstaltet wurden. Besondere Aufmerksamkeit erlangte dabei die Dithmarscher Landesfeier im Jahr 1900. Sie fand zum Gedenken der Schlacht bei Hemmingstedt vom 17. Februar 1500 statt, die das Selbstverständnis vieler Dithmarscher über Jahrhunderte hinweg prägte. Die Verehrung der „Helden von Hemmingstedt" durch die einheimische Bevölkerung sowie ihre Glorifizierung und Mystifizierung durch Chronisten zogen sich bis ins 20. Jahrhundert hinein. Die zweitägige Feier zum 400sten Jubiläum der Schlacht bei Hemmingstedt war ein Ausdruck dieser Heldenverehrung und des Stolzes auf die Geschichte der Heimat, und selbst für die festfreudige Kaiserzeit war sie ein herausragendes Ereignis. Zum umfangreichen Programm gehörten unter anderem Aufmärsche, Kommerse und Bälle, Festandachten und Festansprachen, Freudenfeuer und Kanonenböller. Viele Menschen, zum Teil in „historischen" Kostümen, schlossen sich den beiden großen Umzügen aus Meldorf und Heide an, die sich in der Nähe von Hemmingstedt trafen, um dort bei der „Dusenddüwelswarf" das Denkmal für die Schlacht einzuweihen. Zeitungen berichteten überall in Deutschland von der Feier und ihrem historischen Anlass, Grußtelegramme wurden geschickt, und sogar in den USA feierten dithmarsische und schleswig-holsteinische Auswanderer aus der Ferne mit.

Die 400-Jahr-Feier der Schlacht bei Hemmingstedt, die vom 16. bis zum 18. 2. 1900 in ganz Dithmarschen als sog. Landesfeier mit großem Aufwand veranstaltet wurde, erregte schon Jahre vorher einiges Aufsehen: Der Stein für das Denkmal auf der Dusenddüwelswarf wurde quer durch Dithmarschen transportiert, und überall liefen die Menschen zusammen, wie hier am 31. 7. 1897 vor der Meldorfer „Holländerei", um bei dem Spektakel dabeizusein.

hilfe auf der Suche nach Geborgenheit vor der Hektik des modernen Lebens empfunden.

Eine wichtige „patriotische" Funktion übernahmen verschiedene öffentliche Feste und Feiern, die anlässlich der Gedenktage bedeutender historischer Ereignisse ver-

Der ideologische Hintergrund der Feier kam bei der Einweihung des Denkmals und bei den folgenden Jubelreden deutlich zum Ausdruck. Das Denkmal, ein großer

Erinnerungsfoto des Festzuges anlässlich des 50jährigen Jubiläums der „Erhebung" Schleswig-Holsteins auf dem Heider Marktplatz.

Findling, galt als ein Symbol der angeblich urwüchsigen Dithmarscher „Volkskraft", und die Lobeshymnen auf die einheimische Bevölkerung und ihre Vorfahren gipfelten in dem Spruch des Süderdithmarscher Landrats Dr. Adolf Hermann Harald Johannsen vom „echt groß Original-volk". Um dem preußisch-deutschen Nationalgedanken gerecht zu werden, wurden aber nicht nur das alte und das moderne Dithmarschen bejubelt, sondern gleicherma-ßen Deutscher Kaiser, Deutsches Reich, Deutsches Heer, Deutsche Flotte usw. Der vergleichende Blick auf die Ge-schichte und Gegenwart verknüpfte den einstigen Ruhm Dithmarschens mit der in der Kaiserzeit so gern propa-gierten „Größe" Deutschlands und diente einer mentalen Aufrüstung. Heimat und Heimatverbundenheit wurden im Wesentlichen dazu benutzt, das nationale Wir-Gefühl zu schüren.

Insgesamt verstanden sich die um 1900 intensivierten heimatkundlichen Bestrebungen als Gegenbewegung zur industriezeitlichen Auflösung der alten regionalen Struk-turen. Sie wollten das historische Bewusstsein beleben und damit die regionale Identität der Bevölkerung stär-ken. Auch wenn diese Bewegung in Dithmarschen kräftig ausgeprägt war, so war sie doch keine speziell dithmarsi-sche Entwicklung, sondern gehörte zu den typischen kul-turellen Begleiterscheinungen der Hochindustrialisierung und der wilhelminischen Zeit. Die Furcht vor dem gestei-gerten Funktionalismus und Rationalismus des modernen Lebens führte zur Suche nach Auswegen, und einen sol-chen Ausweg bot die Beschäftigung mit der Vergangen-heit.

Fortschrittsglaube und Fortschrittskritik

Neben der rückwärtsgewandten, oft romantisierenden Geisteshaltung gab es stark verbreitete progressive Ein-stellungen. Die Einführung von Industrieprodukten am Arbeitsplatz und im Haushalt, die Verwendung moderner Baumaterialien und der Wandel der Wohnformen, die Ver-besserungen in der Krankenversorgung und im Hygiene-wesen, die Einrichtung von Gas- und Elektrizitätswerken u.a.m. zeigten deutlich, dass eine neue fortschrittliche Zeit angebrochen war. Die Hoffnungen richteten sich auf eine wirtschaftliche Progression und stützten sich auf die allgemein verbesserte ökonomische Lage in der zweiten Hälfte des 19. Jahrhunderts. Besonderen Anlass für Opti-mismus gaben in Dithmarschen die Intensivierung der landwirtschaftlichen Produktion, die Ölfunde bei Hem-mingstedt, der allmählich zunehmende Fremdenverkehr und der Bau des Nord-Ostsee-Kanals.

Obwohl Rückschläge hingenommen werden mussten, wie etwa in Bezug auf die Ölförderung, herrschte vor al-lem in den bürgerlichen und gehobenen Schichten, die wirtschaftliche Interessen verfolgten, eine ausgesprochen zuversichtliche Einstellung. Sie waren fest von der Idee des allgemeinen gesellschaftlichen Fortschritts überzeugt, wobei Fortschritt allerdings nicht in erster Linie etwas Ide-elles bedeutete, sondern handgreiflich in Form von Ge-genständen, Aktivitäten, materiellen und finanziellen Werten vorweisbar sein musste. Doch auch unter den klei-

Holstein Marsch

Wesselburen
Süder-Strasse m. Restaurant „Zum Hohenzollern"
26181

Neubau der Bahnhofstr. in Marne um 1895 vor dem Baueisen- und Kohlenlagergebäude der Firma H. Theophile.

Mit dem wachsenden Wunsch nach handfesten Zeugnissen des Fortschritts, nach etwas „Vorzeigbarem", bekam die Frage der Repräsentation eine große Bedeutung. Noch heute ist das unter anderem an Hand von zeitgenössischen Bildpostkarten und Fotografien gut nachzuvollziehen. Mit größtem Stolz wurden die neuesten Errungenschaften präsentiert: gepflasterte Straßen und Plätze, moderne Wohnhäuser, Bauernhöfe, Schul- und Amtsgebäude, Denkmäler und Parkanlagen sowie technische Innovationen wie Straßenbeleuchtung, Fahrräder und seit etwa 1910 Automobile. Besonders auffällig waren die Bemühungen um eine „standesgemäße" Selbstdarstellung in den Städten, wobei vor allem auf eine entsprechend eindrucksvolle Architektur geachtet wurde. Markante Beispiele für die auf äußere Wirkung bedachte Bauweise bieten die 1904–1906 errichtete Marner Maria-Magdalenenkirche sowie die 1914/15 errichteten Rathäuser von Marne und Büsum.

Auch in den Dörfern gab es verschiedene Neuerungen, die der Repräsentation dienten. Dazu gehörten die Zierfassaden und säulengeschmückten Eingänge der Wohnhäuser, Gaststätten und Geschäftsgebäude sowie die verlockend herausgeputzten Schaufenster, mit denen die modernen Kolonial- und Manufakturwarengeschäfte

nen Leuten dürfte der Glaube an den Fortschritt nicht ganz ohne Einfluss gewesen sein, weil der allgemeine wirtschaftliche Aufschwung neue Berufsmöglichkeiten sowie Aussicht auf eine gesicherte Anstellung und einen guten Lohn bot. Die überall spürbare Aufbruchsstimmung hat die Erwartungshaltung eines großen Teils der Bevölkerung gesteigert.

Rathaus in Marne.

nun im Gegensatz zu den bis dahin oft unscheinbaren Hökerläden zum Kauf einluden. Hinzu kam die Anlage von Zier- und Vorgärten, Denkmälern, Baumanpflanzungen und kleinen Grünflächen. In dieser Beziehung darf ohne Zweifel von einer Dorferneuerung gesprochen werden, selbst wenn dieser Begriff heute etwas anderes meint.

Der Fortschritt führte jedoch auch zu Problemen und vor allem im Rahmen der Technisierung zu manchem Ärgernis. Hinsichtlich der Eisenbahn zum Beispiel hielt sich die Begeisterung der Dithmarscher Bevölkerung in Grenzen. Sicher waren viele Menschen hochzufrieden mit den neuen Reise- und Transportmöglichkeiten. Aber vor dem Bau der sogenannten Westbahn, die Dithmarschen mit Hamburg verbinden sollte, gab es Streitereien zwischen lokalen Vertretern und der Bahnverwaltung um die Streckenführung. Dabei prallten die Interessen der einflussreichen Marschbauern, die die Trasse in der Nähe ihrer Höfe wünschten, auf die von baulichen Aspekten bestimmten Überlegungen der Bahnbehörden. Letztere machten die Streckenführung von den Bodenbedingungen abhängig, lehnten eine kostspielige Trasse auf dem weichen Marschboden daher ab und setzten ihre Pläne gegen den Widerstand der Landwirte und anderer einheimischer Wirtschaftsvertreter durch. Nach der Aufnahme des Zugverkehrs fühlten sich dann manche Anwohner der Bahnanlagen, vor allem in der Nähe der Bahnhöfe, durch Betriebsamkeit, Lärm und Rauch belästigt.

Weiterer Anlass zu Beschwerden gab die Elektrizitätsversorgung. Obwohl in Wesselburen, Marne, Meldorf und den wenigen Dörfern, wo sie bereits vor dem Ersten Weltkrieg vorhanden war, gern auf den damit erzielten Fortschritt hingewiesen wurde, klagten die Einwohner doch darüber, dass das elektrische Licht oft flackerte oder ganz ausfiel und die Straßenbeleuchtung ihrer Meinung nach abends nicht lange genug in Betrieb war. Hinzu kamen in diesen Ortschaften Proteste von den Anwohnern derjenigen Straßen, die vorerst noch keinen Anschluss an die künstliche Beleuchtung erhielten. Unfälle, die hier in der Dunkelheit passierten, wie das Stolpern über Bodenunebenheiten, der Sturz in einen Graben oder die Kollision mit einem Baum, führten zu heftigen Beschwerden bei den zuständigen Stellen. Diese Klagen belegen, dass künstliches Licht jetzt als unverzichtbar empfunden wurde. In früheren Zeiten hatten die Menschen Tragelampen mit sich geführt, wenn sie in der Dunkelheit aus dem Haus gingen. Nun verließen sie sich auf die öffentliche Straßenbeleuchtung und fühlten sich unsicher, wenn das Licht nicht genügte. Die Herstellung einer ausreichenden Beleuchtung sahen sie nicht mehr als eine private Angelegenheit an, sondern als Sache der öffentlichen Versorgung, auf die jeder Einwohner ein Anrecht hatte.

Dass auch die moderne Arbeitsweise mit und an Maschinen nicht reibungslos ablief, sondern erst einmal gelernt werden musste, zeigte sich an den mangelhaften Si-

cherheitsvorkehrungen der Geräte. Oft wurde damit recht sorglos umgegangen, was zu vielen Unfällen führte und sicherlich als Indiz dafür zu betrachten ist, dass die Leute die freiwerdenden Kräfte der neuen Gerätschaften anfangs nicht erkannten. In dieser Beziehung musste rasch dazugelernt werden, denn die Technisierung machte große Fortschritte. Meiereien, Ziegeleien, Sägewerke sowie andere Industrie- und Handwerksbetriebe arbeiteten mit Dampfkraft und seit etwa 1900 vereinzelt mit Petroleummotoren. Mühlen erhielten ebenfalls Hilfsmotoren, die sie vom Betrieb mit Wind oder Wasser unabhängig machten. In einzelnen Landwirtschafts- und Gewerbebetrieben dienten Windräder zur Stromerzeugung, und Orte wie Tellingstedt und Burg leisteten sich sogar eine Gasanstalt oder ein kleines Elektrizitätswerk. Beim Bau des Nord-Ostsee-Kanals kam geballte Technik in Form von Baggern, Feldbahnen und anderen modernen Geräten zum Einsatz, deren positive Wirkung auf den Umgang mit technischen Einrichtungen und die Technikakzeptanz im Allgemeinen nicht zu unterschätzen ist. In den Jahren zwischen 1905 und 1910 tauchten schließlich die ersten Motorräder, dann auch Automobile in den Dörfern auf. In besonders engen Kontakt mit den technischen Neuerungen kam die ländliche Bevölkerung aber durch den Einsatz der modernen Geräte in der Landwirtschaft. Die Hofbesitzer hatten in dieser Beziehung anscheinend wenig Berührungsängste, denn viele zeigten eine große Innovationsbereitschaft. Die meisten Landarbeiter nahmen dagegen eine ablehnende, manchmal wohl auch verbitterte Haltung hinsichtlich der Technisierung im Agrarwesen ein, weil sie durch die Maschinen ihre Arbeitsplätze verloren. Sehr viele Arbeiterinnen und Arbeiter mussten sich beruflich und privat vollkommen umorientieren, und auch wenn sich für sie Perspektiven in anderen Berufen ergaben, wurde ihnen doch zumindest ein großes Maß an Flexibilität und Mobilität abverlangt.

Einer der ersten Auto-Verkehrsunfälle in Dithmarschen.

Der Maschinenpark des Dampfdreschunternehmers Claus Voß um 1900 vor der Zingelmühle in Meldorf.

zum Beispiel die wachsende „Vergnügungssucht", die ihrer Ansicht nach durch die zunehmende Anzahl von Gaststätten, Tanzabenden und anderen Unterhaltungsmöglichkeiten geschürt wurde. Einen weiteren Grund zur Kritik lieferte der Wandel der kirchlich-gesellschaftlichen Situation. Betroffen waren vor allem die Geistlichen, denn aufgrund der seit 1867 geltenden Preußischen Verfassung verlor das lutherische Bekenntnis seine bis dahin privilegierte Stellung als Staatsreligion. Eine Trennung der kirchlichen von den kommunalen Angelegenheiten wurde herbeigeführt, wie sie die Tradition der Dithmarscher Kirchspiele bisher in der Form nicht gekannt hatte. Durch die von Preußen eingeführte Art der Kontrolle über das Bildungswesen und die religiösen Belange wurden die Aufgaben der Pastoren in den Schulen, bei Taufen, Konfirmationen und Eheschließungen per Gesetz besonders reglementiert. Gleichzeitig ignorierten immer mehr Menschen die kirchlichen Anliegen. Die Geistlichen wurden aus dem Staat „ausgeschert" und mussten außerdem einsehen, dass christlicher Glaube und religiöse Praxis für das Alltagsleben an Bedeutung verloren, weil die weltlichen Probleme der Modernisierung für die meisten Menschen vorrangig waren. Viele Pastoren lehnten daher die Betriebsamkeit und den sogenannten Materialismus der Industriezeit ab und warnten eindringlich vor dem ihrer Meinung nach drohenden Verfall von Sitte und Moral. Ihre Argumente fanden in der Dithmarscher Bevölkerung jedoch nur wenige Anhänger.

Richtete sich die negative Stimmung der Landarbeiterschaft in erster Linie gegen die technischen Neuerungen, so gab es auch eine umfassendere Kritik an der allgemeinen Modernisierung. Sie wurde hauptsächlich von Vertretern der bildungsbürgerlichen Kreise vorgebracht, die unter der „neuen Zeit" litten, wenn auch nicht so sehr in existentieller Hinsicht. Die Zeiten waren ihnen zu „schnelllebig" und die Menschen zu oberflächlich. Mit großer Sorge meinten sie einen Verlust an „Ernsthaftigkeit des Lebenswandels" festzustellen und bemängelten

Petroleum-Verkaufswagen um 1900.

Dithmarschens Köge

Jörn Kohlus

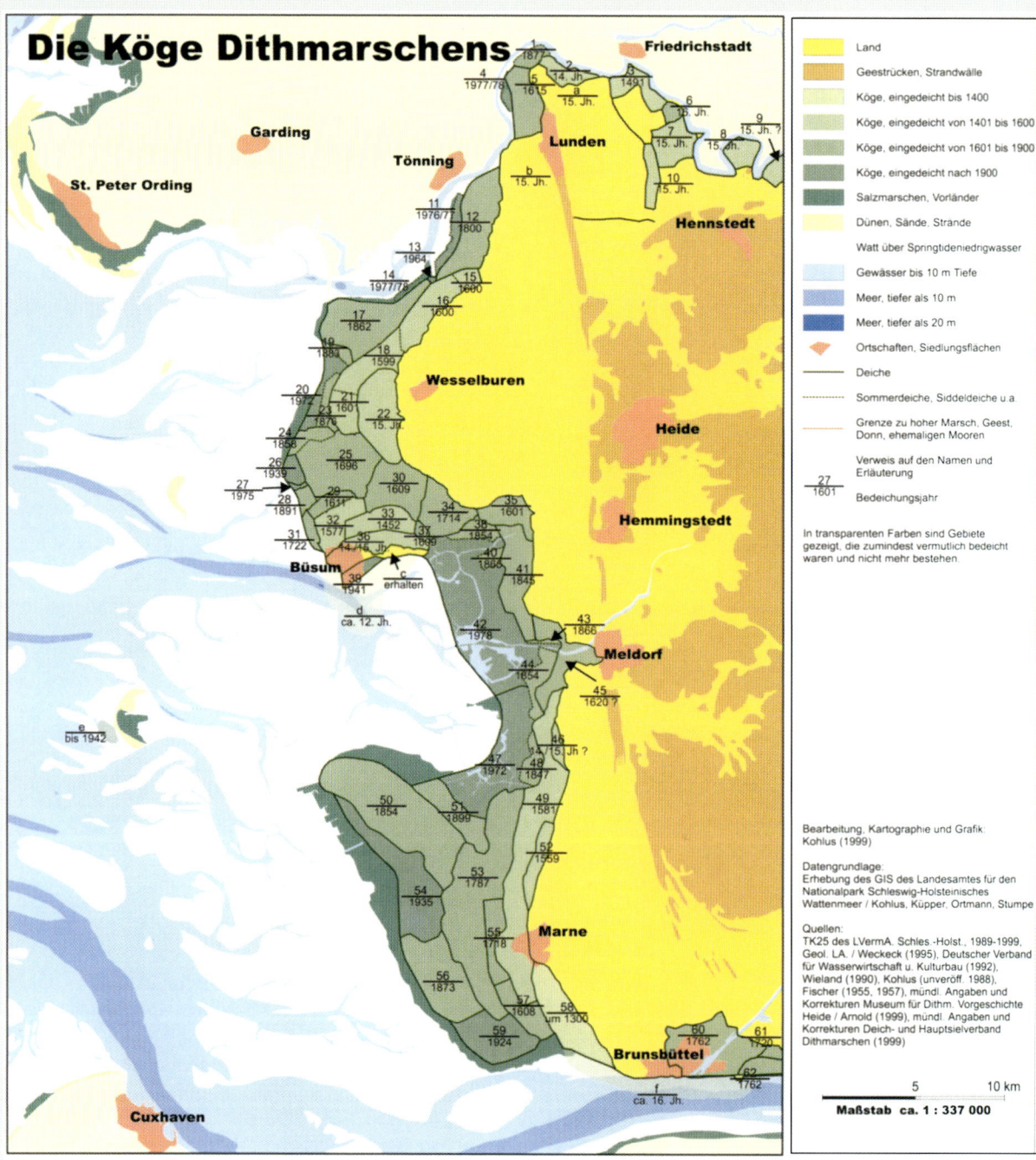

Die Köge Dithmarschens

Legend:
- Land
- Geestrücken, Strandwälle
- Köge, eingedeicht bis 1400
- Köge, eingedeicht von 1401 bis 1600
- Köge, eingedeicht von 1601 bis 1900
- Köge, eingedeicht nach 1900
- Salzmarschen, Vorländer
- Dünen, Sände, Strände
- Watt über Springtideniedrigwasser
- Gewässer bis 10 m Tiefe
- Meer, tiefer als 10 m
- Meer, tiefer als 20 m
- Ortschaften, Siedlungsflächen
- Deiche
- Sommerdeiche, Siddeldeiche u.a.
- Grenze zu hoher Marsch, Geest, Donn, ehemaligen Mooren
- Verweis auf den Namen und Erläuterung
- 27 / 1601 Bedeichungsjahr

In transparenten Farben sind Gebiete gezeigt, die zumindest vermutlich bedeicht waren und nicht mehr bestehen.

Bearbeitung, Kartographie und Grafik:
Kohlus (1999)

Datengrundlage:
Erhebung des GIS des Landesamtes für den Nationalpark Schleswig-Holsteinisches Wattenmeer / Kohlus, Küpper, Ortmann, Stumpe

Quellen:
TK25 des LVermA. Schles.-Holst., 1989-1999, Geol. LA. / Weckeck (1995), Deutscher Verband für Wasserwirtschaft u. Kulturbau (1992), Wieland (1990), Kohlus (unveröff. 1988), Fischer (1955, 1957), mündl. Angaben und Korrekturen Museum für Dithm. Vorgeschichte Heide / Arnold (1999), mündl. Angaben und Korrekturen Deich- und Hauptsielverband Dithmarschen (1999)

5   10 km
Maßstab ca. 1 : 337 000

Place names on map: Friedrichstadt, Garding, Tönning, St. Peter Ording, Lunden, Hennstedt, Wesselburen, Heide, Hemmingstedt, Büsum, Meldorf, Marne, Brunsbüttel, Cuxhaven

1 Preiler Koog	22 Oldefelder Koog	43 Neuer Meldorfer Sommerkoog	**Sondergebiete**
2 Dammskoog	23 Heringsander Sommerkoog	44 Alter Meldorfer Sommerkoog	a Lundener Altenkoog, Dahrenwurth Koog
3 Bösbütteler Koog	24 Hedwigen Sommerkoog	45 Meldorfer Koog	b Wollersum-Hemmerwurther Koog
4 Vordämmung Lundener Koog	25 Hedwigenkoog	46 Eesch-Busenwurther Koog	c Rest der Büsumer Insel
5 Lundener Neuenkoog	26 Hedwigen-Westerkoog	47 Speicherkoog Süd	d ehemalige Büsumer Insel
6 Hehmkoog	27 Nordgrovenkoog	48 Barlter Sommerkoog	e Trischen Koog
7 Nordfelder Koog	28 Nordgroven Sommerkoog	49 Großer Ammerwurth-Marner Koog	f ehemals bedeichte Gebiete im Elbebereich
8 Horster Koog	29 Neugrovenkoog	50 Friedrichskoog	
9 Bergewöhrdener Koog	30 Wardammkoog	51 Kaiserin-Auguste-Victoria-Koog	
10 Neuer Koog	31 Büsumer Neuenkoog	52 Helse-Trennewurther Koog	
11 Vordämmung Karolinenkoog	32 Grovenkoog	53 Kronprinzenkoog	
12 Karolinenkoog	33 Neuenkoog	54 Dieksander Koog	
13 Umdeichung Schülpersiel	34 Friedrichsgabekoog	55 Sophienkoog	
14 Vordämmung Wesselburener Koog	35 Bütteler Koog	56 Kaiser-Wilhelm-Koog	
15 Reethsmeder Koog	36 Büsumer Koog	57 Marner Neuenkoog	
16 Schülper Koog, Strübbelerweide	37 Kretjenkoog	58 Westerdiek	
17 Wesselburener Koog	38 Wördener Sommerkoog	59 Neufelder Koog	
18 Hillgrovenkoog	39 Hafenkoog	60 Brunsbütteler Koog	
19 Wesselburener Sommerkoog	40 Ketelsbüttler Sommerkoog	61 Altenkoog	
20 Heringsand-Hillgrovener Koog	41 Christianskoog	62 Ostermoor Koog	
21 Heringsander Koog	42 Speicherkoog Nord		

Mit der Darstellung der heute bestehenden und einiger verlorener Köge Dithmarschens wird ein Thema der Siedlungs-, Technik und Wirtschaftsgeschichte aufgegriffen. Ein Koog entsprechend der DIN 4047 (DIN 1994) als „zum Schutz gegen Überflutungen eingedeichte Niederung" definiert. Sprachlich werden Koog, Köge – weiter westlich Polder oder im Oldenburgischen Groden genannt – nach Haefs (2004) Laur (1967, S. 134) folgend, über niederdeutsch *Kooch*, nordfriesisch *Kuug*, dem altfriesischen *kâg* wie dem neuniederländischen *kaag* und mittelniederländischen *cooch* letztlich von dem germanischen *kau-gaz, ursprünglich für unbedeichtes Marschland, abgeleitet. Köge im Sinn der Karte sind Gebiete tidebestimmter Sedimentation, d.h. See- und einige Flussmarschen der Eider, deren Aufwachsen über den Hochwasserstand nur durch die Sedimentation bei höheren (Sturm-)Fluten oder unterstützt durch Grüppenarbeit entstanden. Einige auf „Koog" benannte hohe Gebiete der Altmarsch und Moore, die koogähnlich gesichert wurden, werden als Sondergebiete aufgeführt. Eingeschlossen bei der Betrachtung der Köge werden sogenannte „Sommerköge" und „Vordämmungen" im Bereich der Eider. Zum Unterschied von Kögen, die möglichst ganzjährig vor Überflutungen geschützt werden sollen, dienen Sommerköge nur als Schutz vor niedrigeren Überflutungen während der Vegetationszeit und haben das Ziel einer Intensivierung der Landwirtschaft, historisch vor allem des Getreideanbaus, vor dem Deich. Ebenso verhält es sich bei den Vordämmungen, nur dass diese nicht vor sturmbedingten Überflutungen sondern vor höheren Wasserständen der Eider u. a. beim Rückstau zu Sturmflutzeiten schützen sollen.

Köge sind Produkte des Deichbaues, ihre Nutzung benötigt aber zudem geeignete Entwässerungstechniken. Insbesondere, weil die bedeichten Sedimente durch Entwässerung sacken und weil die Aufsedimentation seeseitig der Deiche weiter verläuft, bildet sich eine Senkensituation heraus (Abb. 1). Zwischenspeicherung des Wassers in Vorflutern mit Entwässerung zur Niedrigwasserzeit oder energieaufwendiges Pumpen sind typische Strategien. Bis in die zweite Hälfte des 19. Jh. war der Wassertransport mit Abstand wichtigstes Verkehrsmittel. Insbesondere wenn seeseitig weitere Köge gebaut wurden, galt es den Transport von den binnenseitigen Bereichen durch die höheren seeseitigen Gebiete zu Häfen sicherzustellen. Wie Wieland (1992, S. 371) zeigt, war der Unterschied beim Bauaufwand von Großwarften im Vergleich zu Deichen im

Illustrierte Karte des Vorlandes südlich des Friedrichsgabekoogs von 1779.

Mittelalter nicht gravierend. Der Gesamtaufwand aber, um ein Gebiet als Koog zu erschließen statt es von einer Warft aus zu nutzen, liegt deutlich höher. Der Koogbau ist daher in Bezug auf eine höhere landwirtschaftliche Ertragsleistung zu sehen, die einen arbeits- und kostenintensiven Bau rentabel macht.

Lag das Deichrecht bis zum 17. Jh. bei den anliegenden Landbesitzern und trugen sie die Kosten der Erschließung, zeigt sich deutlich seit dem ersten Viertel des 17. Jh. die Bedeutung der Landesherrschaft und des Staates bei der Finanzierung des Koogbaues. Zudem hat die Einwerbung von Anlegern bzw. Übertragung der Nutzungs- oder Eigentumsrechte an kapitalstarke private Finanziers eine lange Geschichte. Die Geschichte des Karolinenkooges demonstriert dieses eindrucksvoll.

Seit etwa Mitte des 20. Jh. verschob sich das Verhältnis von Kosten und Ertrag. Deichlinienverkürzung zur Kostenreduktion und Sicherstellung der Binnenentwässerung bestimmten den Bau seit den 70er Jahren. Ein zuverlässiger Schutz der Bewohner hinter dem Deich ist heute das Hauptaugenmerk.

Die Größenangaben wurden mittels eines GIS (Geographisches Informationssystem) mathematisch nach den

Durch den Deich wird das Land von der marinen Sedimentation abgeschnitten. Mit der Entwässerung und der Zeit geht die Sackung der Sedimente einher.

gezeigten Deichlinien bestimmt. Abweichungen nach oben zu anderen Angaben ergeben sich vor allem dadurch, dass die Flächen mit der Grundfläche der Deiche von der Krone aus angegeben sind. Die Farben der Karte entsprechen – trotz der Unterschiede in der Geschichte beider Küstenregionen – denen der *Karte der Köge Nordfrieslands* in Kunz & Panten (1997) und unterstützen damit einen vergleichenden Blick auf die Entwicklung der gesamten Westküste.

1 Preiler Koog
Gedeicht: 1877; **Größe:** 137 ha – Bereits 1623 wurde ein Recht zur Bedeichung vergeben, aber die Bedeichung wurde von den Interessenten nicht durchgeführt, sondern das Recht mehrfach gehandelt und verkauft (Fischer 1957, S. 153). Im Jahr 1877 wurde der Koog schließlich privat als Sommerkoog gewonnen (Fischer 1957, S. 227, Petersen et al. 1999).

2 Dammskoog
Gedeicht: 14./15. Jh.; **Größe:** 221 ha – Der Koog wird schon in Urkunden über Schäden bei der Mandränke von 1362 erwähnt (Fischer 1957, S. 138, 182).

3 Bösbütteler Koog
Gedeicht: 1491; **Größe:** 308 ha – In dem „liber censualis" wird 1462 eine Eiderinsel „Bosenbuttel" genannt, die der Burg Schwabstedt abgabepflichtig gewesen sein soll (Fischer 1957, S. 129). Als Insel soll sie noch bis 1491 Bestand gehabt haben (Fischer, 1957, S. 132) und dann mittels Damm und Deichbau gesichert worden sein. Auf das Bedeichungsdatum 1491 weist die Gründung der Kapelle St. Annen anläßlich der Gewinnung des Bösbütteler Kooges hin (Fischer 1957, S. 138).

4 Vordämmung Lundener Koog
Gedeicht: 1977/78; **Größe:** 80 ha Gegen Überflutungen durch Eiderhochwässer im Rahmen des Sperrwerkbetriebes und für die Intensivierung der Grünlandwirtschaft (Petersen et al. 1999).

5 Lundener Neuenkoog
auch einfach **Lundener Koog**, vorhergehend **Wollersumer Koog**
Gedeicht: 1615; **Größe:** 517 ha – Nach Aufgabe des vorher bestehenden Wollersumer Kooges Ende des 16. Jh. unter dem neuen Na-

men nach Erlaubnis durch Herzog Johann Adolf 1615 von den Interessenten bedeicht. Der Koog enthielt nicht nur deichreifes Vorland sondern erhebliche Teile mit Landgewinnungsgewerken und Schlickflächen (Fischer 1957, S.151, 152, 182).

6 Hehmkoog
Gedeicht: 16. Jh.; **Größe:** 90 ha – Im Zusammenhang mit der Abschleusung der Broklandsau – Mitte des 15. Jh. – bedeicht, aber nachträglich wieder zerstört, der heutige Koog geht auf eine Bedeichung bis zur Mitte des 16. Jh. zurück (Fischer 1957, S. 138, 182).

7 Nordfelder Koog
Gedeicht: Mitte 15. Jh.; **Größe:** 402 ha – Im Zusammenhang mit der Abschleusung der Broklandsau bedeicht und so erhalten (Fischer 1957, S. 138).

8 Horster Koog
Gedeicht: 15 Jh.; **Größe:** 226 ha – Der Koog wurde im Gebiet einer ehemaligen Eiderinsel angelegt (Fischer 1957, S. 130) und wurde vor 1437 bedeicht (Fischer 1957, S. 132, 137)

9 Bergewöhrdener Koog
Gedeicht: 15 Jh.; **Größe:** 183 ha – Auf dem Gebiet einer Eiderinsel wurde der Bergewöhrdener Koog bedeicht (Fischer 1957, S. 130, 137), die Binnendeichslinie ist heute nur noch schwer nachvollziehbar.

10 Neuer Koog
auch **Schlichtinger Neuer Koog**
Gedeicht: 15. Jh.?; **Größe:** 203 ha – Vermutlich entstand der Koog im Rahmen von Dammbauten im Bereich der Broklandsau.

11 Vordämmung Karolinenkoog
Dammbau: 1976/77; **Größe:** 232 ha – Gegen Überflutungen durch Eiderhochwasser im Rahmen des Sperrwerkbetriebes und für die Intensivierung beim Ackerbau (Petersen et al. 1999). 1980 wurde das Land mittels Schäl- und Tiefpflug für den Ackerbau nutzbar gemacht (Dummann 1999).

12 Karolinenkoog
Gedeicht: 1800; **Größe:** 924 ha – Das Vorland wurde 1623 wider gültigen Rechtes durch Herzog Friedrich III von Gottorf an die Kaufleute Mohr aus Hamburg verkauft. 1625 erfolgte der Weiterverkauf an vierzehn Einwohner von Hemme. 1695 wurden deren Eigentum per Ge-

neraloctroi an v. Pincier durch Friedrich den IV von Gottorf überlassen. Ein Rückkauf durch die Eigentümer folgte. Wiederum durch Friedrich den IV wurde das Vorland 1700 an den Grafen Dermath und Baronin Götz verkauft. 1730 forderten die bäuerlichen Eigentümer das Land zurück und erhielten es im Vergleich gegen 6000 Mark Lübsch 1730 (Dummann 1730). Nach Machtübernahme durch Dänemark (1773) erfolgte 1786 die Zusicherung von Mitteln der Kreditkasse durch den König. Nach Verzögerungen durch Sturmflutschäden (1751/56) erfolgte 1800 die Fertigstellung und 1801 die Benennung nach der Erbprinzessin Karoline.
Am 20.8.1877 wurde die Bahnstrecke Neumünster – Karolinenkoog eröffnet, seit 1869 gab es einen Anschluss durch die Dampffährgesellschaft nach Tönning zu dessen Anleger 1886 die Schienen verlängert wurden. Bauten im Zusammenhang mit der Bahnlinie bestimmen neben Agrarbetrieben die Bebauung bis heute. (Dummann 1999, Fischer 1957, S. 219ff).

13 Umdeichung Schülpersiel
Gedeicht: 1964; **Größe:** 12 ha – Im Rahmen des Sielbaues 1964 als Speicherbecken gebaut (Petersen et al. 1999).

14 Vordämmung Wesselburener Koog
Dammbau: 1977/78; **Größe:** 69 ha – Gegen Überflutungen durch Eiderhochwasser im Rahmen des Sperrwerkbetriebes und für die Intensivierung der Grünlandwirtschaft (Petersen et al. 1999).

15 Reethsmeder Koog
auch **Rathsmeder Koog**
Gedeicht: 1599/1600; **Größe:** 114 ha – Teil der Gesamtbedeichung mit 16, 18, 21, die durch „Siddeldeiche" aufgeteilt ist (Fischer 1957, S. 40, 103, 182).

16 Schülper Koog/Strübbelerweide
Gedeicht: 1599/1600; **Größe:** 568 ha – Teil der Gesamtbedeichung mit 15, 18, 21, die durch „Siddeldeiche" aufgeteilt ist (Fischer 1957, S. 40, 102 f). Nach Fischer (1957, S.97, 102f) wurde die Bedeichung ab 1601 auf Anlass Herzog Johann Adolf durch die Schülper- und Norddeicher Außendeichsgemeinschaft durchgeführt.

17 Wesselburener Koog

Gedeicht: 1862; **Größe**: 1099 ha – Der Wesselburener Koog liegt im Gebiet einer Vorlandinsel, die bereits frühzeitig über Dämme erreichbar war. Die Verlandung des Gebietes wurde durch eine zeitweise Stromverlagerung der Eider begünstigt.

Der heutige Koog wurde bis zu 1000 m landwärts der Vorlandkante eingedeicht, die Vorlandinseln Großer und Kleiner Queller (Hundeknöll) im Bereich des heutigen Eidersperrwerkes wurden nicht einbezogen. Auffällig sind die Reste der Ringtränke „de Borg" (Zietz & Kruse 1989, Fischer 1955, 271f).

18 Hillgrovenkoog

Gedeicht: 1599; **Größe**: 519 ha – Teil der Gesamtbedeichung von 15, 16, 21, die durch „Siddeldeiche" aufgeteilt ist (Fischer 1957, S. 103) und ab 1601 auf Anlass Herzog Johann Adolf durch die Schülper- und Norddeicher Außendeichsgemeinschaft vorgenommen wurde. Nach schweren Schäden durch die Flut von 1717 konnte der Koog ohne Gebietsverlust wieder hergestellt werden (Fischer 1957, S. 183).

19 Wesselburener Sommerkoog

auch **Neuer Sommerkoog**

Gedeicht: 1883, (1971/72); **Größe**: 88 ha – 1962 wurden der Sommerdeich und das Siel stark zerstört. Heute Teil vom Heringsand-Hillgrovener Koog (20), winterbedeicht im Rahmen der Flankensicherung beim Bau des Eidersperrwerkes (Fischer 1957, S. 297, Fischer 1955, S. 227, Petersen et al. 1999, Stadelmann 2010, S. 20f).

20 Heringsand-Hillgrovener Koog

Gedeicht: 1971/1972; **Größe**: 272 ha – Eingedeicht im Rahmen der Flankensicherung beim Bau des Eidersperrwerkes mit Einschluss des ehemaligen „Neuer Sommerkoog Hillgroven" von 1957 und des „Wesselburener Sommerkoog" (11). Der Koog ist bis heute ohne offiziellen Namen (Petersen et al. 1999).

21 Heringsanderkoog

Gedeicht: 1601 (1631); **Größe**: 305 ha – Zuerst im Rahmen der Gesamtbedeichung von 15, 16, 18 bedeicht und durch „Siddeldeiche" aufgeteilt, zunächst ohne den Süderdeicher Anteil (Fischer, 1957, S. 103). Die Arbeiten wurden ab 1601 auf Anlass Herzog Johann Adolf durch die Schülper- und Norddeicher Außendeichsgemeinschaft durchgeführt. Um 1630 wurde der Koog aufgegeben (Fischer, 1957, S. 157), dann aber 1631 wiederbedeicht und der Süderdeicher Anteil angedeicht. Nach der Sturmflut von 1634 wurde eine Erneuerung der Bedeichung notwendig wie auch nach schweren Schäden nach der Flut von 1717 (Fischer, 1957, S. 183).

22 Oldefelderkoog

auch **Altes Feld**

Gedeicht: im 15. Jh.; **Größe**: 891 ha – Der Koog dürfte erst im ausgehenden Mittelalter bedeicht worden sein, nur wenige Hinweise liegen vor (Fischer, 1957, S. 41, 52).

23 Heringsander Sommerkoog

auch **Alter Sommerkoog**

Gedeicht: 1875/76, (1971/72); **Größe**: 168 ha – Heute Teil vom Heringsand-Hillgrovener Koog (20), eingedeicht im Rahmen der Flankensicherung beim Bau des Eidersperrwerkes (Petersen et al. 1999).

24 Hedwigen Sommerkoog

Gedeicht: 1858; **Größe**: 168 ha – Eigenständig nur als Sommerkoog, eingedeicht im Rahmen der Flankensicherung beim Bau des Eidersperrwerkes. Wurde 1939 in einen Nord- und winterfest bedeichten Südteil durch einen Querdeich bei Hirtenstall unterteilt. Der südliche Teil wurde militärisch genutzt (Fischer 1955, S. 299, Petersen et al. 1999, Stadelmann 2010, S. 24f).

25 Hedwigenkoog

Gedeicht: 1696; **Größe**: 1126 ha – Entgegen dem traditionellen Recht wurden die Vorländer der Landschaft Norderdithmarschens durch Herzog Friedrich IV per Oktroi vom 10. Mai 1695 an von Pincier, Geheimetatsrat und Baron von Königstein, zur Bedeichung überlassen. Die Bedeichung fand mit eigenen und eingeworbenen Mitteln statt. In einer spezifischen „Oktroy über den Hedwigenkoog" vom 17.8.1696 wurde v. Pincier und den Participanten volle Eigentumsrechte, einschließlich Erblichkeit, Verkauf und Belastbarkeit, zuerkannt. Der Koog wurde nicht der Landschaft Norderdithmarschen zugeordnet, der Sonderstatus wurde dadurch verstärkt, dass in ihm das Eiderstedter Landrecht galt.

Die gegen das Vorhaben eingestellten Interessenten der Anwohner sollten zunächst abgefunden werden, erhielten aber nach zu hohen Forderungen eine Ablehnung. Nur schlechte Teilflächen wurden ihnen per Los zugeteilt und bald daraufhin verkauft. Zur Konfliktminderung eingeräumte Nutzungsrechte wurden nach Bruch der Vereinbarung durch die Anwohner zurückgenommen. Erst etwa 20 Jahre später, nachdem den Anwohnern Deiche eingeräumt wurden – die nicht genutzt wurden, entspannte sich der Konflikt (Fischer, 1957, 171 ff).

Nach schweren Schäden durch die Weihnachtsflut von 1717 und erneuten großen Schäden am 25.2.1718 und am 31.12.1720 wurde der Koog erst 1723 wieder hergestellt und die ebenfalls (bis ca. 1625) neu erbauten Höfe gingen oft in den Besitz der Gläubiger über (Fischer 1957, S. 183f; Geertz 1994, S. 18). Ein Frachtschiff aus dieser Zeit Anfang des 18. Jh. wurde 1969 im Bereich eines Deichbruches gefunden (Stadelmann 2010, S. 32).

26 Hedwigen-Westerkoog

Gedeicht: 1939; **Größe**: 134 ha – Früher Teil des Hedwigen-Sommerkoogs, 1939 wurde dessen Südteil von der Luftwaffe der Wehrmacht übernommen und der Deich zum Seedeich ausgebaut (Fischer, 1957, S. 298). Ein weiterer Deichausbau folgte 1975 im Rahmen der Flankensicherung des Eidersperrwerkes (Petersen et al., 1999). Nach dem Krieg 1945 war der Koogdeich in einem sehr schlechten Zustand, 1958/59 wurde der Deich umgebaut und 1974 verstärkt (Stadelmann 2010, S. 25ff).

27 Nordgrovenkoog

Gedeicht: 1975; **Größe**: 24 ha – Entstand im Rahmen der Flankensicherung des Eidersperrwerkes als Lückenschluss zwischen dem Hedwigen-Westerkoog (26) und Nordgroven Sommerkoog (28) (Petersen et al., 1999).

28 Nordgrovener Sommerkoog

Gedeicht: 1891; **Größe**: 102 ha – Angelegt als Sommerkoog 1891 und 1975 im Rahmen der Flankensicherung des Eidersperrwerkes winterfest bedeicht. (Fischer, 1957, S. 297, Fischer 1955, S. 227, 299, Petersen et al., 1999)

29 Neugrovenkoog

auch erst **Nordgrovenkoog**

Gedeicht: 1611; **Größe**: 166 ha – Als „Nieveldt" auf hohem Vorland bedeicht und 1616 aufgrund schlechter Deicherhaltung wieder eingebrochen, konnte er erst 1625 wieder und erweitert bedeicht werden (Fischer, 1957, S. 73, 74,76).

30 Wardammkoog

Gedeicht: 1599–1609; **Größe**: 724 ha – In Folge des Baues des Warddammes 1585 zur Büsumer Insel bildete sich ein beidseitiges, breites Vorland aus, das Grundlage für die Bedeichung wurde (Fischer, 1957, S. 56, 69f). Nach der Sturmflut von 1634 und noch mehr nach 1635 war die Bedeichung stark beschädigt (Fischer, 1957, S. 157, 183).

31 Büsumer Neuenkoog

Gedeicht: 1722; **Größe**: 111 ha – Nach Fischer (1957, S. 64) wurde der Koog erstmals 1611 zusammen mit dem Neugrovenkoog (29) bedeicht. Nach der Zerstörung der Deiche des Grovenkoog (32) 1717 wurde die Deichsicherung mittels Vordeichung des Büsumer Neuenkoog vorgenommen. Die Sturmflut 1720 zerstörte diese Arbeit und der Koog konnte erst 1721/22 fertig gestellt werden (Fischer, 1957, S. 184f). Anfang des 20. Jh. wurde der Deich mit zu sandigem Material verstärkt, daher Verstärkung 1959 bzw. 1961. Starke Schäden entstanden 1962 im Südbereich und 1976 drohte die Überspülung des Seedeiches; Deichverstärkung 1994/95 (Stadelmann 2010, S. 36ff).
1971 wird im Übergangsbereich vom Koog zu den Resten der ehemaligen Insel Büsum (c) vor der Perlebucht der seeseitig befestigte künstliche Sandstrand Büsums als Inselkörper mit Dammanschluss erbaut (Stadelmann 2010, S. 43ff).

32 Grovenkoog
auch **Westerdeichstrich**

Gedeicht: 1575/77; **Größe**: 426 ha – Nach Fischer (1957, S. 63f) bildete sich früh in der Bucht des Büsumer Koog (36) und Neuenkoog (33) Vorland. Erste Bedeichungspläne erfolgten nach einer Sturmflut 1573. Der Seedeich des Kooges wurde 1717 stark zerstört und führte zur Vordeichung durch den Büsumer Neuenkoog (31) (Fischer, 1957, S. 184f, 199f).

33 Neuenkoog
auch **Nienkoog, Österdeichstrich**
Nienkoog

Gedeicht: um 1452; **Größe**: 416 ha – Nach der Gewinnung des Büsumer Koogs konnte dieser Koog mit weiterem Anwachs des Vorlandes als Anschlussprojekt bedeicht werden (Fischer, 1957, S. 73f).

34 Friedrichsgabekoog

Gedeicht: 1714; **Größe**: 567 ha – Ähnlich dem Hedwigenkoog, aber mit noch geringerer Berücksichtigung der Anwohnerinteressen, wurde die Bedeichung durch Adlige mit eigenen Mitteln vorgenommen. Der Konflikt führte noch 24 Jahre später zu dem kostspieligen Bau eines Entwässerungskanals durch die Anwohnergemeinschaft unter Umgehung des Kooges. Ein Vergleich brachte erst 1746 eine Lösung (Fischer, 1957, S. 173 ff).

35 Bütteler Koog

Gedeicht: 1601; **Größe**: 397 ha – Wurde eventuell im Gebiet eines älteren, lange aufgegebenen Sommerkoogs bedeicht (Fischer 1957, S. 102).

36 Büsumer Koog
auch **Stelmesgretter Koog**

Gedeicht: 14./15. Jh.; **Größe**: 367 ha – Nach Fischer (1957, S. 62) erster Koog auf dem im Inselschutz angewachsenen Vorland (auch Fischer 1957, S. 77).

37 Kretjenkoog

Gedeicht: 1615/1618; **Größe**: 57 ha – Ein 1615 zu spät im Jahr begonnener Deich wurde zerstört und durch einen 1617 ungenügend ausgebauten und erneut zerstörten Deich ersetzt. Erst 1619 konnte der Koog fertig gestellt werden (Fischer 1957, S. 73f).

38 Wöhrdener Sommerkoog

Gedeicht: 1854; **Größe**: 192 ha – Letzter mit privaten Mitteln erstellter Sommerkoog Süderdithmarschens (Fischer 1955, S. 227, 243, 245).

39 Hafenkoog
auch **Büsumer Hafenkoog**

Gedeicht: 1939/41; **Größe**: 142 ha – Seit 1937 wurde für den Hafen ein Ausbau für den Fischereiumschlag und Frachtverkehr vorgenommen, angeführt werden hierfür auch Probleme durch Vereisungen der Eider und damit des Tönninger Hafens. Der Hafen erhielt eine Sturmflutschleuse. Die Bedeichung konnte erst 1941 beendet werden, der Ausbau wurde erst in den 50er Jahren fortgesetzt (Fischer 1957, S. 234ff). 1963 erfolgte im Westen eine Deicherhöhung, insgesamt genoss der Hafenkoog bis 1967 nur eingeschränkten Deichschutz. Erst dann wurde der „Ostdeich" verstärkt und zum Landesschutzdeich – bis dato direkt am Ort Büsum – deklariert. 1979 folgte der Neubau des Sperrwerks mit Schleuse und anschließend 1981–83 sowie 1984–86 der Bau der Molen des Vorhafens (Stadelmann 2010, S. 49ff).

40 Ketelsbütteler Sommerkoog

Gedeicht: 1865; **Größe**: 91 ha – Er wurde als Teil einer Reihe von Sommerkögen (siehe 48) gewonnen. Im Vordergrund stand der wirtschaftliche Gewinn durch Pachtland für die Weidehaltung (Fischer 1955, S. 243, 245). Heute ist er Teil des Speicherkooges Nord.

41 Christianskoog
erst **König Christians Koog**

Gedeicht: 1845; **Größe**: 785 ha – Nach Gesuch um Bedeichungserlaubnis einer privaten Interessengemeinschaft wurde der Koog dann königlich bedeicht. Er blieb Gutsbesitz und wurde erst unter Preußen parzelliert und verkauft (Fischer 1957, S. 267 f).
Der Christianskoog wurde als letzter Koog in Dithmarschen 1976 nach einem Deichbruch überflutet. Nur zwei Jahre später war die Bedeichung der Meldorfer Bucht abgeschlossen, in deren Schutz er heute liegt (Zeitschrift Dithmarschen 1/1976, Wieland 1990, S. 87).

42 Speicherkoog Nord
auch **Helmsanderkoog Nord** (geplante, nicht realisierte Benennung)

Gedeicht: 1974/78; **Größe**: 2676 ha – Der Speicherkoog ist unbesiedelt und wurde mit dem Ziel der Verbesserung der Vorflut und Verkürzung der Deichlinie gebaut. Aufgrund regelmäßiger Überflutungen im Bereich des Fieler Sees wurde 1936 und 1951 eine Bedeichung mit Großschöpfwerk und seit 1958 eine umfangreichere Lösung mittels großem Vorfluter diskutiert. Mit der Ausweisung von Naturschutzflächen wurde auf die Eindeichung von bedeutenden Lebensräumen in den ehemaligen Vorländern und Watten reagiert, große Teile werden aber heute intensiver landwirtschaftlich, zum Teil ackerbaulich genutzt (Heydemann, 1999).

43 Neuer Meldorfer Sommerkoog

Gedeicht: 1866; **Größe**: 35 ha – Er wurde als Teil einer Reihe von Sommerkögen (siehe 48) gewonnen. Im Vordergrund stand der wirtschaftliche Gewinn durch Pachtland für die Weidehaltung (Fischer 1955, S. 243, 245). Heute ist er Teil des Speicherkooges Nord.

44 Alter Meldorfer Sommerkoog

Gedeicht: 1854; **Größe**: 282 ha – Er wurde als Teil einer Reihe von Sommerkögen (siehe

48) gewonnen. Im Vordergrund stand der wirtschaftliche Gewinn durch Pachtland für die Weidehaltung (Fischer 1955, S. 243, 245). Heute ist er Teil des Speicherkooges Nord.

45 Meldorfer Koog

Gedeicht: 1620; **Größe**: 577 ha – Der Koog umfasste Ländereien verschiedener Gemeinden und ist vor allem zur Verbesserung der Vorflut der Miele gebaut worden. Einen Abschluss fand der Meldorfer Koog erst durch den Bau einer zweiten seewärtigen Schleuse (Fischer 1957, S. 150f).

46 Eesch-Busenwurtherkoog

Gedeicht: 15./16.Jh. ?; **Größe**: 100 ha – Der Koog ist als „Eescher Deichvorsprung" nur im Rahmen späterer Neubedeichungen belegt (Fischer 1957, S. 53) und sicher vor 1559 entstanden.

47 Speicherkoog Süd

auch **Helmsanderkoog Süd** (geplante, nicht realisierte Benennung)

Gedeicht: 1969/72; **Größe**: 1424 ha – Als erste Etappe der Bedeichung der Meldorfer Bucht erbaut, dient er der Bundeswehr zur Waffenerprobung (siehe 42).

48 Barlter Sommerkoog

Gedeicht: 1847; **Größe**: 216 ha – Er wurde als erster einer Reihe von Sommerkögen (siehe 38, 40, 43, 44) gewonnen. Im Vordergrund stand der wirtschaftliche Gewinn durch Pachtland für die Weidehaltung (Fischer 1955, S. 243, 245). Heute ist er Teil des Speicherkooges Süd.

49 Großer Ammerswurth-Marner Koog

Gedeicht: 1578–81; **Größe**: 2013 ha – Der Koog wurde auf landesherrlichen Anlass mit Ziel der Neulandgewinnung und Blick auf eine Deichverkürzung geplant und gebaut (Fischer 1957, S. 97f).

50 Friedrichskoog

auch **Dieksander** (Sommer-)**Koog** und **König Frederik VII Koog** (bis 1904)

Gedeicht: 1853/1854; **Größe**: 2280 ha – Um 1817 wurde der Dieksand durch den Privatinvestor Müllenhoff und zwei Partnern nach vorausgehendem Dämmen von Prielen und Rinnen auf dem hohen Vorland bedeicht. Dieser Sommerkoog „Dieksander Koog" wurde sogleich für den Ackerbau genutzt und bereits 1821 schwer beschädigt und nach der Februarflut 1825 aufgegeben (Fischer 1957, 259ff, Trende 2011, S. 13) Das Vorland wurde weiter durch fortschreitendes Dämmen befestigt. und dann ab 1851 umfangreicher als „König Frederik VII Koog" mit Mitteln der dänischen Küstenbauverwaltung unter Einsatz von 1500 Arbeitern und 300 Fuhrwerken erbaut (Fischer 1955, S. 233, LVermA 1963, Trende 2011, S. 16).

51 Kaiserin-Auguste-Viktoria-Koog

Gedeicht: 1899; **Größe**: 541 ha – Durch den vorgelagerten Friedrichskoog (50) war die Zufuhr von Sedimenten aus dem Elbästuar behindert, nur langsam mit Schritten über die Anlage von Sommerkögen – Neuen Steert- und Rathjensdorfer Sommerkoog (Fischer 1955, 227f) – konnte der Koog mit staatlichen Mitteln gewonnen werden (Fischer 1957, S. 282, 299f).

52 Helse-Trennewurther Koog

Gedeicht: 1559; **Größe**: 290 ha – Der Koog ist eigentlich Teil des Großen Ammerswurth-Marner Kooges (49), nachdem er als Teil einer größeren 1558 aufgegebenen Bedeichung unvollendet geblieben war (Fischer 1957, S. 101).

53 Kronprinzenkoog

Gedeicht: 1785/87; **Größe**: 2314 ha – Erste Bedeichungspläne von 1739 wurden aufgrund von Vorlandabbruchkanten nicht in Angriff genommen. Erst nach Verbesserung der Deichbautechnik wurde das Projekt begonnen (Fischer, 1957, S. 211ff). Der Koog wurde mit den Mitteln der Rentekammer des dänischen Staates gebaut und 1789 an eine Privatgesellschaft verkauft, die neben zwei Dithmarscher Interessenten – darunter der reiche Bauer Hans Hansen (Trende 2010, S. 12) – vorwiegend von Ostfriesen gehalten wurde (Fischer 1957, S. 216f). Ausgehend von der ostfriesischen Beteiligung bei der Einrichtung der Siedlungsstellen wurde die Bauform des Gulfhauses an der Westküste eingeführt (LVermA 1963).

54 Dieksanderkoog

erst **Adolf Hitler Koog**

Gedeicht: 1933/35; **Größe**: 1281 ha – Der Koog wurde nach der schnellen Vorlandbildung durch die Zulieferung von Sedimenten aus dem Elbgebiet unter Nutzung von bereits vier bestehenden Sommerkögen – Klein-Dieksander- (1853/54), Altfelder- (1875), Friedrichs- (1900)und Wilhelm-Sommerkoog (1901) gewonnen (Fischer 1957, S. 299, 301f, Trende 2011, S. 17). Die Bedeichung war Teil des Lohse-Plans, eines für 100 Jahre gedachten Generalplans zur Landgewinnung, benannt nach dem Gauleiter in Schleswig-Holstein und der Konzeption „Volk ohne Raum" entsprechend. Der Bau des Kooges, vorwiegend durch den Reichsarbeitsdienst nicht zuletzt aus symbolischen Gründen per Handarbeit ausgeführt, wurde zur Eigendarstellung des Dritten Reiches intensiv genutzt (siehe Trende 2010). Im Koog wurde statt der Kirche die Neulandhalle errichtet, ein gemeindlicher Ort der Zusammenkunft für die Bewohner und Ort der Inszenierung nationalsozialistischer Ideologie. Nicht aus Notwendigkeit sondern symbolisch auf einer Warft mit Pseudofething errichtet wurde sie als ein kultischer Ort geschaffen.

55 Sophienkoog

Gedeicht: 1718; **Größe**: 346 ha – Der Koog wurde nach der Zerstörung des Deiches vor Marne zur Deichsicherung durch die Anwohner der Kirchspiele erbaut. Die namensgebende Fürstin Anna Sophie von Schleswig hatte zu dieser Zeit das königliche Lehen an allen Dithmarscher Vorländern und blieb Eigentümerin der Ländereien ohne Verpflichtung zum Deicherhalt. Auch der 1725 eingesetzte Erbpächter blieb frei von Unterhaltungskosten für Deich und Schleuse, die weiterhin durch die binnenseitigen Landeigner getragen werden mussten (Fischer 1957, S. 185f, LVermA. 1963).

56 Kaiser-Wilhelm-Koog

Gedeicht: 1872/73; **Größe**: 1114 ha – Erste Pläne zur Bedeichung entstanden 1817, seit 1830 wurde die Vorlandbildung gezielt durch Grüppen und Dämme gefördert (Meier 1999, S. 39ff). Durch den Bau des Friedrichkoogs (50) wurde die Sedimentation in diesem Gebiet verstärkt. Der Koog wurde dann im Bereich der zusammengewachsenen Vorlandinseln Kleiner und Großer Marxqueller (später Maxqueller) mit Mitteln des preußischen Staates erbaut (Fischer 1955, S. 233; Meier 1999, S. 15ff) und ab 1873/74 parzelliert, verkauft und besiedelt (Fischer 1957, S. 282, 298f). Bis zur Bedeichung des Neufelder Kooges (59) bestand der „Maxhafen". Zwischen 1931 und 1962 hatte der Koog vor allem zum Abtransport der Rüben- und Kohlernte Bahnanschluss (Meier 1999, S. 274ff). 1962 entstanden starke Deichschäden (Meier 1999, S. 298ff). Im Koog wurde die erste Großwindkraftanlage (GROWIAN) 1983 errichtet und es etablierte sich 1987 der erste Bürgerwindpark Deutschlands (Meier 1999, S. 345ff, 357ff).

57 Marner Neuenkoog
Gedeicht: 1608; **Größe**: 408 ha – Der Koog wurde zur Landgewinnung bedeicht und übernahm die Entwässerung des Hinterlandes (Fischer 1957, S. 150f, 155) und soll auf schnell verlandeten Vorländern erbaut worden sein.

58 Westerdiek
auch **Marsgrove**
Gedeicht: um 1300, vor 1308; **Größe**: 868 ha – Nur wenige Angaben kann Fischer (1957, S. 53) zum Bau des Kooges geben, er vermutet eine Gemeinschaftsarbeit durch die anliegenden Kirchspiele beim Bau dieses vorverlegten Seedeiches.

59 Neufelder Koog
Gedeicht: 1923/24; **Größe**: 795
Er ist der letzte privat erbaute Koog in Dithmarschen (Fischer 1957, S. 282). Die Ländereien blieben während des Baus Staatseigentum, erst nach Fertigstellung gingen sie in den Besitz einer Folgegesellschaft (Fischer, 1957, S. 300).

60 Brunsbütteler Koog
auch **Brunsbütteler-Eddelak Koog**, Anfangs **Brunsbütteler Neuenkoog**
Gedeicht: 1721 und 1762; **Größe**: 1150 ha – Die Bedeichung und Entwicklung im Gebiet Brunsbüttel ist sehr komplex, für Erläuterungen sind die Quellen zu nutzen. Der Binnendeich des Kooges wird auf die Jahre 1719–21 datiert (Weckeck 1995), der Elbdeich hingegen auf 1762. Ältere Bedeichungen erläutert und erwähnt Fischer (1957, S. 108ff, 188ff).

61 Altenkoog
Gedeicht: 1720; **Größe**: 72 ha – Der Altenkoog ist an den Seiten durch Flügeldeiche an das ehemalige Hochmoor „Dat Wüste Moor" angelehnt und in der gezeigten Form durch den südlichen Deich (1719) entstanden (Weckeck 1995). Es gilt die Anmerkung zum Brunsbütteler Koog (siehe (60))

62 Ostermoor Koog
Gedeicht: 1717–1762; **Größe**: 213 ha – Der Koog ergibt sich durch den Elbdeich von 1762 und ist dem Brunsbütteler Koog und Altenkoog vorgelegen. (Weckeck, 1995). Der Name ist einem älteren, nur in Teilen gedeckten Ostermoor Koog entliehen und wird bei Fischer (1957, S. 198f) als Teil des Brunsbütteler Neuenkoog bezeichnet. Es gilt die Anmerkung zum Brunsbütteler Koog (siehe (60)).

Sondergebiete

a) Lundener Altenkoog, Dahrenwurth Koog
Nach Fischer, 1957, S. 39 wurden diese Gebiete vermutlich schon frühzeitig durch Deiche geschützt. Die Flächen lehnen der Lundener Nehrung und ehemaligen Hochmoorflächen an und sind keine Köge im engeren Sinn (Arnold 1999).

b) Wollersum-Hemmerwurther Koog
auch **Wollersumer Koog**
Als bedeichte hohe Marsch vor der Lundener Nehrung ist er kein Koog im hier gemeinten Sinn, der Name wird aber als topographische Bezeichnung verwendet.

c) Rest der Büsumer Insel
Die Büsumer Insel wurde von Südwesten her zunehmend abgetragen. Die Fläche ist der landfeste Rest dieser Insel (Arnold 1999). Die Insel wurde durch die Versandung des Wardstromes und anschließende Dämmung (1585) mit dem Land verbunden (Warddamm entlang der Straße Österdeichstrich und Reinsbüttel); (Geertz 1994). Im Süden erfolgte die Bedeichung nach 1570 und vor 1756, die letzte Deichverstärkung wurde 1965/66 durchgeführt (Stadelmann 2010, S. 57).

d) Ehemalige Büsumer Insel
Die Lage entspricht Angaben aus alten Karten und gibt nur Anhaltspunkte über die Größe und Ausdehnung der Büsumer Insel (Fischer 1957, S 56ff).

e) Trischenkoog
anfangs **Marienkoog**
Gedeicht: 1922/25; **Größe**: 89 ha; **Aufgegeben**: 1943 Der Trischenkoog wurde 1922–25 von privat als „Marienkoog" erbaut, da ein Koogbau durch den Staat nach Gutachten für zu aufwendig und riskant gehalten wurde. Der Koog wurde dann doch staatlich übernommen, verpachtet und verstärkt. 1932 wurden von einem Dithmarscher Bauern bis zu 20 Pferde, 100 Rinder und 300 Schafe zur Weide gehalten, sowie der Anbau von Halm- und Hackfrüchten betrieben. Nach einer schweren Sturmflut 1936 sollte der Koog aufgegeben werden, wurde aber von dem ansässigen Bauern noch bis 1943 gehalten (Kohlus 1988, LVermA 1963).

f) Ehemals bedeichte Gebiete im Elbebereich
Gezeigt wird das Gebiet innerhalb des von Weckeck (1995) angegebenen Verlaufes einer Deichlinie um 1362. Bis in den Anfang des 18. Jh. erfolgten zahlreiche Deichrückverlegungen (Meier 2013). Die Entwicklung im Bereich um Brunsbüttel verlief sehr komplex und ist hier nur stark vereinfacht skizziert.

Kunst und Kunstgewerbe in Dithmarschen

Von Jutta Müller

Aufgrund der besonderen historischen Bedingungen in Dithmarschen – insbesondere des Fehlens von Adel und städtischem Bürgertum als Auftraggeber von Kunstwerken – kam es in der Region zu einer besonderen Entwicklung von Kunst und Kunstgewerbe. Während im Mittelalter – wie anderswo auch – in erster Linie die Kirche als Auftraggeber und Nutzer von Kunstwerken eine Rolle spielte, waren es in späterer Zeit vor allem die Vertreter der sehr wohlhabenden großbäuerlichen Oberschicht. Sie pflegten einen repräsentativen Lebensstil und umgaben sich dabei vor allem mit aufwendigen Möbeln und anderen Gegenständen der gehobenen Wohnkultur. Viele dieser Objekte wurden aus den Niederlanden und dem Rheinland, mit denen die Dithmarscher traditionell enge Handelsbeziehungen unterhielten, importiert; andere wurden dagegen auch vor Ort angefertigt. So erlebten während des 17. Jahrhunderts geschnitzte Möbel aus einheimischer Produktion und im 18./19. Jahrhundert das Gold- und Silberschmiedehandwerk eine Blütezeit. Dagegen waren die klassischen Kunstgattungen wie Malerei und Plastik nie wirklich beheimatet in einer Region, die noch bis weit ins 20. Jahrhundert hinein als eine Art „Kulturwüste" galt.

Das Portrait von Marcus Swin und seiner Ehefrau aus dem Jahr 1552 (Abb.1) oder die Darstellung des Voll-

macht Hansen und seiner Familie am Teetisch von 1796 (siehe Abb. auf Seite ???) stellen absolute Ausnahmen dar, über deren künstlerische Qualität sich auch noch streiten ließe. So gab es bis ins späte 19. Jahrhundert keine einheimischen bildenden Künstler von Bedeutung. Erst um die Jahrhundertwende begannen Künstler aus der Region die vorher als langweilig und eintönig empfundene Landschaft der schleswig-holsteinischen Westküste in Bildern darzustellen. Gleichzeitig kam es in dieser Zeit der Industrialisierung zu einer Wiederbelebung alter Handwerkstraditionen; in Dithmarschen insbesondere des Töpfer- und Weberhandwerks. In diese Zeit fallen die Gründung des „Museums dithmarsischer Alterthümer" (heute Dithmarscher Landesmuseum Meldorf) 1872 und der Museumsweberei in Meldorf 1896.

Im frühen 20. Jahrhundert entwickelte sich zunächst ein reges kulturelles Leben. Die Gründung der Zeitschrift „Dithmarschen" 1920 als „Monatsschrift für Kunst und geistiges Leben" und des Dithmarscher Kunstvereins 1925 trugen wesentlich dazu bei. Es kam zu einer Reihe von Ausstellungen, an denen sich ortsansässige Künstler wie zum Beispiel Hans Gross oder Willy Graba beteiligten. Die dreißiger und vierziger Jahre unter dem Einfluss des nationalsozialistischen Regimes und des Zweiten Welt-

Portrait Marcus Swin und Ehefrau, 1552, Öl auf Holz (Abb. 1).

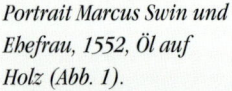

kriegs setzten diesem Aufbruch jedoch ein frühes Ende. Obwohl in der Nachkriegszeit auch einige Künstler von außerhalb als Flüchtlinge nach Dithmarschen kamen und zum Teil dauerhaft hier ansässig blieben, fiel ihr künstlerisches Schaffen nur selten auf. Mehr denn je wurde Dithmarschen wieder zur vielgelästerten „Kulturwüste", auf die man besonders von der Ostküste Schleswig-Holsteins etwas mitleidig herabsah.

Erst die Entwicklungen der letzten Jahrzehnte brachen diese Situation schrittweise auf. Aber weiterhin leben und arbeiten nur wenige bildende Künstler und Kunsthandwerker von überregionaler Bedeutung in Dithmarschen, und die kulturelle Szene gestaltet sich weiterhin sehr überschaubar. Durch die veränderte Bevölkerungsstruktur der letzten Jahrzehnte treten andere Ansprüche als die der bäuerlichen Bevölkerung, die in Dithmarschen Jahrhundertelang bestimmend war, in den Vordergrund. Doch diese Ansprüche werden längst nicht mehr in erster Linie vor Ort befriedigt; immer größere Mobilität und die rasante Weiterentwicklung der digitalen Medien lassen das Teilhaben der Menschen auch in entlegeneren Regionen am allgemeinen Kunst- und Kulturgeschehen zu. Es bleibt die Frage, ob man vor diesem Hintergrund in der Gegenwart überhaupt noch von regionaler Kunstgeschichte sprechen kann, oder ob sich nicht regionale Unterschiede, die in vergangenen Jahrhunderten eine große Rolle spielten, vor dem Hintergrund einer sich immer pluralistischer entwickelnden Gesellschaft allmählich aufheben.

Mittelalter

Wie bereits eingangs erwähnt, wird das Mittelalter fast ausschließlich von kirchlicher Kunst bestimmt. So ist es in diesem Zeitraum durchaus üblich, Macht und Reichtum eines Gemeinwesens durch die prächtige Ausstattung seiner Kirchen zu repräsentieren. In Dithmarschen sind der sog. „Meldorfer Dom" als zentraler Kirchenbau und die auf die Gründung durch Geschlechterverbände zurückzuführenden Kirchenbauten die besten Beispiele dafür. Obwohl nicht allzu zahlreiche Kunstwerke aus diesen frühen Jahrhunderten auf uns gekommen sind – die Durchsetzung der Reformation in Dithmarschen 1533 und die damit verbundene jahrhundertelange Auslagerung dieser Altertümer auf Kirchenböden trugen dazu bei – gibt es in den Kirchen selbst oder in Museen, an die sie im 19. Jahrhundert abgegeben wurden, doch eine ganze Reihe bemerkenswerter kirchlicher Ausstattungsstücke (Abb. 2).

Bei den ältesten Kunstwerken in oder aus Dithmarschen handelt es sich um zwei romanische Kruzifixe, die sich in Größe und Material stark unterscheiden. Sie stammen aus der Zeit um 1100 bzw. dem 12. Jahrhundert und

Aus romanischer Zeit ist neben zwei Kruzifixen nur noch ein weiteres Kunstwerk in Dithmarschen bekannt. Es ist eine steinerne Taufe in der Kirche von Wesselburen. Sie zeigt als Sockel eine attische Basis mit Eckköpfen und darüber eine Kuppa, die an den Schrägflächen mit Figuren und Fabelwesen ausgestattet ist. Über den Ecken des viereckigen Sockels platziert, hocken dort zwischen Tieren und Blattmotiven vier männliche Gestalten mit entblößter Brust, die mit erhobenen Händen Schriftrolle und Fisch halten. Sie sind damit nach typologischer Auslegung der Heiligen Schrift zugleich als Wasserwesen und Künder des Evangeliums charakterisiert; als Personifizierungen der Paradiesströme, die auch mit den vier Evangelien gleichgesetzt werden, ist dieses Motiv einzigartig in Schleswig-Holstein. Das Taufbecken ist im zweiten Viertel des 13. Jahrhunderts entstanden und aufgrund des verwendeten Sandsteins vermutlich westfälischer Herkunft (Abb. 2).

zeigen dementsprechend den sogenannten „Vier-Nagel-Typus" mit parallel gestellten Beinen, bei dem der Körper Christi eher triumphierend vor dem Kreuz zu schweben als leidend an ihm zu hängen scheint (Abb. 3 + 4).

Das eine von ihnen, das sogenannte Windberger Heilige Kreuz, ist in Bronze gegossen und hat eine Höhe von nur 14,4 cm. Die kleine Figur weist Reste einer ursprünglichen Vergoldung auf, obwohl die Oberfläche stark korrodiert ist. Um 1495 wurde sie beim Pflügen auf einem Acker in Windbergen gefunden, wo sie längere Zeit im Erdreich verborgen gelegen haben muss; das Kreuz, auf dem sich der Corpus heute befindet, ist eine spätere Ergänzung. Sein Dithmarscher Gegenstück bildet die im 12. Jahrhundert entstandene große Christusfigur im Nati-

*Das Kruzifix aus Albers-
dorf, heute Nationalmu-
seum Kopenhagen: dieser
Corpus – das ehemals da-
zugehörige Kreuz fehlt –
ist aus Eichenholz gefer-
tigt und mit 2,20 m Höhe
überlebensgroß. Die Figur
zeigt noch winzige Reste
der ursprünglichen Fas-
sung (Bemalung) und
Ansätze der Königskrone,
die sie ursprünglich auf
dem Haupt trug. Trotz al-
ler Beschädigungen
strahlt sie auch heute
noch eine beeindrucken-
de Hoheit und Würde aus
(Abb. 3).*

Das Windberger Kruzifix gehört zu einem Typus, der im Verlauf des 11. Jahrhunderts aufkam. Damals wurde es üblich, auf den Altären besondere Altarkreuze aufzustellen, häufig in Form eines Holz- oder Metallkreuzes, an dem der meist in Bronze gegossene gekreuzigte Christus dargestellt ist. Die stilistischen Vorbilder dieser Kruzifixe sind in der byzantinischen Kunst zu suchen. Haartracht und Gesamthaltung der Figuren weisen dorthin zurück. Vermutlich handelt es sich beim Windberger Kruzifix um eine niedersächsische Arbeit, vielleicht aus der Gegend um Hildesheim, einem der damaligen Kunstzentren in Norddeutschland. Niemand weiß, auf welchem Weg es nach Dithmarschen gelangte und wo es sich hier ursprünglich befand. Heute gilt dieser Kruzifixus als einzigartig im Land; als Replik ist er in der Dauerausstellung des Archäologischen Landesmuseums auf Schloß Gottorf zu sehen (Abb. 4).

Der Meldorfer Klosterschatz besteht aus drei Teilen: einer Abendmahlskanne, einem Kelch und der entsprechenden Patene (Teller) aus Silber mit mehrfarbigem, transluzidem Email vorwiegend in Blau und Rot, das auf der Kanne am besten erhalten und an der Patene durch Gebrauch fast völlig verschwunden ist. Die doppelte Stempelung auf der Kanne und die inschriftliche Datierung „1333" weisen sie als Pariser Arbeiten aus der ersten Hälfte des 14. Jahrhunderts aus. Aufgrund ihrer herausragenden handwerklichen und künstlerischen Qualität und der Feinheit des verwendeten lichtdurchlässigen Emails über graviertem Silbergrund gehören sie zu den besonderen kunstgeschichtlichen Objekten ihrer Zeit. Es ist denkbar, dass die Dithmarscher das vor 1319 in Meldorf gegründete Dominikanerkloster oder ihre eindrucksvolle Kirche in Meldorf mit diesem Altargerät auszeichnen wollten. Einer alten Überlieferung zufolge soll es 1559 als Kriegsbeute in königlichen Besitz nach Kopenhagen gelangt sein. Einen weiteren Hinweis gibt das Inventar der königlichen Kunstkammer vom Anfang des 18. Jahrhunderts, nach dem die Kanne aus Dithmarschen stammen soll. Kelch und Patene wurden 1586 von der Gemahlin Friedrichs II., der mecklenburgischen Prinzessin Sophie, der deutschen Kirche in Helsingör gestiftet, wo sie bis ins 19. Jahrhundert hinein in Gebrauch waren, bevor sie ebenfalls an das Nationalmuseum Kopenhagen abgegeben wurden (Abb. 5).

Aus der Meldorfer Kirche stammen fünf Apostelfiguren der Zeit um 1350, die sich heute im Dithmarscher Landesmuseum befinden und einst Bestandteile des alten Hauptaltars der Meldorfer Kirche, eines Marienkrönungsaltars, waren. Ähnlich wie bei einem späteren, Ende des 14. Jahrhunderts entstandenen Marienkrönungsaltar in der Kirche von St. Annen standen ursprünglich jeweils sechs Apostelfiguren links und rechts von der beherrschenden Krönungsszene vermutlich in tiefen Nischen. Die fünf erhaltenen Apostelfiguren aus Meldorf zeugen mit ihren faltenreichen Gewändern und fein gearbeiteten Gesichtern von der herausragenden Qualität dieses Altars. Da sich in Schleswig-Holstein keine Vergleichsbeispiele finden lassen, dürfte ihre Herkunft in Norddeutschland, eventuell Westfalen, liegen. Nach wie vor wurde das Gros an Kunstwerken und kunsthandwerklichen Arbeiten von außerhalb eingeführt; eine fassbare einheimische Produktion gab es noch nicht (Abb. 6).

Detail aus der Apostelgruppe (Abb. 7)

Szene „Die Erschaffung der Tiere" aus der Gewölbemalerei im Meldorfer Dom (Abb. 8).

onalmuseum Kopenhagen, die aus Albersdorf stammen soll.

Umfangreicher ist der Bestand an Kunstwerken aus gotischer und vor allem spätgotischer Zeit, also in Dithmarschen vom 13. Jahrhundert bis etwa zur Mitte des 16. Jahrhunderts. Aus dem 13. und 14. Jahrhundert sind uns neben Holzplastiken und einer ganzen Reihe bronzener Taufbecken auch einige bemerkenswerte silberne Altargeräte überliefert. Dazu zählen die qualitätsvollen Abendmahlskelche in Delve (um 1300) und Neuenkirchen (Anfang 14. Jahrhundert), ganz besonders aber der sog. Meldorfer Klosterschatz aus der ersten Hälfte des 14. Jahrhunderts, der sich heute im Nationalmuseum Kopenhagen befindet (Abb. 5).

Erwähnenswert neben kirchlicher Plastik (Abb. 6 + 7) ist eine Gruppe mittelalterlicher Taufbecken aus Bronze, von denen sich insgesamt sechs im Land erhalten haben, ein siebtes (aus Hemmingstedt) steht heute im Germanischen Nationalmuseum in Nürnberg. Sie befinden sich in den Kirchen von Eddelak (um 1200), Tellingstedt (Anf. 13. Jahrhundert), Meldorf (2. Hälfte 13. Jahrhundert), Delve (Mitte 13. Jahrhundert), Marne (um 1300/25) und Büsum (13. Jahrhundert) und gehören noch zur Erstausstattung dieser im 12./13. Jahrhundert errichteten Kirchenbauten Dithmarschens. Während es sich bei den beiden erstgenannten noch um schlichte, fast schmucklose Taufkessel auf drei hohen, stelzenartigen Beinen mit Klauenfüßen handelt, zeigen die Exemplare in Meldorf, Delve, Marne und Büsum die charakteristischen drei oder vier Trägerfiguren mit oder ohne Bodenring sowie reicherem plastischen Schmuck, Reliefbänder und Inschriften. Eine weitere Bronzetaufe aus spätgotischer Zeit um 1470, die viermal den Heiligen Georg als Trägerfigur und reichen

Schmuck aus Rundbogenfriesen und Flachrelieffiguren unter umlaufenden Kielbögen zeigt, steht in der Albersdorfer Kirche.

Ein seltenes und überregional bedeutendes Beispiel mittelalterlicher Malerei sind die Gewölbemalereien in der Meldorfer Kirche (Abb. 8). Sie stammen aus der Zeit unmittelbar nach Beendigung der eigentlichen Bauarbeiten um 1300 und wurden Ende des 19. Jahrhunderts unter einer Weißmalung des Kircheninneren wiederentdeckt. Damals wurden die zum Teil stark beschädigten Fresken nach dem Verständnis des 19. Jahrhunderts restauriert und großzügig ergänzt. Die letzte Restaurierung 1991/92 ging mit einer ikonographischen Untersuchung einher und schied eindeutiger als zuvor mittelalterliche Original-Substanz von späteren Hinzufügungen. Dies betraf vor allem das nördliche Querschiffsgewölbe mit Szenen aus der Schöpfungsgeschichte sowie dem Leben Marias und der Jugend Christi. Heute gelten die in Vierungs- und Querschiffsgewölben erhaltenen umfangreichen zyklischen Szenenfolgen mittelalterlicher Wandmalerei in Originalität, Qualität und Detailreichtum der Ausführung als einzigartig in Schleswig-Holstein und sind anderen zeitgenössischen Darstellungszyklen wie der Christusgeschichte im Kreuzgang des Schleswiger Doms oder dem Schöpfungs- und Christuszyklus in den Arkadenzwickeln im Chor der Lübecker Marienkirche durchaus vergleichbar. Als einzigartig sind die ausführlichen Heiligenzyklen im Südquerhaus- und Vierungsgewölbe der Meldorfer Kirche anzusehen. Trotz ihres fragmentarischen Zustandes lässt sich noch ermessen, mit welch unvergleichlicher Erzählfreude und Liebe zum Detail hier die Legenden der Heiligen Veronika, Nikolaus, Katharina und Christophorus geschildert wurden. Dennoch kennen wir hier – wie bei fast allen mittelalterlichen Kunstwerken – den Urheber nicht.

Wesentlich umfangreicher als aus gotischer Zeit ist der Bestand an kirchlicher Plastik aus der Zeit der Spätgotik von ca. 1450–1550. Aus dieser Zeit sind drei vollständige Altäre – die in Süderhastedt, Meldorf und Heide – erhalten. Dazu kommt eine ganze Reihe von Kreuzgruppen, Kruzifixen und Heiligenfiguren. Aufgrund dieser Fülle können hier nur die herausragenden Objekte Erwähnung finden. Dabei begegnen uns auch zum ersten Mal Stücke, die nicht von weiter her importiert, sondern wenn auch nicht in Dithmarschen selbst, so doch immerhin in Schleswig-Holstein hergestellt wurden. An erster Stelle ist der um 1460/70 entstandene geschnitzte Klappaltar der Kirche von Süderhastedt zu nennen. Ähnlich wie der spätere Passionsaltar der Meldorfer Kirche zeigt er im Hauptfeld die Kreuzigung Christi und auf den Seitenflügeln Verkündigung, Geburt, Anbetung und Darbringung im Tempel. Dieses auf das Leben und Leiden Christi bezogene Programm hat sicherlich dazu geführt, dass in protestantischen Gegenden vor allem Christus-Passionsaltäre die nachreformatorischen Jahrhunderte überdauert haben. Da der Süderhastedter Altar denen in Hattstedt und Ostenfeld bei Husum nahe verwandt ist, erscheint die Herkunft aus einer Werkstatt naheliegend. Alle zeigen dieselbe vielfigurige Kreuzigungsszene im Mittelteil, eigentümlich ist allen die gleiche Erzählfreude, die fast märchenhafte Naivität der Darstellung.

Anders, bewegter und dramatischer erscheinen dagegen die Werke der sog. „Dürerzeit", also zu Beginn des 16. Jahrhunderts. Auch dafür gibt es einige qualitätsvolle Beispiele in Dithmarschen. Zu nennen ist der bereits erwähnte Passionsaltar in der Meldorfer Kirche, der um 1520 von einem Meister geschnitzt wurde, der sich mehrfach in der Region nachweisen lässt. Die Qualität eines Hans Brüggemann, dem Meister des berühmten Bordesholmer Altars, wurde in Dithmarschen jedoch nicht erreicht.

Eine bedeutende Arbeit ist dagegen das überlebensgroße Triumphkreuz in Eddelak aus der Zeit um 1520, das besonders im Aufwirbeln des Lendentuchs die Bewegtheit dieser Schnitzkunst zum Ausdruck bringt (Abb. 9). Daneben müssen die Figuren von Maria und Johannes – ehemals wohl zu einer Triumphkreuzgruppe gehörig – vom Anfang des 16. Jahrhunderts in der Kirche von Wesselburen erwähnt werden. In der Gestaltung dieser beiden Figuren – der in ihrer Trauer versunkenen, in sich gekehrten Maria, und dem im Gegensatz dazu trotzig aufbegehrenden Johannes – kommt höchste künstlerische Qualität zum Ausdruck. Wie durchschnittlich erscheinen dagegen zum Beispiel die Triumphkreuzgruppe in Meldorf und manch andere kirchliche Plastik der Zeit, die sich noch in großer Zahl in den verschiedenen Kirchen der Region und in der Sammlung des Dithmarscher Landesmuseums befinden.

Renaissance und Barock

Im Vergleich zum Mittelalter ist die Anzahl der überlieferten Kunstwerke und kunsthandwerklichen Arbeiten aus diesem Zeitraum groß. Neben den kirchlichen Ausstattungsstücken tritt nun auch eine große Anzahl von Objekten aus dem profanen Bereich. Die frühe Neuzeit mit der Betonung des Individuums gegenüber der Gemeinschaft und dem damit einhergehenden wachsenden Selbstbewusstsein des Einzelnen führte in Verbindung mit dem geradezu sprichwörtlichen Reichtum einzelner Familien, der auch nach der Niederlage der Dithmarscher 1559 ungebrochen blieb, zur Ausbildung einer luxuriösen großbäuerlichen Wohnkultur. Als herausragendes Beispiel dafür wird immer wieder die traditionell als „Swinscher Pesel", heute dagegen als Gerichtssaal interpretierte berühmte Raumausstattung von 1568 im Dithmarscher

Landesmuseum Meldorf herangezogen (siehe Abb. auf S. 17). Darüber hinaus gibt es eine ganze Reihe weiterer Gegenstände der gehobenen Wohnkultur des 16. und 17. Jahrhunderts wie geschnitzte Möbel, insbesondere Truhen und Schränke, niederländische Fayencen, Steinzeug aus dem Rheinland und anderes mehr. Auch kostbarer Silberschmuck, silbernes Ess- und Trinkgerät, gelegentlich mit den Wappen einzelner Geschlechter versehen, ist überliefert.

Gleichzeitig kam es nach der Reformation im Verlauf des 16. und 17. Jahrhunderts zu einer grundsätzlichen Neueinrichtung der Kirchen. Mittelalterliche Altäre und Heiligenfiguren verschwanden auf den Dachböden der Kirchen. Dafür wurden nun Altäre, die ausschließlich Leben und Leiden Christi zum Thema hatten, aber auch Kanzeln, Taufbecken und -deckel, Chorschranken und anderes mehr – häufig von wohlhabenden Privatpersonen, die sich damit innerhalb der Kirche eine Art Denkmal setzen

Kruzifix, spätgotisch um 1520, in der St. Marien-Kirche Eddelak (Abb. 9).

Innenansicht der St.-Marien-Kirche in Hemme, Einrichtung aus dem 16./17. Jahrhundert (Abb. 10).

wollten, – gestiftet. An erster Stelle wäre hier vielleicht das Chorgitter der Meldorfer Kirche von Hans Peper und Thies Witt, gestiftet 1603 von den Familien Boie und Heldt, zu nennen. Es ist nach niederländischem Typus mit reichen Spätrenaissanceformen aufgebaut. Dem bedeutenden Rendsburger Bildschnitzer Hans Peper wird auch die Kanzel der Kirche von 1601/02 zugeschrieben. In diesem Zusammenhang ist auch die große Zahl prachtvoller Epitaphien (Totengedenktafeln) des 16. und 17. Jahrhunderts, die sich in Dithmarschen erhalten haben, zu sehen. Vielerorts blieben zumindest Teile dieser Ausstattungen bis in die Gegenwart erhalten. Ein besonders schönes Beispiel in Dithmarschen stellt die Dorfkirche von Hemme mit ihrer geschlossenen Einrichtung aus dem 16. und 17. Jahrhundert dar (Abb. 10).

Sowohl für den profanen als auch für den kirchlichen Bereich wurden in erster Linie aus Eichenholz gefertigte, üppig mit figürlichen und ornamentalen Schnitzereien unterschiedlicher Plastizität verzierte Objekte hergestellt. Diese konnten gelegentlich, aber wohl nicht durchgängig, farbig gefasst (bemalt) sein. Während die Urheber der großartigen Schnitzarbeiten der Swinschen Gerichtsstube von 1568 wohl nicht aus Dithmarschen selbst stammten, entwickelte sich in der Folgezeit, besonders im Verlauf des 17. Jahrhunderts, eine blühende Schnitzkunst im Land, die zum Herausragendsten gehört, was die Region auf kulturellem Gebiet hervorgebracht hat. Diese Entwicklung, von niederländischen Vorbildern beeinflusst, war allerdings nicht auf Dithmarschen beschränkt, sondern verlief auch

in anderen Teilen des Landes mehr oder weniger parallel. Mit ihr verbunden sind im 17. Jahrhundert einige namentlich bekannte Schnitzer, die aus Dithmarschen stammen oder hauptsächlich in der Region tätig waren. Da es jedoch nicht üblich war Möbel oder kirchliche Ausstattungsstücke zu signieren, sind nur Zuschreibungen einzelner Arbeiten aufgrund von Stilvergleichen möglich; im kirchlichen Bereich haben sich gelegentlich auch Rechnungen erhalten.

Als mehr oder weniger repräsentativ für die kleine, aber bestimmende Bevölkerungsgruppe der großbäuerlichen Oberschicht in Dithmarschen ist Marcus Swin (1523–1585) anzusehen. Das berühmte, weil einzigartige Doppelportrait von 1552, das ihn zusammen mit seiner Ehefrau abbildet, zeigt das kostbar gekleidete Ehepaar in Dreiviertelfigur vor neutralem Grund (Abb. 1). Geschnitzte Säulen rechts und links rahmen das Bildfeld auf repräsentative Weise ein. Das Monogramm CH, mit dem das Bild unten links signiert ist, konnte bis heute nicht entschlüsselt werden; auch konnten dem Künstler keine weiteren Arbeiten zugeschrieben werden, so dass wir nicht wissen, wo und von wem das Portrait angefertigt wurde. Mit Sicherheit aber handelt es sich nicht um einen Dithmarscher Künstler, sondern um einen der zahllosen Kleinmeister der Zeit, der entweder auf der Durchreise in Dithmarschen war oder den Swin in Begleitung seiner Ehefrau auf einer seiner Handelsreisen traf.

Während Swin selbst nach der aktuellen Mode der Zeit gekleidet erscheint, ist seine Frau zwar altertümlicher, aber dennoch kostbar gekleidet. Besonders auffällig ist ihr reicher Schmuck. Neben den goldenen Filigrankugeln, mit denen ihre zweifarbige Kopfbedeckung, die sog. Kagel besetzt ist, trägt sie eine Kette mit geprägter Medaille, eine kostbar bestickte Gürteltasche und einen silbernen Besteckköcher. Vergleichbare Stücke finden sich in der Ausstellung des Dithmarscher Landesmuseums, so eine silberne Kette mit vergoldeter Medaille aus der Mitte des 16. Jahrhunderts oder Gürtelhaken und Besteckköcher aus der Zeit um 1600. Sie wurden in Dithmarschen getragen und gefunden, sind aber mit Sicherheit nicht in der Region selbst hergestellt worden. Ebenso wie das in großer Zahl vorhandene kirchliche Silber dieser Zeit wurden Gegenstände von so großer handwerklicher und künstlerischer Qualität nach wie vor aus Lübeck, Lüneburg oder Süddeutschland, zum Teil auch aus den Niederlanden, den Zentren des Gold- und Silberschmiedehandwerks der Zeit, bezogen. Silberne Becher oder noch in mittelalterlicher Tradition stehende Trinkhörner (Abb. 11) gehörten ebenfalls dazu. Sie sind durch aufgebrachte Wappen und Inschriften entweder einzelnen Geschlechtern oder Privatpersonen zuzuordnen. Diese Becher sind einander alle sehr ähnlich und scheinen einem niederländisch-norddeutschen Prototyp anzugehören, der damals in Mode war. Als Beispiel mag der Becher des Wittemannen-Geschlechts von 1580, der sich heute im Dithmarscher Landesmuseum befindet, herangezogen werden.

Treten uns Marcus Swin und seine Frau schon im Portrait selbstbewusst und auf geradezu fürstliche Art entgegen, so wird dieser Eindruck bei der näheren Betrachtung einer erhaltenen Raumausstattung ihres Hauses noch verstärkt. Obwohl sie heute als Gerichtssaal, also als öffentlicher Raum interpretiert wird, legt diese komplette Raumausstattung von 1568 Zeugnis ab von der hohen Wohnkultur Dithmarschens im 16. Jahrhundert. Der allein schon durch seine Größe beeindruckende Raum enthielt neben einer vollständigen Vertäfelung von Wänden und Decke zwei prächtige Himmelbetten, eine gewaltige geschnitzte „Schenkschiewe" und sogar einen Kamin mit Sandsteinverkleidung, wie ihn in äußerst prächtiger Form zum Beispiel das Schloss vor Husum aufzuweisen hat. Alle Elemente des Raumes waren mit qualitätsvollen plastischen Schnitzarbeiten im Renaissance-Stil wie Säulen, Rollwerkdekor, Hermenpilastern und Löwenkopf-Konsolen sowie biblischen und allegorischen Szenen geschmückt. Das herausragende Möbel dieses Raumes war die prachtvolle Schenkschiewe, deren bildliches Programm kurz vorgestellt werden soll, um den inhaltlichen Reichtum dieses repräsentativen Möbelstücks wenigstens anzudeuten (Abb. 12). Auf den Füllungen des Obergeschosses waren Szenen aus dem Leben Christi dargestellt: Mariä Verkündigung, Christi Geburt und die Taufe im Jordan. Darunter im Mittelgeschoss rechts und links von der Mittelklappe zwei Opferszenen des Alten Testaments: Das Brandopfer Kains und Abels und den Brudermord sowie die Opferung Isaaks durch Abraham. Auf der eigentlichen „Schenkescheibe" waren die Wappen der Eheleute Swin aufgebracht, während auf den beiden großen Türen des Sockel-

Das prachtvollste aller aus Dithmarschen stammenden Trinkhörner steht seit 1823 im Nationalmuseum Kopenhagen. Das in der 2. Hälfte des 16. Jahrhunderts angefertigte Horn mit aufwendigem Silberbeschlag, an der Spitze in einen plastischen Greifenkopf mündend, weist kein Beschau- oder Meisterzeichen auf und ist dem Wittemannen-Geschlecht in Büsum zuzuordnen. Ein zweites, wesentlich schlichteres Trinkhorn der Pantaleons-Gilde in Lunden von 1640 befindet sich im Dithmarscher Landesmuseum Meldorf (Abb. 11).

Schenkschiewe aus dem Gerichtssaal des Marcus Swin, 1568 (im Zweiten Weltkrieg ausgelagert und verschollen) (Abb. 12).

Schubladen reich gegliederte sog. „Dreifaltigkeits-schrank" aus Wesselburen (um 1550), das zweite, 1605 datierte Exemplar, ersetzt heute die verlorene Schenk-schiewe der Swinschen Gerichtsstube und stammt ur-sprünglich aus Helse bei Marne.

Neben die Schenkschiewen tritt um 1600 ein weiterer repräsentativer Schranktypus, der seine weiteste Verbrei-tung und reichste Ausprägung ebenfalls an der Westküste Schleswig-Holsteins, insbesondere Dithmarschens, bis hi-nauf nach Jütland fand: das sog. „Hörnschapp". Es han-delt sich dabei um einen Eckschrank über meist quadrati-schem Grundriss mit zwei beschnitzten Schauseiten. Ebenso wie Truhen und Schenkschiewen sind sie auf Rah-men und Füllung gearbeitet, wobei die Füllungen zu-nächst sehr reich und plastisch, meist mit biblischen Moti-ven beschnitzt sind. Der Typus wurde bis ins 18. Jahrhun-dert hinein hergestellt, allerdings mit verändertem Dekor, das ähnlich wie bei den Truhen der Zeit vorwiegend aus

geschosses links das Urteil Salomons und rechts die Be-strafung Isebels gezeigt werden. Damit ist das Programm der Schnitzereien auf der Schenkschiewe eindeutig mit der Funktion des Raumes als Gerichtssaal in Zusammen-hang zu bringen. Leider blieb von der ursprünglichen Aus-stattung des Raumes nur weniges im Original erhalten; Schenkschiewe und Betten gingen nach der kriegsbeding-ten Auslagerung in den Wirren des Zweiten Weltkriegs unter und sind bis heute trotz intensiver Nachforschung nicht wieder aufgetaucht.

Die spätmittelalterliche Bezeichnung „Schenkschie-we" für diese architektonisch aufgebauten, meist dreige-schossigen Schränke mit fünf bis acht Türen, beruht auf der besonderen Funktion der zentralen Tür. Diese konnte wie eine breite Klappe heruntergeschwenkt werden, um als tischartige Platte beim Ausschenken von Getränken anlässlich einer häuslichen Begrüßungszeremonie zu die-nen. Art und Herkunft der etwa 30 museal erhaltenen Schenkschiewen lassen darauf schließen, dass sie ihre größte Bedeutung im Bereich der großbäuerlichen Wohn-kultur des 16. und 17. Jahrhunderts an der Westküste Schleswig-Holsteins und Jütlands erlangt haben. Beson-ders reich geschnitzte, aufwendig mit Wappen, Portraits, namentlichen Inschriften und Jahreszahlen versehene Ex-emplare stammen aus Dithmarschen. Obgleich die nur in Fotografien überlieferte Schenkschiewe des Swinschen Gerichtssaals von 1568 innerhalb dieses Bestandes eine herausragende Sonderstellung einnimmt, bewahrt das Dithmarscher Landesmuseum zwei weitere bemerkens-werte Exemplare: Das eine ist der mit acht Türen und drei

Hörnschapp aus Preil bei Lunden (Abb. 13).

*Altaraufsatz in der St.-
Anna-Kirche in St. Annen
bei Lunden von Niklas
Heim, 1642 (Abb. 14)*

*Detail der sitzenden Anna
aus Abb. 14 (Abb. 15).*

geschnitzten Engelsköpfen oder intarsierten Sternen bestand (Abb. 13).

Jürgen Heitmann d. J. und Henning Claussen sind zwei der namentlich bekannten Bildschnitzer in Dithmarschen, die vor allem in der ersten Hälfte des 17. Jahrhunderts sowohl Schränke und Truhen für wohlhabende Dithmarscher Bauern, als auch Altaraufsätze, Kanzeln, Taufbecken und -deckel und anderes mehr für die hiesigen Kirchen anfertigten. Sie erhielten gelegentlich sogar Aufträge von fürstlicher Seite. Ein anderer ist der nach 1608 in Lunden geborene Klaus (oder Niklas) Heim, der hier eine Reihe bedeutender Arbeiten schuf wie z.B. den originellen Altaraufsatz der Kirche von St. Annen, datiert 1642 (Abb. 14 + 15) und das Epitaph Kraißbach in der Kirche von Hemme (nach 1638). 1645 ging er an den Gottorfer Hof nach Schleswig und fertigte dort unter anderem die Prunkwiegen für die schleswig-holsteinischen Prinzessinnen an. Sein Lehrer war vermutlich Henning Claussen aus Neuenkirchen. Ihm werden unter anderem die prachtvollen Epitaphien für Michael Boie (gesetzt 1641) aus dem Meldorfer Dom (heute Dithmarscher Landesmuseum) und Marquart Rantzau (gesetzt 1643) in der Rendsburger Ma-

Niklas Heim, Epitaph Kraißbach, nach 1638, in der St. Marien-Kirche Hemme (Abb. 16).

Eva von Niklas Heim (vermutlich vom Epitaph Kraißbach, nach 1638, in der St. Marien-Kirche Hemme (Abb. 17).

rienkirche zugeschrieben. Eine seiner schönsten Arbeiten in Dithmarschen ist die Kanzel der Hennstedter Kirche von 1651, die über der vollplastischen Trägerfigur des Moses einen fünfseitigen Korb mit Säulen und Relieffiguren von fünf Aposteln zeigt. Von Jürgen Heitmann d.J., der von ca. 1640–1653 in Heide ansässig war, stammen unter anderem das 1641 entstandene Taufbecken der Heider Kirche und der Altaraufsatz in Albersdorf (1645–1647). Daneben sind auch einige profane Möbel von seiner Hand erhalten, so ein Hörnschapp mit Motiven aus der Kindheit und Jugend Christi im Dithmarscher Landesmuseum und verschiedene Truhen, die zum Teil erst nach dem Weggang Heitmanns aus Dithmarschen entstanden sind. Auch wenn keiner dieser Meister das künstlerische Niveau des zeitgleich in Eckernförde tätigen Hans Gudewerdt II erreichte, so war ihr Beitrag zur schleswig-holsteinischen Kunst des Frühbarocks doch beträchtlich und ist bisher leider nicht seiner Bedeutung entsprechend gewürdigt worden.

Doch kehren wir noch einmal in die Kirche von Hemme, die bereits mehrfach Erwähnung fand, zurück. An ihrem Beispiel wird besonders deutlich, wie die einheimische Holzschnitzkunst – nach der Einführung der Reformation in Dithmarschen 1533 mit völlig neuartigen Aufgaben konfrontiert – bedingt durch die wirtschaftliche Blütezeit Ende des 16./Anfang des 17. Jahrhunderts einen großen Aufschwung erlebte. In dieser Zeit wurde die Hemmer Kirche, ein gotischer Backsteinbau des 14. Jahrhunderts, komplett neu eingerichtet. Diese Einrichtung blieb mit Gestühl, Wandvertäfelung und (erneuerter) Westempore bis in die Gegenwart erhalten und ist als geradezu exemplarisch für ihre Zeit und die Region anzusehen. Die ältesten Elemente der Einrichtung sind das Gestühl von 1550–70, das in drei Blöcken mit Türen und medaillonartigen, reich beschnitzten Wangenbekrönungen in Form von Geschlechter- oder Familienwappen aufgebaut ist, und die Kanzel von 1567. Beim Altar von 1622 handelt es sich um einen bemerkenswerten dreiteiligen Spätrenaissance-Aufbau mit Säulen, Reliefs des Abendmahls unten, der Kreuzigung im Hauptfeld und der Auferstehung im Aufsatz. Wenig später kam das sechsseitige Taufbecken aus Sandstein mit Alabasterreliefs und sechs knienden Trageputten hinzu (Abb. 10).

Unter kunsthistorischen Gesichtspunkten besonders hervorhebenswert ist jedoch das große Epitaph Kraißbach (nach 1638) von Niklas Heim, ein Frühwerk des ornamentalen Knorpelbarock ohne architektonische Bestandteile (Abb. 16). Die Ornamentfelder schließen sich ohne abtrennende waagerechte und senkrechte Pilaster oder Gesimsleisten zu einer bewegten Form zusammen, die mehrere Gemälde, darunter die Stifterbildnisse, einschließt. Auf dem oberen Ornamentabschluss der Seitenhänge sollen Figuren von Adam und Eva gestanden haben, die heute fehlen. Die Eva aus dem Dithmarscher Landesmuseum

in Meldorf könnte eine dieser Figuren sein. Die kleine, nur etwa 38 cm hohe Statuette, beschädigt und teilweise ergänzt, wird in der Literatur zur Kunstgeschichte Dithmarschens immer wieder hervorgehoben; auch im Katalog zur Ausstellung „Barockplastik in Norddeutschland" (1977) wird ihre hohe Qualität gerühmt und die überaus feine und sensible Modellierung des weiblichen Körpers hervorgehoben (Abb. 17). Obwohl nicht als autonome Kleinplastik gedacht, kann sie sich – herausgenommen aus ihrem ursprünglichen Zusammenhang – durchaus als solche behaupten. Besonders in der Betrachtung von Details wird so die hohe Kunst der Bildschnitzer des 17. Jahrhunderts offensichtlich.

Zahlreiche Kirchen der Region verfügen noch über einzelne Ausstattungsstücke dieser für Dithmarschen bedeutenden Zeit, auf die hier nicht im Einzelnen eingegangen werden kann. Einige stammen aus den Werkstätten der genannten, namentlich bekannten Meister, andere sind dagegen nur namenlosen Werkstätten zuzuordnen. Nach der Mitte des 17. Jahrhunderts kam die einheimische Produktion allmählich zum Versiegen. Die Folgen des 30-jährigen Krieges und der nachfolgenden kriegerischen Auseinandersetzungen machten sich nicht nur in wirtschaftlicher Hinsicht bemerkbar. In der zweiten Hälfte des 17. Jahrhunderts wurden auch wieder vermehrt Möbel aus den Niederlanden eingeführt, die nun weniger durch geschnitzten Dekor als vielmehr von furnierten Oberflächen bestimmt wurden.

Das 18. und 19. Jahrhundert

Nach Beendigung der jahrzehntelangen kriegerischen Auseinandersetzungen in Europa, von denen auch Dithmarschen nicht unberührt blieb, kam es in der zweiten Hälfte des 18. Jahrhunderts aufgrund der anhaltenden Agrarkonjunktur wieder zu vermehrtem Wohlstand in der Region. Dieser Wohlstand wurde nach wie vor allem in eine luxuriöse Wohnkultur sowie den Besitz repräsentativer Gegenstände – in erster Linie aus Silber gefertigt – investiert. Im Gegensatz zu früheren Jahrhunderten gab es nun auch eine nennenswerte einheimische Produktion auf dem Gebiet des Gold- und Silberschmiedehandwerks. Besonders im südlichen Dithmarschen mit dem Zentrum Marne kam es unter dem Einfluss der angrenzenden blühenden Wilstermarschkultur zu beachtlichen Leistungen.

Dies gilt auch für die auffallend reizvollen Stubenausstattungen, die in den Museen von Meldorf, Altona, Schleswig und Flensburg erhalten blieben und dort die Dithmarscher Wohnkultur des 18. Jahrhunderts repräsentieren sollen. Sie stammen mit sehr großer Wahrscheinlichkeit aus einer Werkstatt; als ihr Schnitzer gilt der Überlieferung nach der Tischlergeselle Johann Junge aus Aver-

Döns aus Dingen bei Eddelak, datiert 1800, im Dithmarscher Landesmuseum Meldorf (Abb. 18).

Detail der Döns aus Dingen (Abb. 19).

lak. Eine weitere Arbeit dieser Werkstatt, ehemals auf dem Hof Piehl in Ostermoor eingebaut, befindet sich heute – wie die anderen Stuben auch beim Einbau stark verändert – in Privatbesitz in Burg/Dithmarschen. Kennzeichnend für die genannten Stuben sind die qualitätsvollen Schnitzereien mit Stilelementen von Rokoko bis Klassizismus und die farbenfrohe, leuchtende Bemalung (Abb. 18 + 19). Sie finden sich in ähnlicher Form auch an den Rückbrettern der sog. Kajohle, eines für die Westküste typischen zweirädrigen Kutschentyps der Zeit.

Dagegen sind die bemerkenswerten Schnitzarbeiten für den kirchlichen Bereich nicht so zahlreich. Erwähnung verdienen jedoch die Werke des Wesselburener Meisters Albert Hinrich Burmester (1683–1760), die dem sogenannten Spätbarock zuzuordnen sind. Zu seinen Hauptwerken zählen der Kanzelaltar in der Eddelaker Kirche (1740), der Altar in Hennstedt und in erster Linie die Kanzel in der Kirche seiner Heimatstadt Wesselburen. Sie wurde für den Neubau der Kirche 1738 angefertigt und zeigt als Trägerfiguren die Vollplastiken von Moses und Johannes dem Täufer. Sie verraten ein ausgeprägtes bildhauerisches Talent, obwohl Burmester in der Hauptsache von Tischler- und Stellmacherarbeiten gelebt haben dürfte.

Neben der Inanspruchnahme der einheimischen Produktion wurden nach wie vor sowohl Silberobjekte als auch Möbel und andere Gegenstände der gehobenen Wohnkultur – nach 1700 in verstärktem Umfang Fliesen zur Verkleidung der Stubenwände – aus den Niederlanden eingeführt. Bewegliche Einzelmöbel für den gehobenen bürgerlichen Bedarf – wie er beispielsweise durch den Süderdithmarscher Landvogt Heinrich Christian Boie repräsentiert wurde – wurden zumeist aus Hamburg oder Altona bezogen. Boie beschreibt dies im Briefwechsel mit seiner späteren Ehefrau Luise Mejer in Zusammenhang mit der Einrichtung seines Meldorfer Hauses. Leider blieben von dieser Art Möbel nur wenige erhalten; selbst das Meldorfer Museum hatte in den Anfangszeiten seiner damaligen Zielsetzung entsprechend kein ausgeprägtes

Sammelinteresse. So blieben nur ausgewählte Einzelstücke vom ehemals sicher großen Bestand an zeitgenössischen Stilmöbeln erhalten. Dass sie bereits Ende des 18. Jahrhunderts Einzug auch in größere Bauernhäuser hielten, beweist das Aquarell „Vollmacht Hansen und Familie am Teetisch" von 1796 (siehe Abb. auf S. 52). Ähnlich wie Markus Swin 250 Jahre zuvor ist Vollmacht Hans Hansen (1758–1829) als repräsentativ für die kleine, aber bestimmende Bevölkerungsgruppe der großbäuerlichen Oberschicht in Dithmarschen anzusehen. 1795 ließ sich Hansen im kurz zuvor eingedeichten Kronprinzenkoog von dem bedeutenden dänischen Architekten Christian Friedrich Hansen ein Bauernhaus im klassizistischen Stil erbauen. Das oben erwähnte Gemälde wurde wiederum nicht von einem einheimischen Künstler angefertigt, sondern von dem aus Friedrichstadt stammenden Wandermaler Niklas Peters, der sich später in Flensburg niederließ. Bekanntlich stammen von ihm auch noch eine Darstellung des Sohnes von Vollmacht Hansen zu Pferd und ein Portrait des Marner Kirchspielsvogtes Jochims.

Weitaus umfangreicher ist der überlieferte Bestand von Silbergeräten und -objekten des 18. Jahrhunderts (Abb. 20 + 21). Die Nachfrage nach silbernem Essgerät, Knöpfen und Schnallen, die zur Kleidung getragen wurden, und anderem mehr war groß. Dies führte dazu, dass sich in allen größeren Orten der Region Gold- und Silberschmiede in großer Zahl niederließen. Besonders im südlichen Dithmarschen mit dem Zentrum Marne kam es zu

Silberne Löffel mit Glassteinen aus Dithmarschen. Mit punktierten Inschriften versehen wurden sie zur Taufe oder Hochzeit verschenkt (Abb. 20).

herausragenden Leistungen. Hergestellt wurden Mantel- und Gürtelschließen, Halsketten und -schlösser, Knöpfe, Schuh- und Knieschnallen, Tuchnadeln, Ohr- und Fingerringe in großer Zahl. Zur Verlobung, Hochzeit oder Taufe wurden gerne Gegenstände aus Silber wie Gesangbuchschließen, Riech- und Talerdose, Tabaksdose, Becher oder

Silberne Schnupftabakdose von Sven Nordberg, 2. Hälfte 18. Jahrhundert (Abb. 21).

Gürteltasche mit silbernem Bügel von Sven Nordberg, 2. Hälfte 18. Jahrhundert (Abb. 22).

Kam es in der zweiten Hälfte des 18. Jahrhunderts noch einmal zu einer Blüte der einheimischen Kultur, so war im Verlauf des 19. Jahrhunderts ihr Niedergang zu verzeichnen. Die wirtschaftliche Krise Anfang des 19. Jahrhunderts und die allmählich einsetzende industrielle Fertigung in der Jahrhundertmitte verwischten regionale Unterschiede und überzogen das Land mit einheitlichen Vorstellungen, die in Dithmarschen ganz besonders das Kunsthandwerk betrafen. Die im Verlauf des 19. Jahrhunderts entstandenen Schmuckstücke tragen beispielsweise einen wesentlich bescheideneren Charakter als die des 18. Jahrhunderts und wurden bald ganz von billigerer Industrieware verdrängt.

Auch die Produktion der ortsansässigen Töpfereien, besonders in Tellingstedt und Windbergen beheimatet, war davon betroffen (Abb. 23 + 24). Seit Ende des 17. Jahrhunderts ist Töpferei in Tellingstedt nachweisbar; den ersten Aufschwung erlebte sie in der Zeit um 1800. Der zweite wichtige Standort in Dithmarschen war das Dorf Windbergen. Allerdings etablierten sich die ersten Töpfereien dort erst um 1800. Ihre Blütezeit erlebte die Dithmarscher Töpferei um die Mitte des 19. Jahrhunderts, zu einer Zeit, als in anderen Gegenden der Niedergang längst eingesetzt hatte. Die zahlreichen ortsansässigen Betriebe fertigten in erster Linie einfaches, kaum verziertes Gebrauchsgeschirr an. Daneben wurden in geringerem Umfang auch kunstvollere, stärker verzierte Gegenstände angefertigt, die vor allem repräsentativen Zwecken dienten und in unserem Zusammenhang erwähnenswert

Schalen verschenkt. Bestickte Gürteltaschen aus Samt, Brokat oder Tuch mit silbernem Bügel und Haken, die in der ersten Hälfte des 18. Jahrhunderts aufkamen und ihre höchste Blüte in Dithmarschen erlebten, sind mehrfach überliefert. Ein besonders schönes und gut erhaltenes Exemplar bewahrt das Dithmarscher Landesmuseum; es wurde von dem Heider Meister Sven Nordberg angefertigt (Abb. 22). Dieser aus Schweden stammende Gold- und Silberschmied ließ sich um 1752 in Heide nieder und zeichnete sich durch große handwerkliche Qualität und künstlerischen Geschmack aus.

Möschenpott aus Tellingstedt (?), 1723 (Abb. 23).

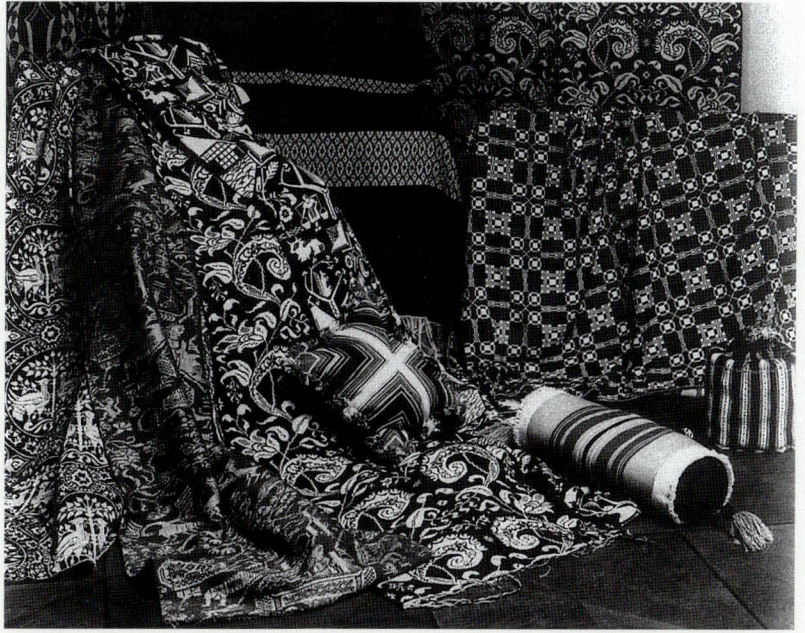

die traditionellen Techniken noch beherrschten, die Meldorfer Museumsweberei auf. Anders als in Scherrebek konzentrierte man sich zunächst auf Gebrauchsstoffe, die für Bekleidung, Vorhänge, Kissen und anderes mehr verwendet werden konnten. Die alte Technik des Beiderwandwebens, mit den charakteristischen Mustern, die vor allem im 18. Jahrhundert gebräuchlich war, wurde wiederbelebt; aber auch neue Muster für alte Webtechniken wurden entwickelt. Unter dem Namen „Dithmarscher Museumswerkstätten" existiert die Weberei – allerdings losgelöst vom Museum – bis heute fort (Abb. 25).

Ofenstulpe aus Windbergen, 1840 (Abb. 24).

Aus der Produktion der Meldorfer Museumsweberei, ca. 1920er-Jahre (Abb. 25).

sind. Aus dem 18. Jahrhundert sind zwei sog. Möschenpötte überliefert, die Tellingstedter Töpfereien zugeschrieben werden und heute im Altonaer Museum in Hamburg zu sehen sind. Beide sind mit Inschriften verziert und 1723 bzw. 1756 datiert. Auffällig ist das Bemühen um äußerst feine Arbeit mit fayenceähnlicher Wirkung und die mehrfarbige Bemalung, die eher untypisch für Dithmarscher Töpfereierzeugnisse ist. Die älteste für Tellingstedt gesicherte Arbeit ist eine Grützschüssel mit der Datierung 1759. Sie zeigt schon die für das 19. Jahrhundert charakteristische farblich zurückhaltende Bemalung, die sich meist auf Braun- und wenige Grüntöne beschränkt. Figürliche Motive kommen kaum vor, dagegen wurden die Gegenstände mit Blumen, Blüten- und Blattranken verziert; im 19. Jahrhundert finden sich in verstärktem Umfang Inschriften. Auffallend unter den Windberger Erzeugnissen sind Ofenstulpen mit besonders langen Texten, die aufgrund ihrer Originalität auf einen weiträumigen Absatz rechnen konnten. Eine Anzahl von Betrieben blieb bis um 1900 bestehen. Als letzter stieg die Töpferei von Heinrich Reimers in Tellingstedt in den 1920er Jahren unterstützt vom Meldorfer Museumsvorstand ganz auf Kunsttöpferei um und versuchte dabei, die überlieferten Muster und Verzierungen neu zu beleben. Unter wechselnder Leitung bestand diese Töpferei in Tellingstedt bis Ende 1999.

Auf ähnliche Wiederbelebungsversuche überlieferter Handwerkskultur ist die Gründung der Meldorfer Museumsweberei 1896 zurückzuführen. Wie bei der Handweberei in Scherrebek geht sie letztlich auf Anregungen von Justus Brinckmann, den Direktor des Museums für Kunst und Gewerbe in Hamburg, zurück. Er hatte auch in Meldorf großen Einfluss auf den Museumsvorstand. Als erste Leiterin der Museumsweberei wurde die gebürtige Dithmarscherin Elisabeth Lindemann gewonnen. Nach einer Ausbildung an der Kunstgewerbeschule in Dresden erlernte sie in Stockholm das Weben und kam 1902 nach Meldorf. Hier baute sie mit Hilfe zweier alter Weber, die

Jahrhundertwende und 20. Jahrhundert

Bestimmend für die Entwicklung von Kunst und Kunstgewerbe im 20. Jahrhundert ist die Tatsache, dass sich nach den rückwärts gewandten Bestrebungen der Jahrhundertwende mit ihrer Betonung lokaler Besonderheiten eine immer stärker werdende Verwischung regionaler Unterschiede durchsetzte. Diese Entwicklung führte dazu, dass man in der Gegenwart kaum noch von regionaler Kunstgeschichte im eigentlichen Sinn sprechen kann.

Vom kunsthistorischen Standpunkt aus betrachtet zeichnet sich die Jahrhundertwende zum 20. Jahrhundert in Dithmarschen darüber hinaus vor allem dadurch aus, dass in dieser Zeit zum ersten Mal bildende Künstler von Bedeutung in der Region auftauchen. Aber anders als in anderen Gegenden Schleswig-Holsteins sind es keine Maler von außerhalb, die die herbe, auf den ersten Blick wenig anziehende Landschaft Dithmarschens im Bild festhal-

Friedrich Boie, Im Watt, Tusche über Bleistift (Abb. 26).

Nicolaus Bachmann, Ansicht von Wesselburen, Öl auf Leinwand (Abb. 27).

ten. Es sind einheimische Künstler – darunter auch Laien –, die die Landschaft der Dithmarscher Küste mit Vorland, Deich und weiter Marsch für sich entdecken. Motive aus der Geestlandschaft Dithmarschens wurden so gut wie überhaupt nicht berücksichtigt. Auswärtige Künstler reisten eher auf die Inseln Sylt, Föhr und Amrum oder arbeiteten in Nordfriesland und Eiderstedt, welche lohnendere landschaftliche Eindrücke für das Malerauge versprachen. Auch wurde in Dithmarschen schon lange keine Tracht mehr getragen, was Maler um 1900 hätte anziehen können.

Der erste, der um die Mitte des 19. Jahrhunderts die Landschaft seiner Heimat für sich entdeckte, war der 1826 als Sohn einer alteingesessenen Dithmarscher Familie in Meldorf geborene Friedrich Boie. Er erfasste die Landschaft Dithmarschens in der Umgebung Meldorfs, gelegentlich aber auch darüber hinaus, zeichnerisch. Es sind fast ausnahmslos kleinformatige Skizzenblätter, darunter zwei anspruchslose Darstellungen mit den Titeln „Im Watt" (Abb. 26) und „Friedrichskoog vom Kronprinzenkoog" (Blick in die Marsch). Sie geben Motive vor, die uns in späterer Zeit immer wieder begegnen werden,

nicht zuletzt in den Bildern des „Großen Dreigestirns der Dithmarscher Kunstgeschichte", Nicolaus Bachmann (geb. 1865 in Heide; gest. 1962 in Heide), Willy Graba (geb. 1894 in Wesselburen; gest. 1973 auf Hallig Langeneß) und Hans Gross (geb. 1892 in Pahlen; gest. 1981 in Heide). Neben diesen drei bekannteren Künstlern sind noch Adolf von Horsten (geb. 1888 in Meldorf; gest. 1985 in Meldorf) und Ernst Wöhlk (geb. 1894 in Heide; gest. 1977 in Hamburg) zu nennen, der erst jüngst der Vergessenheit entrissen wurde. Auch er zählte zu den Künstlern, die sich nach 1925 an den Ausstellungen des Dithmarscher Kunstvereins beteiligten. Sie machten die solange als nicht bildwürdig angesehene Landschaft Dithmarschens zu einem wichtigen Gegenstand ihrer künstlerischen Arbeit.

Während Bachmann um die Jahrhundertwende in Berlin als geschätzter Portraitmaler des Wilhelminischen Bürgertums tätig war, suchte er während der Sommermonate in seiner Heimat Dithmarschen vor allem landschaftliche Motive auf, die er meist sehr konventionell nach ein und demselben Kompositionsschema entwarf (Abb. 27). Eindrucksvolles leistete Bachmann dagegen in seinen

Willy Graba, Menschenmarkt in Wesselburen, um 1930, Öl auf Leinwand (Abb. 28).

Hans Gross, Dorfstraße in Pahlen, um 1913/14, Öl auf Leinwand (Abb. 29).

kleinformatigen Landschaftsstudien und -skizzen, die locker und farbig gemalt sind und das Wesentliche der Landschaft überzeugend wiederzugeben vermögen. In ganz ähnlicher Manier gestaltete Adolf von Horsten seine Gemälde, die oft eher „Hofportraits" als echten Landschaftsbildern gleichen.

Graba und Gross haben in unterschiedlicher Art die Landschaft Dithmarschens interpretiert. Graba, der erst über Umwege während seiner Internierungszeit in Australien zur Kunst kam, reiste zeitlebens viel und blieb Einflüssen und Anregungen von außen aufgeschlossen (Abb. 28). In seinen Landschaftsdarstellungen aus Dithmarschen bevorzugte er Küstenmotive: „... Er ist bekannt als Maler der Westküste Schleswig-Holsteins, der Halligen, Priele, Warften und Abbruchkanten ..." (F. Trende).

Nach dem Ersten Weltkrieg hatte es in den 1920er Jahren wie in vielen anderen Lebensbereichen eine Art Aufbruchsstimmung im Kunstleben Dithmarschens gegeben. Am Anfang stand 1919 eine Ausstellung im Heider Kaufhaus Böttcher, die den Expressionismus in Dithmarschen bekanntmachte. Hauptvertreter dieser Kunstrichtung im Land war für einige Jahre Hans Gross, der sich

nach seiner künstlerischen Ausbildung in Königsberg und Weimar 1919 in Heide niedergelassen hatte. In den frühen 1920er Jahren stellte er die Landschaft Dithmarschens in farblich expressiv übersteigerten Gemälden und Holzschnitten dar (Abb. 29). Seine spätere, unheilvolle Entwicklung während der Jahre des „Dritten Reiches" wurde an anderer Stelle bereits eingehend beleuchtet. Nach dem Zweiten Weltkrieg kehrte Gross nach Heide zurück und widmete sich in zahllosen Aquarellen noch einmal der Darstellung der heimatlichen Landschaft, allerdings ohne an die künstlerische Qualität seiner Anfangszeit anknüpfen zu können. Graba und Gross waren die Hauptvertreter einer Dithmarscher Landschaftskunst in den Jahren zwischen den Weltkriegen. Darüber hinaus gibt es in den Jahren vor und nach dem Ersten Weltkrieg wenig Namen, die in unserem Zusammenhang erwähnenswert sind. Ausnahmen stellen die 1882 in Wesselburen geborene Ottilie Reylaender und der 1890 als Sohn eines Landwirts in Hemmerwurth geborene Boje Postel dar. Beide verließen die Region jedoch bald und widmeten sich ganz anderen künstlerischen Zielsetzungen, wobei es von Boje Postel eine Reihe von Zeichnungen mit landschaftlichen Motiven aus Dithmarschen gibt (Abb. 30). Während die 1920er Jahre den Höhepunkt des sich um die Jahrhundertwende zum 20. Jahrhundert entwickelnden Kunstschaffens in der Region bedeuteten – nicht zuletzt gefördert durch die Gründung des Dithmarscher Kunstvereins 1925 – stagnierte diese Entwicklung seit Anfang der 1930er Jahre in zunehmendem Maße. Ende der 1930er/Anfang der 1940er Jahre kamen zwei Künstler von außerhalb nach Dithmarschen, die hier zunächst aus beruflichen Gründen dauerhaft ansässig blieben: Walter Gross (1908–1988) und Gertrud von Hassel (geb. 1908 in Daressalam, gest. 1999 in Meldorf). Für beide wurde die Landschaft Dithmarschens zu einem wichtigen Teil ihrer künstlerischen Arbeit. Bei Walter Gross stehen wieder Küstenlandschaften und Darstellungen der Halligen im Vordergrund, sie sind denen Grabas am ehesten verwandt. Gertrud von Hassel dagegen widmete sich zunächst der etwas bewegteren Geestlandschaft in der Umgebung von Meldorf und Wolmersdorf (Abb. 31). Später hat sie sich – obwohl sie keine Landschaftsmalerin im engeren Sinn war und sich auch sehr mit Portrait und Stillleben befasst hat – auch immer wieder mit der Marschlandschaft Dithmarschens auseinandergesetzt. Auch Heinrich Heidel, 1906 in Kiel geboren, kam in den 1930er Jahren als Lehrer nach Dithmarschen und blieb hier ansässig. Er fand die Motive für seine Arbeiten vielfach in der Dithmarscher Landschaft, vor allem an der Küste.

Die Nachkriegszeit brachte wenig Neues in der Dithmarscher Kunstszene, auch nicht im Fach Landschaftsmalerei. Die Künstler der Vorkriegszeit wie Graba, Hans Gross, Walter Gross, Gertrud von Hassel und andere malten weiter in ihrer herkömmlichen Manier; was es möglicherweise an Anregungen durch Flüchtlinge, die zum Teil nur wenige Jahre in der Region blieben, gegeben hat, ist nicht bekannt.

In den folgenden Jahrzehnten, eigentlich bis in die Gegenwart hinein, blieb Dithmarschen vom sich immer schnelllebiger und hektischer entwickelnden Kunstleben Schleswig-Holsteins so gut wie unberührt und wurde damit seiner traditionellen Randlage selbst innerhalb Schleswig-Holsteins wieder einmal gerecht. Mit der Ausstellung „Landschaft aktuell" von 1989 trug das Museum in Meldorf einer Entwicklung Rechnung, die bereits früher, in Dithmarschen seit 1976 maßgeblich durch Claus Vahle repräsentiert, eingesetzt hatte. Diese Richtung der Landschaftsmalerei beschwor nicht mehr die „Heile Welt". Vielmehr beschäftigte sie sich mit den Veränderungen und Verletzungen, die zunehmender Verkehr, Einsetzen der Industrialisierung und intensive Landwirtschaft auch einer auf den ersten Blick „heil" und ländlich-rückständig erscheinenden Region wie Dithmarschen zugefügt hatten.

Boje Postel, Hafen von Wollersum, 1913, Kreide (Abb. 30).

Gertrud von Hassel, Wolmers-
dorf: Blick vom Geestrand zur
Marsch, 1948, Pastell (Abb. 31).

Die Zeiten eines Nicolaus Bachmann mit seinen sommerlichen Dithmarscher Idyllen waren in den Jahren nach dem Zweiten Weltkrieg, in Dithmarschen spätestens seit den 70er Jahren, unwiederbringlich dahin.

Claus Vahle (geb. 1940 in Göttingen) ist einer der letzten in einer Reihe von Künstlern, für die die Landschaft Dithmarschens zu einem wichtigen Teil ihrer künstlerischen Arbeit wurde. Über 20 Jahre war er in Marne ansässig und hat in dieser Zeit viele umwälzende Prozesse wie den Ausbau Brunsbüttels zum Industriestandort, die Errichtung der ersten Großwindanlage „Growian" im Kaiser-Wilhelm-Koog und den Bau der Nordostsee-Kanalbrücke bei Brunsbüttel bildlich festgehalten. Bilder Vahles wie zum Beispiel das Gemälde mit dem Titel „Übungsflug", das Düsenjäger über einem Kohlfeld zeigt, sind inzwischen zu Klassikern der schleswig-holsteinischen Landschaftsmalerei avanciert (Abb. 32). Auch der seit 1978 in der Region ansässige Gerhard Hermanns (geb. 1935 in

Langenfeld/Rheinland), der sich in seiner künstlerischen Arbeit ausschließlich der klassischen Technik des Mehrfarbenholzschnitts verschrieben hat, zählt zu den Künstlern, die sich dem Thema Landschaft der Westküste mit durchaus kritischen Anklängen gewidmet haben. Bestes Beispiel dafür ist der Zyklus „Letzte Landschaften", entstanden in den Jahren 1987 bis 1991. Allerdings beschränkt sich die Bedeutung seines Werks auf einen engeren lokalen Rahmen.

In den letzten zwanzig, dreißig Jahren entfernte sich die zeitgenössische Kunst auch in Dithmarschen immer weiter von der klassischen Landschafts- oder Porträtmalerei. Ambitionierte Ausstellungsprojekte wie „Zwischen den Deichen" in Büsum (durchgeführt 1992 bis 2002 im Außenraum in und um Büsum), die Ausstellungen der Stadtgalerie im Elbeforum in Brunsbüttel, die sich seit ihren Anfängen ab 1992 dezidiert der zeitgenössischen Kunst widmen, oder die seit 1990 alle drei Jahre im Dith-

Claus Vahle, Übungsflug
(Abb. 32).

Ulrike Andresen, aus dem Zyklus: Bilder aus der Heimat, Acryl auf Leinwand (Ab.. 33).

marscher Landesmuseum in Meldorf gezeigten Ausstellungen zur Vergabe des Meldorfer Culturpreises machen den Versuch, zeitgenössische Kunst in ihren vielfältigen und ungewöhnlichen Formen in die Region zu holen. Gelegentlich sind dabei auch in Dithmarschen ansässige Künstler und Künstlerinnen vertreten, so zum Beispiel die 2006 viel zu früh verstorbene Ulrike Andresen (geb. 1949 in Iserlohn). Sie kam 1986 wie vorher schon andere als Kunsterzieherin nach Dithmarschen. Mit ihrem vielgestaltigen Werk, das sich auf keine Richtung eindeutig festlegen lässt, zählte sie zu den herausragenden Künstlerinnen des Landes. Eher selten hat sie sich mit dem Thema der sie umgebenden Landschaft beschäftigt. Eine der wenigen Ausnahmen bildet der Zyklus „Bilder aus der Heimat", in dem sie sich auf der Grundlage von Abbildungen aus der Lokalzeitung auf ironisch-distanzierte Art und Weise mit ihrer dithmarscher Umgebung beschäftigt (Abb. 33).

Insgesamt betrachtet fehlt den meisten Arbeiten, die aktuell in Dithmarschen entstehen, der unmittelbare, auf den ersten Blick ersichtliche Bezug zur Region. Weder motivisch noch technisch lassen sie sich eindeutig in der Region verorten. So bleibt die abschließende Frage, inwieweit man für die Gegenwart überhaupt noch von regionaler Kunstgeschichte sprechen kann.

Literatur aus Dithmarschen

Von Frank Trende

Dithmarschen kann sich literarischer Bedeutung rühmen: Weit über das bekannte, die klassischen literarischen Gattungen abdeckende Trio Friedrich Hebbel, Dramatiker, Klaus Groth, Lyriker, und Gustav Frenssen, Erzähler, hinaus, stammten eine Vielzahl von Literaten mit überregionaler Bedeutung aus Dithmarschen, sind hier geboren, haben hier geschrieben oder haben hier ihre Wahlheimat gefunden.

Dabei steht bei einem Überblick über die Literatur aus Dithmarschen, von historischen Chroniken, mittelalterlichen Liedern und Volkserzählungen abgesehen, der Liederdichter Mauritius Kramer (1646–1702) am Anfang. Würde sich ein solcher Überblick nicht nur auf Dichtung und Poesie im engeren Sinn beziehen, müsste er mit Autoren – genauer gesagt: Chronisten – beginnen, die freilich die Intention hatten, das genaue Gegenteil von „Dichtung" zu Papier zu bringen: Allen voran ist dabei Johann Adolph Köster (um 1550–1631), der sich selbst nach Humanistenart den griechischen Namen Neocorus gab, zu nennen. In Wöhrden aufgewachsen, hatte er nach der schulischen Ausbildung in Helmstedt Theologie studiert und war seit 1587 in Büsum als Schulrektor und später als Diakon angestellt. Seine umfangreiche „Chronik des Landes Dithmarschen", die bis in das Jahr 1619 reicht und die erste zusammenfassende Darstellung der Geschichte Dithmarschens liefert, ist 1827 erstmals, herausgegeben von Friedrich Christoph Dahlmann, veröffentlicht worden. Um drei Jahrzehnte fortgesetzt wurde Neocorus' Arbeit durch Hans Dethleff aus Windbergen, der, vierzig Jahre jünger als sein Büsumer Vorbild war, als Bauer Latein konnte, also vermutlich die Meldorfer Lateinschule besucht hatte. Dethleffs Darstellung endet 1650.

Claus Harms.

Der Liederdichter Mauritius Kramer also wurde in Ammerswurth geboren, ging in Meldorf zur Gelehrtenschule und studierte 1666 bis 1669 in Jena Theologie und Philosophie. Nach Predigten in Meldorf und Marne und einem Hamburg-Aufenthalt wurde er 1670 zum Diaconus der Marner Kirche gewählt, wo er „unter der großen Amtslast an dieser großen Gemeinde rechtschaffen schwitzen" musste, da das Pastorat nach dem Tode des Amtsinhabers zunächst unbesetzt blieb. Kramer veröffentlichte 1683 in Glückstadt seine „Heiligen Andachten", Kirchenlieder, denen teilweise weltliche Melodien zugrunde lagen oder aber zu denen der Marner Organist Krohn die Töne setzte und die vereinzelt Aufnahme in verschiedene kirchliche Liederbücher gefunden haben. 1698 publizierte Kramer unter dem Titel „Die Wiederbringung der Evangelischen Wahrheit in Deutschland … in Sonderheit in Dithmarschen". Und als ein gebürtiger Marner, der nach Holland ausgewandert und Quäker geworden war, in seiner Familie für seinen Glauben warb, entfaltete Kramer publizistischen Eifer und schrieb eine 414 Seiten starke Abhandlung „Eine nöthig erachtete christliche Warnung für dem ungeschmackten Quäkerquarke", die 1688 erschien.

Aus Mecklenburg nach Dithmarschen kam Mauritius Rachel, zentrale Figur einer literarisch wirksamen Familie, der 1616 Diaconus und dann Hauptpastor in Lunden wurde. Er dichtete selbst und stand in enger Verbindung mit Johann Rist, der, bevor er nach Wedel ging, in Heide gelebt hatte. Sein Bruder Joachim Rachel, wurde Hauptpastor in Wesselburen und verfasste Gedichte und populäre Erbauungsbücher. Mauritius Rachels Sohn Joachim Rachel (1618–1669) wurde in Lunden geboren, studierte nach der Lateinschule in Rostock und wurde später Leiter der Rektorenschule in Heide. Als zeitkritischer Satiriker ist er in die Literaturgeschichte eingegangen.

Wie Kramers Schaffen, so ist auch das literarische Werk Claus Harms' (1778–1855) theologisch inspiriert. Harms stammte aus Fahrstedt bei Marne, sein Weg auf die Kanzel war beschwerlich: Nach Volksschule und, wegen seiner besonderen Begabung, Privatstunden in Latein, Griechisch und Geschichte beim Ortsgeistlichen, entschied sich Harms, in dem Wissen, dass sein Vater ihm kein Studium würde ermöglichen können, für die Arbeit in der elterlichen Mühle. Diese musste nach dem frühen Tod des Vaters allerdings verkauft werden, und Harms verdingte sich als Knecht. Er bekannte später, dass es nicht ein starkes Bedürfnis für ihn war, Theologie zu studieren, sondern dass der Wunsch nach einer „geachteten Lebensstellung" ihn beflügelte. Nun ergab sich die Möglichkeit, die Meldorfer Gelehrtenschule zu besuchen. Nach zwei Jahren wechselte er an die Kieler Landesuniversität, um Theologie zu studieren. Zugleich hörte er Vorlesungen in Geschichte, Philologie, Mathematik und Naturwissenschaften. Nach bestandenem Examen 1802 ging er als Hauslehrer nach Probsteierhagen bei Kiel und hatte im

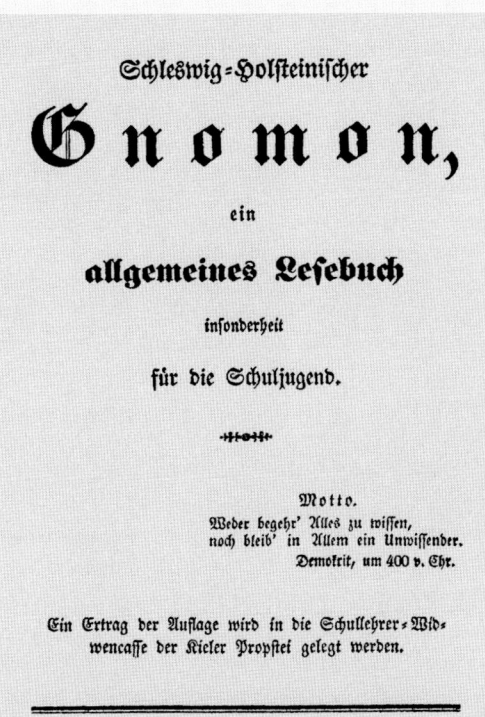

eh' sie greisen" – aus diesem selbst formulierten Impetus heraus veröffentlichte er mit seinem Gnomon 1841 ein viel gelesenes Volkslesebuch, das vor allem in Schulen Verwendung fand. Der „Gnomon" war eine Komposition gelehrter und poetischer Texte unterschiedlicher Autoren, mit der Harms versuchte, das Weltwissen seiner Zeit zu sammeln und die Ordnung der Welt, des Himmels und der Sterne zu erzählen. 1849 schied Claus Harms aus dem Dienst und diktierte, inzwischen vollkommen erblindet, seine autobiografische „Lebensbeschreibung", die wegen ihrer Anschaulichkeit von besonderer literarischer Qualität ist.

Während Kramer und Harms sich als Theologen mit der Literatur gewissermaßen nebenberuflich beschäftigten, wirkte mit Heinrich Christian Boie (1744–1806) ein Literaturjournalist, der hauptberuflich Jurist war, in Dithmarschen. Boie wurde in Meldorf geboren und besuchte die dortige Gelehrtenschule, ging dann auf eine Flensburger Schule, weil sein Vater, der Pastor in Meldorf war, nun Propst in Flensburg wurde. 1764 ging der junge Boie nach Jena, um Theologie zu studieren, wechselte jedoch bald in das juristische Fach. Nach einer befristeten Rückkehr in sein Elternhaus setzte er seine Studien 1769 in Göttingen fort, wirkte aber in der Hauptsache als Hofmeister und war somit Erzieher eines jungen Adeligen. Hier begann er auch zu schreiben, „Gelegenheitsarbeiten", mit denen er in keiner Literaturgeschichte gewürdigt worden wäre. Vielmehr widmete er sich dem, was wir heute Literaturbetrieb nennen: Er stellte Verbindungen her, spürte literarische Talente auf, hielt Kontakt zu Schriftstellern und widmete sich der Kritik. Bald stand er in regem Kontakt zu den Größen seiner Zeit, zu Goethe und Wieland ebenso wie zu Schiller, Klopstock und Lichtenberg. Diese Kontakte ermöglichten ihm 1769 erstmals die Herausgabe des „Göttinger Musenalmanaches", der zu einem großen Erfolg wurde. Boie wurde Mittelpunkt eines Kreises junger Dichter, etwa Friedrich Gottlieb Klopstock, Gottfried August Bürger, Johann Heinrich Voß, Christoph Hölty, die Brüder Grafen von Stolberg, die sich unter dem Namen „Göttinger Hain" zusammenfanden, literarische Fragen debattierten und voller Patriotismus für alles schwärmten, was ihnen „deutsch" schien. 1776 erschien erstmals eine neue Monatsschrift unter dem Titel Deutsches Museum, für die Boie und der Göttinger Professor von Dohm verantwortlich zeichneten. Bis 1788 lagen dreizehn Jahrgänge vor, von 1789 bis 1791 besorgte Boie das „Neue Deutsche Museum" allein. In beiden Zeitschriften spiegeln sich die intellektuellen Debatten des späten 18. Jahrhunderts mit einem großen geistes- wie naturwissenschaftlichen Themenspektrum. 1776 war Boie in Hannover in die Dienste von Feldmarschall v. Spörken getreten und begann einen anmutigen Briefwechsel, später veröffentlicht unter dem Titel „Ich war wohl klug, dass ich Dich fand", mit seiner späteren ersten Frau Luise Mejer. Die Literatur

Hause des Pastors Schmidt Gelegenheit, seine umfassende Bildung durch die Lektüre der deutschen Klassiker und Shakespeares zu komplettieren. Im Jahre 1806 ging Claus Harms als zweiter Pastor nach Lunden und erwarb sich dort den Ruf eines bedeutenden, engagierten Kanzelredners. Hier prangerte er beispielsweise 1814 mit der Predigt „Der Krieg nach dem Kriege oder die Bekämpfung einheimischer Landesfeinde" bestechliche Beamte öffentlich an, von hier aus ließ er die „Sommer- und Winterpostille" erscheinen, in der er seine Predigten publizierte. Im Jahre 1816 bewarb Claus Harms sich um die Stelle des Nachmittagspredigers an der Kieler Nikolaikirche. Ob er Lundens überdrüssig wurde, weil die „Vornehmen" ihm mit Zurückhaltung begegneten oder ob er sich mit dem ersten Pastor im Ort nicht verstand, muss Spekulation bleiben. In Kiel scharte er eine große Gemeinde um sich, veröffentlichte 1817 Luthers 95 Thesen neu, fügte ihnen 95 eigene Lehrsätze hinzu und löste damit zur Dreihundertjahrfeier der Reformation mit seinem „Thesenstreit" eine öffentliche Debatte über die Vernunft in der Religion aus, wobei Harms sich gegen aufklärerische Tendenzen in der Theologie zur Wehr setzte. Rufe als Bischof und Professor nach St. Petersburg beziehungsweise Berlin schlug er aus. Er verstärkte seine publizistische, allgemein-literarische Tätigkeit. Ein Buch war für ihn „eine Brücke, über den Strom der Zeit gebaut". „Durch ein Buch spricht der Weise zu den Weisen und denen, die es werden wollen, war für ihn nur noch „das Glück und Vergnügen meiner Nebenstunden." Vier Jahre später bewarb er sich beim dänischen König um eine Anstellung als Landvogt, der seine Anfrage positiv beschied. Im März 1781 zog Boie, mit Diener und Hund, in seine Vaterstadt Meldorf zurück. Boie wirkte als der Aufklärung verpflichteter Verwaltungsbeamter, im Privatleben führte er seinen exotischen Garten zu besonderer Blüte und hinterließ eine Bibliothek, die mehr als 3000 Bände umfasste. Unter seinem Vorsitz etablierte sich 1792 eine „Lesegesellschaft", durch die er versuchte, Anstöße zur literarischen Bildung in der Landschaft zu geben und damit durchaus auch in Dithmarschen kulturell zu wirken versuchte. Als Sitz des „Deutschen Museums" und des „Neuen Deutschen Museums", machte er durch seine Vermittlungsarbeit Meldorf bis 1791 zu einem Hauptort des deutschen Literaturbetriebes.

Bei der Organisation der Lesegesellschaft gewann der literarische Landvogt schnell einen wichtigen Verbündeten: Der berühmte Forschungsreisende Carsten Niebuhr (1733–1815) war, verbittert und enttäuscht über Intrigen am dänischen Hofe, aus dem Militärdienst ausgeschieden und bereits vor Boie 1778 als Landschreiber nach Meldorf gekommen. Der gebildeten Welt war Niebuhr längst bekannt: Er stammte aus Lüdingworth im Land Hadeln, hatte nach dem Gymnasium 1757 begonnen, in Göttingen Mathematik und Astronomie zu studieren und wollte Landmesser werden. Schon im folgenden Jahr war er ausgewählt worden, als Landmesser an einer ausschließlich wissenschaftlich motivierten Südarabienexpedition teilzunehmen. Im Januar 1761 trat er die Reise zusammen mit einem Philologen, einem Biologen, einem Arzt, einem Ma-

ler und einem Diener an. Erst im November 1767 sollte er, als einziger Überlebender, wieder in Kopenhagen eintreffen. Die Expedition hatte über Malta und Ägypten in den Jemen geführt. Mit Messungen und Beobachtungen wurden wichtige wissenschaftliche Grundlagen für die Erforschung der Region gelegt. Niebuhrs nächstes Ziel war Indien. Nach einem mehrmonatigen Aufenthalt vor allem in Bombay, eine geplante Reise nach China musste wegen einer Erkrankung ausfallen, wandte er sich wiederum Arabien zu, besuchte die Ruinen von Persepolis, die er vermaß und deren Keilinschriften Niebuhr kopierte. Dabei gelang es ihm, gewisse Gesetzmäßigkeiten zu erkennen, die die Grundlagen für die spätere Entschlüsselung der Schrift legten. Er erreichte 1765 Basra und durchquerte den heutigen Irak bis Bagdad, zog weiter über Mossul nach Aleppo, setzte nach Zypern über, besuchte von dort das Heilige Land, um schließlich über Konstantinopel, die Walachei und Warschau nach Kopenhagen zurückzukehren. Die Begrüßung in Kopenhagen fiel offenbar bescheidener aus, als zu erwarten gewesen wäre. Carsten Niebuhr wurde zwar befördert, seine wissenschaftliche Leistung ansonsten aber nicht sonderlich gewürdigt. Unmittelbar nach seiner Rückkehr ging Niebuhr daran, die wissenschaftlichen Ergebnisse der Expedition in seiner „Beschreibung von Arabien" zusammenzufassen, die 1772 erschien und vor allem für die Wissenschaft gedacht war. Populärwissenschaftlich-literarisch legte er dagegen seine „Reisebeschreibung nach Arabien" an, deren erster Band 1774 erschien und deren zweiten Band er 1778, dem Jahr, in dem er nach Süderdithmarschen ging, der Öffentlichkeit übergab. Die Arbeit am dritten Teil ließ er in Meldorf ruhen, da die vorausgegangenen Werke nicht den Erfolg hatten, den Niebuhr sich erhoffte; der dritte Band erschien erst 22 Jahre nach dem Tod des Autors. In Meldorf pflegte der Wissenschaftsliterat nun freundschaftlichen Verkehr mit Boie, nutzte dessen reichhaltige Bibliothek, und wurde durch diesen mit weiteren Literaten und Wissenschaftlern bekannt. Neben seiner dienstlichen Tätigkeit – der Landschreiber war vor allem für die Hebung der Steuern zuständig, Niebuhr plante darüber hinaus Moorkultivierungen und Landgewinnungsprojekte – schrieb er Aufsätze über orientalische Fragen, die er in Boies „Museum" veröffentlichte. Die Beschreibung seiner Reise in das damals unerforschte „Arabia felix" gilt bis auf den heutigen Tag als eines der wichtigsten Zeugnisse zum Verständnis der arabischen Kultur und gehört zu den Klassikern der historischen Reisebeschreibungen.

In Meldorf aufgewachsen ist der in Kopenhagen geborene Sohn des Arabienforschers, Barthold Georg Niebuhr (1776–1831). Er galt, begabt und belesen, bald als „kosmopolitisches Wunderkind" (Theodor Mommsen) und war als geachteter Staatsmann und Diplomat auch Gelehrter von Rang, der die Geschichtswissenschaft durch seine moderne historische Quellenkritik revolutionierte.

Barthold Georg Niebuhr.

Universität vorbereiten. In Hamburg lernte er Elise Lensing kennen, die sich für ihn aufopferte, hier begann er sein „Tagebuch", das er bis 1863 führte und das heute zu den klassischen, herausragenden Selbstzeugnissen in der deutschen Literatur zählt. Hebbel ging – zu Fuß – nach Heidelberg, studierte Literatur und Philosophie, hörte dann Vorlesungen in München und kehrte – wiederum zu Fuß – nach Hamburg zurück. Der Tod seines Freundes Emil Rousseau und seiner Mutter hatten ihn in eine tiefe seelische Krise gestürzt. In Hamburg nahm Elise Lensing ihn auf, ermöglichte ihm das Schreiben. Die Uraufführung seines Dramas „Judith" machte ihn als Dramatiker bekannt. Kontakte nach Kopenhagen brachten ihm ein zweijähriges Reisestipendium, das ihn nach Paris, Rom, Neapel und schließlich nach Wien führte. In Wien machte die Presse auf ihn aufmerksam, er fand Förderer und Mäzene und traf mit der Burgschauspielerin Christine Enghaus zusammen, die er schließlich 1846 heiratete. Mit Elise Len-

Friedrich Hebbel.

Kirchspielvogtei von 1737 in Wesselburen. Das hier eingerichtete Museum erinnert an den Dichter Friedrich Hebbel.

Kramer, Harms, Boie, Niebuhr: diese bedeutenden Persönlichkeiten, die aus heutiger Sicht zu würdigen sind, die in Dithmarschen lebten und die Literaturgeschichte bereicherten, waren Autoren im Nebenberuf, waren Auch-Schriftsteller. So mag Friedrich Hebbel (1813–1863) als erster Nur-Schriftsteller Dithmarschens gelten, auch wenn er Dithmarschen dafür freilich verlassen musste. Er hat sich zeitlebens mit gemischten Gefühlen an Dithmarschen erinnert: Unter der Weltabgeschiedenheit, die ihm armselig und kulturlos vorkommen mochte, litt er. Die Geschichte der Republik Dithmarschen berührte ihn eigentümlich und mit Stolz: „Von vielen charakterisierenden Bemerkungen, die ich über mich lesen mußte, schien mir die eine, oft wiederholte, daß sich in mir die negativen, wie die positiven Eigenschaften meines Volksstammes treu abspiegelten, am meisten begründet, ...". Hebbels Lebensweg mutet tatsächlich ganz und gar märchenhaft an. Seine entbehrungsreiche Kindheit, sein Vater konnte als Maurer im Tagelohn die Familie nur mit Mühe durchbringen, prägte ihn zeitlebens. Nach der Klippschule bemerkte der Lehrer der Elementarschule die besondere Begabung des jungen Hebbel. So wurde er nach dem Tod des Vaters in die Kirchspielvogtei vermittelt, zunächst als Laufbursche, seit 1828 dann als Schreiber. Die Bibliothek des Hauses ermöglichte ihm autodidaktisches Nachholen von Versäumtem. Schon 1828 konnte er im „Ditmarser und Eiderstedter Boten" Gedichte von sich gedruckt sehen. Die Hamburger Schriftstellerin Amalie Schoppe, die bereits einige seiner Arbeiten in ihren Zeitschriften veröffentlicht hatte, organisierte Unterstützung für ihn in der Stadt, ab 1835 konnte er sich mit Privatstunden auf die

Klaus Groth.

sing söhnte er sich aus, sie lebte sogar ein Jahr im Hebbel'schen Haus. Hatte er 1843 das Trauerspiel „Maria Magdalena" abgeschlossen, folgten nun 1847 „Julia" und, 1849 vom Wiener Hofburgtheater uraufgeführt, „Herodes und Mariamne". Mit „Agnes Bernauer", 1852, der Tragödie „Gyges und sein Ring", 1854, und vor allem der Trilogie „Die Nibelungen", 1860, wurde Hebbel zum bedeutendsten Dramatiker seiner Zeit, der mit zahlreichen Auszeichnungen geehrt wurde. Er überwand die nachklassizistische Dramenkunst in Deutschland, mit ihm begann die moderne Tragödie, weil er realistische und psychologische Aspekte berücksichtigte und häufig weibliche Figuren und deren Selbstbehauptungsrecht in den Mittelpunkt seiner Dramen stellte. Neben die Schauspiele und die Tagebücher tritt die erst 1999 veröffentlichte fünfbändige Wesselburener Ausgabe seines „Briefwechsels" als Zeugnis von besonderem literarischem Rang. Nur ein einziges Mal ist der Dichter nach Wesselburen zurückgekehrt, das er 1835 verlassen hatte. 1842 notierte er in seinem Tagebuch: „Ich bin jetzt 29 Jahre alt und trete das 30ste Jahr an; seit meinem Weggang aus Dithmarschen bin ich aber erst in der Welt, also erst seit 7 Jahren."

Der streitbare Publizist Claus Harms sah für die plattdeutsche Sprache keine gute Zukunft voraus. „Mien leve Landessprak, gude nacht!" schrieb er und fragte „ob unse Sprak noch wol enmal n Schrift wedder bekommt?" Er sollte die Antworten auf seine Fragen bald erhalten. So

war es nur folgerichtig, dass Claus Harms seinem Dithmarscher Landsmann, Sohn eines Müllers wie er selbst, Klaus Groth (1819–1899) zu dessen Gedichtsammlung „Quickborn" ein auf 1852 datiertes „Vor- und Fürwort" schrieb. „Hier erscheint ein Buch, das freilich kein Haupt- und Heldenbuch sein will, das sich indessen der plattdeutschen Sprache so sehr annimmt und deren Ehre rettet in einem maße, wie noch meines Wissens keine andere Schrift, kein Aufsatz, kein Gedicht gethan hat." Der „Quickborn" von Klaus Groth sollte tatsächlich den Beginn einer neuen plattdeutschen Literatur markieren, weil der Heider Dichter mit seinen Gedichten und Balladen die Mundart zur Literatursprache erhob, ohne ihren volkstümlichen Charakter zu verleugnen. Manche Gedichte und Lieder der Sammlung, wie „Matten Has", „Min Modersprak" und „Min Jehann" sind zu Klassikern der plattdeutschen Dichtkunst geworden und bis auf den heutigen Tag – etwa bei modernen Gesangsgruppen – populär. Der im kleinbürgerlichen Heider Stadtteil Lüttenheid aufgewachsene Groth hatte die Ausbildung am Lehrerseminar in Tondern bestanden und arbeitete nun an der Heider Mädchenschule. Er hatte allerdings 1847, von Depressionen und Verzweiflung geplagt, einen Tiefpunkt erreicht, konnte nicht mehr unterrichten und suchte Erholung in seinem „Jungsparadies" Tellingstedt. Zu der Zeit erreichte ihn eine Einladung nach Fehmarn, ausgesprochen vom Freund Leonhard Selle, einem Kollegen aus Tonderner

Groth, Speckter und Müllenhoff: Der „Quickborn" als Gemeinschaftswerk.

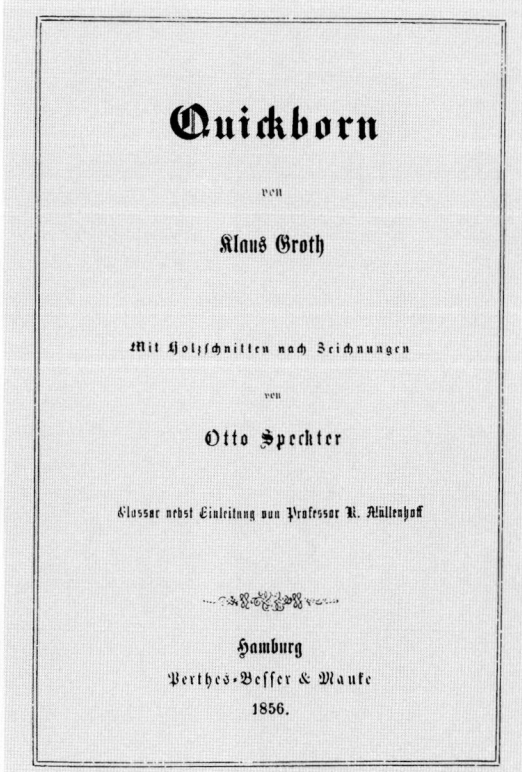

Quickborn

von

Klaus Groth

Mit Holzschnitten nach Zeichnungen
von

Otto Speckter

Glossar nebst Einleitung von Professor K. Müllenhoff

Hamburg
Perthes-Besser & Mauke
1856.

Geburtshaus von Klaus Groth in Heide. Seit 1914 beherbergt es das Klaus-Groth-Museum.

Zeit. Dort auf Fehmarn blieb er sechs Jahre, dort dichtete er Motive aus dem „Volksleben in plattdeutschen Gedichten dithmarscher Mundart". Der Erfolg dieser Gedichtsammlung mit Harms' „Vor- und Fürwort" war überwältigend. Die erste Auflage war bald verkauft, eine zweite in Vorbereitung. Der Kieler Professor Karl Viktor Müllenhoff, der das Werk ausführlich besprochen hatte, lud den jungen Dichter nach Kiel ein. Müllenhoff hatte die schleswig-holsteinische Volkspoesie, die Sagen und Märchen gesammelt und veröffentlicht. Nun betrachtete er Klaus Groths Lyrik als volkstümliche Form der zeitgenössischen Dichtung, die die überlieferte Volkspoesie ergänzte, wie eine Medaillenseite die andere. So begann 1853 in Kiel eine Zusammenarbeit Müllenhoffs mit Groth: Müllenhoff legte Groth Motive aus der Dithmarscher Geschichte nahe, die dieser literarisch bearbeitete, etwa „Graf Rudolf vun de Bökelnborg", „De Holsten in'e Hamm", „De

Slacht bi Hemmingstedt", „Heinrich vun Zütphen" und „De letzte Feide". 1854 erschien der „Quickborn" bereits als dritte „sehr vermehrte und verbesserte Auflage, mit einem Glossar nebst Einleitung" von Müllenhoff, 1855 folgten die ersten drei „Vertelln", 1858 das Kinderbuch „Voer de Goern", das mit Illustrationen von Ludwig Richter ausgestattet wurde. Groth genoss den Erfolg, er reiste durch Deutschland, nahm die Ehrendoktorwürde der Bonner Universität entgegen. Zwischenzeitlich erschien der „Quickborn" als Ausgabe mit Illustrationen von Otto Speckter. Groth unterrichtete an der Kieler Universität und machte sich, als Müllenhoff einem Ruf nach Berlin folgte, Hoffnungen auf eine Professur. Darüber zerstritt er sich mit Müllenhoff, da dieser Groth mit Gelehrtenhochmut spüren ließ, dass er Groths Vorstellung für anmaßend hielt. Groths Antrag wurde 1859 dann auch abschlägig beschieden. Erst 1866 erhielt er den Ehrentitel Professor

Sophie Dethleffs.

verliehen. Zwischen 1868 und 1896 wechselten Groth und der bedeutende Komponist Johannes Brahms (1833–1897) „Briefe der Freundschaft" in herzlicher Zugewandtheit. Ihre Großväter waren in Lüttenheid Nachbarn gewesen, die gemeinsame Abstammung aus Dithmarschen bot ihrer vier Jahrzehnte währenden Freundschaft stets eine Ebene der Begegnung und Gemeinsamkeit. Brahms sollte um 1859 erste plattdeutsche Gedichte Groths vertonen, 1872 entstanden Lieder nach hochdeutschen Gedichten des Heider Lyrikers.

Auf einer Reise nach Hamburg sucht Groth die in Heide geborene Sophie Dethleffs (1809–1864) auf, die, als verarmte Dichterin in einem Stift lebend, seine Anerkennung dadurch erworben hatte, dass sie 1848 eine plattdeutsche Idylle schrieb: „De Fahrt na de Isenbahn" wurde zunächst in Abschriften landesweit verbreitet, dann in Biernatzkys Volksbuch abgedruckt. Eine erste Gedichtsammlung erschien 1850 auf Subskription, 1851 wagte sie eine Neuauflage. Nach der gescheiterten Schleswig-Holsteinischen Erhebung zerstob ihr Bekanntenkreis in alle Richtungen, wie beispielsweise der Landvogt Boysen nach Hildesheim. Ihr Bruder und der ihr wohlgesonnene Landschreiber Paulsen und seine Frau starben bald. 1853 fanden sie und ihre nahezu erblindete Schwester Zuflucht in Hamburg. Es ist Klaus Groth zu danken, dass er 1878 die fünfte Auflage ihrer Gedichte veröffentlichte und in einem Vorwort überlieferte, was heute über die Dichterin aus Heide bekannt ist.

Im Windschatten des „Quickborn" mag sich auch Johann Meyer (1829–1904) ermutigt gefühlt haben, seine plattdeutsche Poesie zu publizieren. Meyer, der aus Wilster stammte, war mit seinen Eltern zunächst nach

Schafstedt gezogen. Als diese Dithmarschen wieder verlassen wollten, ging er nach Lunden in eine private Lateinschule. Durch materielle Not bedingt, konnte er erst spät die Meldorfer Lateinschule besuchen, um dann in Tübingen zu studieren. Neben volkstümlichen plattdeutschen Theaterstücken schrieb er Lyrik, die in zwei Bänden 1858 und 1859 erschien und von seinem Landsmann Friedrich Hebbel als eine „wesentliche Bereicherung der plattdeutschen Literatur" angesehen wurden. Hebbel weiter: „Vom hellen, sangbaren Liede an, durch die saftige, frische Idylle hindurch bis zum historischen Genrebild hinauf, klingen uns aus der Sammlung alle Töne entgegen, die Klaus Groth den verdienten Beifall gewannen, einige schwächer und matter, wie das sich bei zwei verschiedenen Individuen von selbst versteht, andere in gleicher Stärke und einer mit viel größerer Gewalt."

Karl Viktor Müllenhoff (1818–1884) wurde ein Jahr vor Klaus Groth in Marne geboren. Sein Vater hatte aus drei Ehen 22 Kinder, Karl Viktor war sein ältester. Auf ihn setzte er besonders große Hoffnungen. Nach dem Besuch der Meldorfer Gelehrtenschule, dort so schrieb sein Lehrer Kolster, war das „Lernen ihm nicht Pflicht, sondern Lust", immatrikulierte sich Karl Viktor 1837 in Kiel als Studiosus philogiae und freute sich auf das Studium alter Sprachen. 1839 studierte er in Leipzig, danach begab er sich auf eine Studienreise u.a. über Dresden, Prag, Bayreuth, Nürnberg, Bamberg, Eisenach nach Berlin, wo er sich immatrikulierte, um bei Ranke und Wilhelm Grimm zu studieren. Er berichtete seinem Sohn einmal, dass er sich für

Karl Viktor Müllenhoff.

die deutsche Sprache und ihre Geschichte interessiere, weil er in Dithmarschen mit einer besonderen Vielfalt der Mundarten konfrontiert gewesen sei: Auf der Volksschule lernte er Hochdeutsch, auf dem Gymnasium Dänisch, die allgemeine Alltags- und Umgangssprache war Plattdeutsch, dessen steinburger, norder- und süderdithmarscher Besonderheiten Müllenhoff aufgefallen waren. Im nahe bei Marne gelegenen Kronprinzenkoog wurde wegen zahlreicher ostfriesischer Einwanderer ein weiterer Dialekt gesprochen. Für die Literaturgeschichte ist Müllenhoff neben seiner Unterstützung für und Kooperation mit Klaus Groth vor allem von Bedeutung, weil er in der Nachfolge seiner wissenschaftlichen Vorbilder, der Brüder Jacob und Wilhelm Grimm, den Plan zu einer schleswig-holsteinischen Sammlung der Volksüberlieferung fasste. Parallel zu ihm hatten auch Theodor Mommsen aus Garding (1817–1903) und Theodor Storm (1817–1888) aus Husum, beide studierten in Kiel, dazu aufgerufen, Sagen, Märchen und Lieder zu sammeln und aufzuschreiben. Einer Zusammenarbeit der drei jungen Gelehrten von der Westküste war es neben derselben Absicht zuträglich, dass Müllenhoff nun an der Kieler Universitätsbibliothek arbeitete. Schnell war er die treibende Kraft des Unternehmens und verleidete den beiden anderen, die die Sammlung durchaus als Nebensache betrieben, die Zusammenarbeit durch Ermahnungen und Nachfragen. Beide traten von dem gemeinschaftlich konzipierten Unternehmen zurück und Müllenhoff legte 1845 allein die „Sagen, Mär-

chen und Lieder der Herzogtümer Schleswig, Holstein und Lauenburg" vor. Mehr als 600 Texte sind hier erstmals versammelt worden und bilden bis heute den grundlegenden Fundus der schleswig-holsteinischen Volkspoesie. Im selben Jahr legte Müllenhoff seine Untersuchung „Kudrun. Die echten Teile des Gedichts" vor und hatte sich hinreichend profiliert: er wurde zum außerordentlichen Professor an der Kieler Universität ernannt und konnte heiraten. Von der Kieler Universität wechselte er nach Berlin. Hier arbeitete er vor allem an seinem wissenschaftlichen Hauptwerk, der „Deutschen Altertumskunde", die er nicht mehr vollenden konnte.

Müllenhoffs Texte sind nicht nur jahrzehntelang obligatorische Bestandteile zahlreicher Schullesebücher gewesen, er selbst hat Eingang in die Literatur gefunden. Sein Landsmann Gustav Frenssen (1863–1945) aus Barlt nennt in seinem Roman „Jörn Uhl", 1901, ihn und Storm: „Sie stahlen dem lieben Gott die Zeit, lagen in den Dörfern umher und hörten am liebsten solche alten Geschichten." Der „Jörn Uhl" war der Beginn einer beispiellosen literarischen Karriere: Zwar hatte Frenssen schon 1896 „Die Sandgräfin" und 1898 „Die drei Getreuen" veröffentlicht, doch der neue Roman wurde ein grandioser Erfolg. Schon im Erscheinungsjahr erreichte die Auflagenhöhe sechsstellige Dimensionen, eine Flut von Rezensionen machte das Werk im ganzen Reich bekannt, so dass selbst Thomas Mann darüber klagte, dass seine zeitgleich erschienenen „Buddenbrooks" ganz im Schatten des Romans aus Dithmarschen standen. Frenssen, der im

Otto Speckter: Titelblatt für die Müllenhoffsche Sammlung.

Gustav Frenssen vor seiner Stammtafel.

Todesjahr Hebbels in Barlt als Tischlerssohn zur Welt kam, ging nach der Dorfschule zunächst an die Meldorfer und dann die Husumer Lateinschule. Nach Theologiestudium in Tübingen, Berlin und Kiel und dem Examen kehrte er nach Dithmarschen zurück und übernahm das Diakonat in Hennstedt, danach war er Pastor in Hemme. Waren seine beiden ersten Romane recht trivial erzählt, gelang ihm mit dem „Jörn Uhl" der Durchbruch als Schriftsteller. Darin beschreibt er den Weg eines Bauernsohns aus Dithmarschen, der am Krieg 1870/71 teilnimmt, dann studiert, als Bauer arbeitet und schließlich Ingenieur wird. Bis heute gelingt es dem Roman, die sozialen und intellektuellen Spannungen um die Jahrhundertwende zwischen Land und Stadt, beim Übergang von der Agrar- zur Industriegesellschaft zu verdeutlichen. Frenssen zehrte sein ganzes Schriftsteller-Leben von diesem Erfolg, materiell wie literarisch: Mit keinem seiner zahlreich folgenden Romane, nicht mit „Hilligenlei", 1905, „Peter Moors Fahrt nach Südwest", 1906, „Klaus Hinrich Baas", 1909, „Der Untergang der Anna Hollmann", 1911 und „Der Pastor von Poggsee", 1921, konnte er an „Jörn Uhl" anknüpfen, wenngleich seine Auflagen im Vergleich zu anderen Schriftstellern seiner Zeit ihn heute als Bestsellerautor der Kaiserzeit erscheinen lassen. Mit „Otto Babendiek", 1926, legte er einen an Charles Dickens' „David Copperfield" orientierten Roman vor, der heute als sein literari-

sches Hauptwerk gilt. Frenssen, der sich zwischenzeitlich von kirchlichen Positionen entfernt und sein Pastorenamt niedergelegt hatte, zog nach Meldorf um, anschließend nach Blankenese und dann wieder zurück in sein Elternhaus nach Barlt. Er verband sein literarisches Schaffen stets mit den geistigen Strömungen seiner Zeit. Nach anfänglichen Sympathien für die Sozialdemokratie, Frauenemanzipation und die Idee, Juden als gleichberechtigte Staatsbürger anzuerkennen, verwandelte er sich in einen antisemitischen Propagandisten. In politisch-ideologischen Artikeln, Aufsätzen und Büchern wie „Der Glaube der Nordmark", 1936, „Der Weg unseres Volkes", 1938, und „Lebenskunde", 1942, machte sich der Schriftsteller zum Werbeträger der Nationalsozialisten, ja er versuchte, sich rückwirkend zu einem Propheten des Nationalsozialismus zu stilisieren. Frenssen hat das Ende des Zweiten Weltkrieges nicht mehr erlebt. Nach 1945 wurde er vergessen, in Schleswig-Holstein wurde Frenssens Wirken als auf das eines Heimatdichters reduziert und damit verklärt. Wenn die meisten seiner Werke literarisch auch konventionell sind, wurde das der Bewertung eines Schriftstellers, der mit Millionenauflagen Massenliteratur schrieb und zugleich national und international politisch-ideologisch wirkte, nicht gerecht. Erst seit dem Ende der 1980er gibt es in Schleswig-Holstein eine kritisch-distanzierte Auseinandersetzung mit Leben und Werk des Schriftstellers, die eine versachlichende Wirkung hatte. In einer Neuauflage ist gegenwärtig der „Otto Babendiek" erhältlich.

Unter den zeitgenössischen Kritikern der Zeit fand Frenssen viel Zustimmung und ebensoviel Widerspruch: Kurt Tucholsky und Gustav Meyrink kritisierten ihn und starke Kritik kam auch von einem Landsmann, von dem eigentlich Zustimmung zu erwarten gewesen wäre: Adolf Bartels (1862–1945) aus Wesselburen, Theoretiker der Heimatkunstbewegung: Der „Jörn Uhl" war für ihn ein Unterhaltungsroman, nicht der Prototyp eines „heimatverbundenen Romans", Frenssen galt ihm als wenig ernstzunehmender Unterhaltungsschriftsteller. Bartels und Frenssen hatten sich schon auf der Meldorfer Gelehrtenschule kennengelernt. Bartels musste das Gymnasium allerdings noch vor dem Abitur verlassen, weil sein Vater das Schulgeld nicht mehr bezahlen konnte. Schon während der Schulzeit versuchte Bartels sich als Schriftsteller, denn es war sein größter Wunsch, Dichter zu werden, wie sein Wesselburener Vorbild Friedrich Hebbel. Bartels schrieb sich 1885 an der Leipziger Universität ein, besuchte literarische Zirkel und veröffentlichte erste Erzählungen aus der Geschichte Dithmarschens wie „Peter Boie von Helse" und „Rolves Karsten". Sein Studium, er war nach Berlin gewechselt, brach er 1888 ohne Abschluss ab. Er schlug sich als Mitarbeiter für verschiedene national-konservative Zeitungen durch und veröffentlichte schließlich 1897 die „Deutsche Dichtung der Gegenwart", die oft variiert und ergänzt in zahlreichen Auflagen erschien. Mit

Meldorf besucht. Ihm präsentierte er seine Lyrik, Bartels riet ihm zur Veröffentlichung. Im Vorwort will er über „die Bedeutung seiner Lyrik" nicht sprechen, sieht ihn aber doch in bedeutender Westküstentradition: „Doch mag es gestattet sein, um den Charakter seiner Poesie anzudeuten, an Hebbels „Jugendlyrik" zu erinnern, von der manche Einzeltöne hier selbständig geworden zu sein scheinen, und ferner an Theodor Storms Gedichte, denen die von David Merkens als gleichfalls wesentlich erotisch und weicher Stimmung voll gleichen." Väterlicher Freund ist Bartels in Weimar Hans Gross (1892–1981) geworden, der aus Pahlen an der Eider stammte und seit 1914 an der Großherzoglichen Sächsischen Hochschule für bildende Kunst studierte. Gross, der sich 1919 öffentlich im sogenannten „Bauhaus-Streit" mit völkischen, deutsch-nationalen Positionen engagierte, war von Bartels Vorstellungen inspiriert. Schon 1917 hatte Bartels ein Stipendium der Hebbel-Stiftung für Gross vermittelt. Gross verstand sich nicht nur als bildender Künstler, sondern drückte sich nach 1920 verstärkt literarisch aus. Nach dem Gedichtband „Ein Totentanz", 1920, mit schroffen, expressiven Versen, folgte 1922 „Uns Jungsvereen" mit Texten, die vorher bereits in der Zeitschrift „Dithmarschen" erschienen waren. Ein Motiv aus der Dithmarscher Geschichte aufgreifend – Bartels „Die Dithmarscher" wird Gross gekannt haben – folgte 1925 das plattdeutsche Versepos

Adolf Bartels.

seinen beiden historischen Romanen „Die Dithmarscher", 1898, und „Dietrich Sebrandt", 1899, legte er, inzwischen in Weimar wirkend, Werke vor, die er als prototypische Heimatkunstromane verstanden wissen wollte, denen – etwa im Gegensatz zu Frenssens Romanen – der Erfolg allerdings weitgehend verwehrt blieb. Seit der Jahrhundertwende wird Bartels' Wirken immer tendenziöser, völkisch-nationales Gedankengut wird zunehmend dominant, er profiliert sich als völkischer Kulturpolitiker und sah es wohl gern, wenn andere ihn als „Herold des deutschen Volkstums" titulierten. Bekämpfte er etwa Heinrich Heine als Exponenten eines „verderblichen jüdischen Geistes", so war ihm sein Vorbild Hebbel ganz und gar „echtdeutsch". In diesem Sinne trat er nicht nur dafür ein, in Dithmarschen Museen für Hebbel und Groth zu errichten. Er fungierte auch als literarischer Schirmherr, wenn er etwa 1910, wie Groth vor ihm, eine Neuauflage der Gedichte von Sophie Dethleffs herausgab und 1913 eine Auswahl aus dem Werk des früh verstorbenen Dichters Bernhard Jessen (1886–1909) aus dem Kronprinzenkoog veröffentlichte, die er mit einem Vorwort versah: „– ich bin überzeugt, Bernhard Jessen wäre ein guter Erzähler geworden." Jessen hatte Bartels in Weimar als Sekretär des „Deutschen Schillerbundes" assistiert. Schon 1907 hatte Bartels ein kleines Bändchen Gedichte „Aus Dorf und Flur" von David Merkens mit einem Vorwort versehen. Merkens war Landwirt, stammte aus Poppenhusen bei Wöhrden und hatte mit Bartels die Gelehrtenschule in

Hans Gross.

Erna Weißenborn.

„Wulf Isenbrand vun Isenborg" über ein Geschlecht von Nordmännern, die unter Isenbrands Führung von Island nach Dithmarschen kommen und dort gegen die Naturgewalten kämpfen. Gross kann trotz seiner Hinwendung zum Nationalsozialismus als bedeutendster Dithmarscher Künstler der ersten Hälfte des 20. Jahrhunderts gelten, seine literarische Bedeutung steht dahinter allerdings weit zurück.

Die norderdithmarscher Kreisstadt war der Bezugsrahmen, vor dem Erna Weißenborn (1898–1973) ihre Dramen und Romane schrieb – ihre Förderer und Kritiker hätten gern gesehen, wenn sie in Wien oder Berlin gelebt hätten. Sie, die als zehnjährige nach Heide kam und bereits als Schülerin eigene Texte schrieb, wurde einem größeren Publikum mit naturalistischen Dramen bekannt und feierte Erfolge an bedeutenden deutschen Bühnen: „Destille Veit", das 1939 in Nürnberg und 1940 in Berlin mit Elisabeth Flickenschild, Paul Dahlke und Erich Ponto aufgeführt wurde, und „Linna Nordmann", in Hamburg mit Maria Wimmer in der Hauptrolle gespielt. Die großen Tageszeitungen besprachen Erna Weißenborns Stücke, ihre früheren Romane „Die Mausefalle", 1919, und „Der Stern Kretuklar", 1926 erschienen auf Vermittlung von Friedrich Fontane, Theodors Sohn, in renommierten Verlagen in Berlin, als ihren Theaterverleger konnte sie Peter Suhrkamp gewinnen. „Die Mausefalle" wurde gar von der UFA mit Fritz Kortner in der Hauptrolle verfilmt. Im späten Alter hatte sie mit existentieller Not zu kämpfen, eine bewegende Lebensbilanz unter dem Titel „Glanz auf allen Wegen" erschien erst nach ihrem Tod 1973. Sechzig Jahre nachdem sie den Roman „Der rote Husar" – eine spröde dithmarscher Liebesgeschichte – erstmals veröffentlichte, erschien eine Neuauflage zu ihrem hundertsten Geburtstag.

Ivo Braak.

Anspruchsvolle plattdeutsche Dramen schrieb der in Marne geborene Ivo Braak (1906–1991). Seine Texte lassen sich nicht auf das Schwankhafte reduzieren, das den meisten Stücken der niederdeutschen Bühnen anhaftet. Braak studierte deutsche und niederdeutsche Philologie in Kiel, Wien und Hamburg. In Wien schrieb er sein engagiertes Drama „Sluderie", das 1930 in Kiel uraufgeführt wurde. Nach der Promotion, einem pädagogischen Studium, Tätigkeit als Lehrer folgte eine Dozentur an der Pädagogischen Hochschule in Kiel. Als Leiter des Niederdeutschen Bühnenbundes konnte Braak eine relative Dezentralisierung der Bühnen auch in nationalsozialistischer Zeit erhalten. Nach dem Krieg, er war als Wissenschaftler in Kiel tätig, widmete er sich weiter der Schauspielerei, schrieb, 1948 in Marne uraufgeführt, das Familiendrama „Wo sünd wi to Huus?", gab Schullesebücher heraus und schrieb weitere plattdeutsche Dramen. Er legte zwei autobiographische Romane „Tieden", 1981 und „Tieden twee", 1986 vor. In seinen letzten Lebensjahren schrieb er wiederum engagierte Zeitstücke, etwa „Verlorn Tieden – Ernsthaftig Speel in twee Törns", 1990 uraufgeführt, ein

aufklärerisches, düster-visionäres Stück über das Atomkraftwerk Brokdorf und einen Super-GAU an der Elbe.

Neben Ivo Braak gilt Emil Hecker (1897–1989) als plattdeutscher Autor von besonderem Gewicht. Hecker stammte aus Hamburg, konnte wegen einer schweren Verletzung im Ersten Weltkrieg nicht wie geplant Medizin studieren und ging nach Brunsbüttel, woher ein Teil seiner Familie stammte. Im Hauptberuf Versicherungskaufmann, ließ er die „Schrieverie" ganz zu seinem Lebensinhalt werden. Mehr als 100 plattdeutsche Hörspiele schrieb er für den Rundfunk, ebenso viele Kurzgeschichten in schlichter, klarer Sprache, in denen er vor allem die Mentalität der Menschen an der Küste darstellte.

Nach dem Ende des Zweiten Weltkrieges nahm in Meldorf Martin Luserke (1880–1968) einen Lehrauftrag an der Gelehrtenschule für Spiel an. Luserke, ein gebürtiger Berliner, wirkte vor allem in den 1920er Jahren als Reformpädagoge und hatte in Juist bis 1934 eine freie Schule mit dem programmatischen Namen „Schule am Meer" geleitet. Dies Experiment fand in nationalsozialistischer Zeit keine Unterstützung, Luserke zog auf sein Schiff „Krake", das zu einer schwimmenden Dichterwerkstatt wurde. Dort schrieb er Geschichten von der See, vor allem den historischen Roman „Hasko", 1936, geprägt durch die unmittelbare alltäglich Erfahrung, die ihn bis heute als Nestor der phantastischen Nordseeliteratur ausweisen. 1939 ging der Schriftsteller in Meldorf an Land. Hier schrieb er Texte für das Laientheater, die letzten beiden Bände seiner „Wikinger"-Trilogie 1938, 1941 und 1945,

hier bot sich ihm die Chance, an der Gelehrtenschule seine Laienspiel-Pädagogik fortzusetzen. Martin Luserke wurde 1935 mit dem Literaturpreis der Stadt Berlin, 1958 mit dem Hebbel-Preis der Wesselburener Friedrich-Hebbel-Stiftung und 1960 mit der Universitäts-Medaille der Kieler Universität ausgezeichnet. Ein Teil seiner Werke ist bis heute erhältlich. In 2002 veröffentlichten Charakterstudien, die Carl Zuckmayer 1943/44 für das US-amerikanische Kriegsministerium entwarf, kommt Luserke nicht gut weg: Zuckmayer kritisiert Luserkes „Neuheidentum" und sah bei ihm „viel Verwandtschaft mit Nazitum".

Auch gegenwärtig gibt es Literatur von überregionaler Bedeutung, die in Dithmarschen entsteht. Dabei bezieht sich der Schriftsteller Heiner Egge, (geb. 1949), ausdrücklich auf die Geschichte, indem er in seinem Debütroman „Niebuhrslust", 1992, einen weiten Bogen von der Dithmarscher Nordseeküste bis in den Orient schlägt. Er vermischt historisch-überliefertes über Carsten Niebuhr und seine Reise in das Arabia felix mit fiktionalen Reflexionen, Erfundenem und Verfremdetem. Egge ist in Heide geboren und studierte Literaturwissenschaft. Er gibt das 1975 in Freiburg gegründete literarische Magazin „das nachtcafé" heraus, schrieb die Theaterstücke „Himmelreich und Hölle" sowie „Des Dichters Elstern", das revueartig das Leben Klaus Groths illustriert. Mit den Geschichten im Foto-Text-Band „Zwischen den Gezeiten", 1998, entwirft Egge Prosa-Miniaturen, die die amphibische Landschaft des Wattenmeeres schildern. Wie Paul Verne und Arno Schmidt vor ihm machte er mit dem Roman

Heiner Egge.

Mensch hat was gemerkt" (1993), „Der, die das und Kunterbunt" (1996), „Es war einmal ein kleiner Baum" (2003) und „Herr Schwarz und Frau Weiß" (2007).

Die zeitgenössische plattdeutsche Literatur hat in Reimer Bull (1933– 2012) einen Autor, der genau hinhört und genau hinsieht. Das mag daran liegen, dass er im Hauptberuf als Professor für Deutsch und Niederdeutsch in Kiel angehende Lehrkräfte ausbildete. Bull, in Marne geboren, erzählt in seinen Büchern „Övern Weg lopen", 1989, „De langsamen Minuten", 1990, „So sünd wi je wull", 1992, „Het allens sien Tiet", 1994, und „Langs de Straten", 1997, ironisch, prägnant und manchmal melancholisch vom Leben in der Kleinstadt. Sein erfolgreiches Debüt als Schriftsteller hatte er mit der Übertragung von sechs Geschichten aus Siegfried Lenz' „Der Geist der Mirabelle", die Bull „Geschichten ut Bollerup", 1987, nannte. Zu seinen letzten Büchern gehören die autobiografisch grundierten Arbeiten „Jakob sein Geschichten" (2011) und „Lange Nachten ünner de Sünn" (2013 aus dem Nachlass veröffentlicht). Reimer Bull wurde 2003 mit dem Kulturpreis des Kreises Dithmarschen ausgezeichnet.

Die Lyrikerin Sarah Kirsch (1935–2013) ist 1983 in die alte Dorfschule von Tielenhemme am Dithmarscher Eiderufer gezogen. Die Dichterin, die nach ihrem Protest gegen die Ausbürgerung Wolf Biermanns die DDR verlassen musste, gilt heute als die bedeutendste Lyrikerin der Gegenwart. Sie ist mit allen wichtigen deutschen Literaturpreisen ausgezeichnet, dem Georg-Büchner-Preis allen voran, auch der Kulturpreis des Kreises Dithmarschen wurde ihr im Jahr 2000 zuerkannt. Aus Anlass ihres 65. Geburtstages erschien 1999 – ganz Klassikerin zu Lebzeiten – eine fünfbändige Ausgabe ihrer „Sämtlichen Werke". Sarah Kirsch ist studierte Biologin und findet die Motive ihrer Dichtung, in der sie Natur- und Liebeslyrik miteinander verknüpft, in ihrer unmittelbaren Umgebung. Ihre Lyrik ist vielschichtig, feinfühlig und beziehungsreich,

„Der Eiderbote" (2001) die Eiderniederung zur literarischen Landschaft. Mit seinem Roman „In der Kajüte" (2004) wirft er abermals ein Schlaglicht auf Klaus Groth, 2008 folgte „Die Fußreise", eine heitere Novelle, in der schleswig-holsteinische Geistesgrößen auftreten, die ihre Vorbilder in Storm, Mommsen und Müllenhoff haben. 2005 legte er mit „So weh an der Sonne" einen Roman über einen dithmarscher Junggesellen vor, der die Schafzucht aufgibt und sich per Schiff nach Afrika aufmacht und dabei die eigene Innenwelt ausleuchtet. Der Roman „Tilas Farben" (2013) spürt der 1852 in Wesselburen geborenen Künstlerin Ottilie Reylaender nach, die nach ihrem Schulbesuch nach Worpswede ging und dort im Umfeld von Fritz Mackensen und Rainer Maria Rilke, Clara Westhoff und Paula Becker malte.

An der Stärkung der kindlichen Einbildungskraft ist Manfred Schlüter (1953) gelegen. Er lebt in Hillgroven und kam über Boy Lornsen (1922–1995) zum Schreiben für Kinder. Der Sylter Inselfriese Lornsen hatte einige Jahre in Brunsbüttel als Steinmetz gearbeitet und schrieb dort mit „Robbi, Tobbi und das Fliewatüüt" einen Kinderbuchklassiker. Lornsen lud Schlüter ein, seine späteren Bücher zu illustrieren. Schlüter machte sich einen Namen als Illustrator und schuf auch Bilder voll feiner Poesie zu den Kinderbüchern von Michael Ende. Mit den Jahren legte Schlüter eine Reihe von Bilderbüchern mit eigenem Text vor, etwa „Das Kuddelmuddelbuddelbuch" (1991), „Kein

Manfred Schlüter

gern jedem seinen einzigartigen Lebensstil zuerkennen. Der Geist der Bauernrepublik spukt noch, jeder ist Kaiser auf seinem Trecker, und auch mir mit dem Heusack auf der Schulter huldigt der Milchfahrer, wenn er die Stille durchkreuzt." In ihren Tagebuchaufzeichnungen dominieren Alltags- und Naturbetrachtungen, hinter denen politische Anspielungen und hintersinnige Analysen erkennbar werden. So wird Sarah Kirschs Tielenhemme zum Rückzugsort und Aussichtspunkt auf das Zeit- und Weltgeschehen gleichermaßen. So sind ihre Tagebücher farbig-schillernde Zeitdokumente; im Jahr 2007 erschien der Band „Regenkatze", 2010 folgte „Krähengeschwätz", 2012 „Märzveilchen" und aus dem Nachlass 2014 herausgegeben „Juninovember".

Reimer Bull.

Sarah Kirsch.

schließt Brüche und Konflikte ein und wirkt daher nur auf den ersten Blick idyllisch. Dabei gilt ihr Dithmarschen verstärkt als geographischer Hintergrund, etwa in den Gedichten des Bandes „Schneewärme", 1989, dem Prosaband „Schwingrasen", 1991, und den tagebuchähnlichen Reflexionen „Allerlei-Rauh", 1988, und „Das simple Leben", 1994. Dabei beobachtet sie auch die Menschen in Dithmarschen genau: „Die Einwohner sind von einer natürlichen Vornehmheit ganz durchdrungen, weshalb sie

Quellen- und Literaturverzeichnis

Dithmarschen unter der Fürstenherrschaft

Von Reimer Witt

Quellenbestände

1. Landesarchiv Schleswig-Holstein in Schleswig (LAS)
Abt. 5 Herzog Johann der Ältere
Abt. 7 Herzöge von Schleswig-Holstein-Gottorf 1544–1713
Abt. 8.1 Schleswig-Holsteinisch-Gottorfisches (Großfürstliches) Geheimes Regierungs-Conseil zu Kiel 1720–1773
Abt. 8.2 Schleswig-Holsteinisch-Gottorfische (Großfürstliche) Rentekammer zu Kiel 1720–1778
Abt. 8.3 Großfürstliches General-Landes- und Ökonomie-Verbesserungs-Direktorium zu Kiel
Abt. 11 Regierungskanzlei (Obergericht, Oberkonsistorium) zu Glückstadt
Abt. 65.1 Deutsche Kanzlei zu Kopenhagen bis 1730
Abt. 65.2 Deutsche Kanzlei zu Kopenhagen nach 1730
Abt. 101 Landschaft Norderdithmarschen
In dieser Abteilung werden für Norderdithmarschen sowohl die Archivalien der landesherrlichen Beamten (Landvogt, Landschreiber) wie der landschaftlichen Institutionen (Landespfennigmeister, Aktuare, Landesvorsteherkollegium) und der Kirchspielvogteien (Kirchspielvögte, Kirchspielschreiber) verwahrt.
Abt. 102 Landschaft Süderdithmarschen
Es sind die gleichen Untergliederungen wie für Norderdithmarschen (Abt. 101) vorhanden.
Abt. 400I Landschriften
Abt. 401 Gedruckte Verordnungen
2. Stadtarchiv Heide
3. Stadtarchiv Meldorf
4. Amtsarchiv Büsum
Alle anderen Archive werden gerade in ihren älteren Beständen im Landesarchiv Schleswig-Holstein verwahrt. Nur in Ausnahmefällen sind Quellen im dänischen Reichsarchiv Kopenhagen zu erwarten.

Literatur

Beeck, Hans: Streit und Prügelei vor 400 Jahren in Windbergen. In: Zs. Dithmarschen, 1969, S. 87.
Ders.: Streit mit dem Pastor Anno 1764. In: Zs. Dithmarschen, 1974, S. 46.
Ders.: Zur Schulgeschichte Süderdithmarschens I. In: Zs. Dithmarschen, 1972, S. 59.
Ders.: Zur Schulgeschichte Süderdithmarschens II. In: Zs. Dithmarschen, 1973, S. 89.
Ders.: Zur Schulgeschichte Süderdithmarschens III. In: Zs. Dithmarschen, 1973, S. 93.
Ders.: Zur Schulgeschichte Süderdithmarschens IV. In: Zs. Dithmarschen, 1974, S. 18.
Bolle, Hermann: Die Kirchen- und Almosenrechnungen Albersdorfs im 17. und beginnenden 18. Jahrhundert. In: Zs. Dithmarschen, 1997, S. 69.
Boysen, Kurt: Das Nordstrander Landrecht von 1572, Neumünster 1967 (Quellen und Forschungen zur Geschichte Schleswig-Holsteins Bd. 54).
Constabel, Theodor: Das Deichrecht Süderdithmarschens. In: Jahrbuch des Vereins für Dithmarscher Landeskunde, Band IX (1929), S. 103–191.
Dahm, Georg: Zur Rezeption des römisch-italienischen Rechts, Darmstadt 1955.
Eggers, Peter Hermann: Das Prozeßrecht nach dem Dithmarscher Landrecht von 1567 und seine Entwicklung bis zum Ende der Gottorfer Herrschaft 1773. Köln 1986 (Reihe: Wirtschafts- und Rechtsgeschichte Bd. 1).
Elsner, Gerd: Die Verwaltungsform der Dithmarscher Kirchspielslandgemeinde in ihrer Entwicklung bis zur Gegenwart. jur. Diss., Kiel 1966.
Fischer, Otto: Das Wasserwesen an der schleswig-holsteinischen Westküste, hrsg. v. Müller, F., Teil III: Das Festland, Band 5, Berlin 1957.
Geertz, Wilhelm: Die Entwicklung der Nordermarsch in Dithmarschen seit 1559. In: Zs. Dithmarschen, 1980, S. 80 [mit Karte der Bedeichungen und Datentabelle der Köge]. Vgl. dazu für Süderdithmarschen-Festschrift 1970!
Goerke, Ernst: Der Briefwechsel zwischen Nic. Reimarus Ursus [1551–1600] mit Joh. Kepler. In: Zs. Dithmarschen, 1994, S. 10.

Habich, Johannes: Die Neuanlage des Kirchortes Brunsbüttel im Jahre 1675. In: Zs. Dithmarschen, 1980, S. 8.
Hadel, Werner von: Die Eingliederung des Landes Dithmarschen in den Verband der Herzogtümer Schleswig und Holstein (1559–1571), phil. Diss., Hamburg 1962.
Hansen, Karl: Untersuchung gegen Hans Möller zu Burg in pcto. blasphemiae 1667. In: Zs. Dithmarschen, 1966, S. 17.
Ders.: Die Kirchspielsvögte von Süderhastedt und Burg/Dithm. In: Zs. Dithmarschen, 1970, S. 10.
Ders.: Die Dithmarscher verteidigen im 17. Jahrhundert ihr Patronatsrecht. In: Zs. Dithmarschen, 1973, S. 78.
Ders.: Am Burger Hafen 1781. In: Zs. Dithmarschen, 1974, S. 63.
Ders.: Vom Leben und Leiden der Schulmeister in Burg [1600–1869]. In: Zs. Dithmarschen, 1975, S. 41.
Ders.: Johann Fehring und Pastor Wendler. In: Jahrbuch des Vereins für Dithmarscher Landeskunde Bd. 6 (1926), S. 44.
Reimer Hansen: Die Schweden und Russen in Dithmarschen 1713. In: Die Heimat, Jg. 33 (1923), S. 10.
Ders.: Peter Böckels Dithmarschen Karte aus dem Jahre 1559 und ihre Nachbildungen. In: Zs. Dithmarschen, 1968, S. 73.
Ders.: Das Projekt des Elbe-Kudensee-Kanals 1575–79 im Widerstreit der Interessen. In: Zs. Dithmarschen, 1975, S. 57.
Ders.: Dithmarschen im kartographischen Werk Gerhard Mercators. In: Zs. Dithmarschen, 1982, S. 102.
Ders.: Dithmarscher Trachten für den dänischen Königshof 1580. In: Zs. Dithmarschen, 1988, S. 37.
Hanssen, J. und Wolf, H.: Chronik des Landes Dithmarschen. Hamburg 1833 (Nachdruck Walluf 1976).
Homfeld, Paul: Arbeitsmarktprobleme 1749. In: Zs. Dithmarschen, 1971, S. 35.
Jaacks, Gisela: Dithmarscher Kleidung des 16. Jahrhunderts im Vergleich mit der europäischen Mode ihrer Zeit. In: Zs. Dithmarschen, 1988, S. 31.
Janzen, Johann-Albrecht: Armenwesen im Kirchspiel Lunden vom 16. bis 19. Jahrhundert. In: Zs. Dithmarschen, 1982, S. 9.
Jessen-Klingenberg, Manfred: Eiderstedt 1713–1864. Landschaft und Landesherrschaft in königlich-absolutistischer Zeit, Neumünster 1967 (Quellen und Forschungen zur Geschichte Schleswig-Holsteins Bd. 53).
Kähler, Otto: Das schleswig-holsteinische Landesrecht. 2. Aufl., Glückstadt 1923.
Kleine-Weischede, Klaus: Die Brunsbütteler Kirchspielvögte. In: Zs. Dithmarschen, 1985, S. 27 [mit gutem Accidentien-Verzeichnis von 1803].
Klüver, Wilhelm: Die Landschaft Norderdithmarschen unter den Gottorpern (1581 bis 1773). In: Schriften des Vereins für Dithmarscher Landeskunde, Bd. 18, Heide 1938.
Korth, Dietrich: Peter von Heidenstamm – Chirurgus und Leibmedikus aus Heide, 1708–83. In: Zs. Dithmarschen, 1969, S. 36.
Kuschert, Rolf: Landesherrschaft und Selbstverwaltung in der Landschaft Eiderstedt unter den Gottorfern (1544–1713). In: Zeitschrift der Gesellschaft für Schleswig-Holsteinische Geschichte, Bd. 78 (1954), S. 50.
Lamprecht, Peter/Landgraf, Henning/Schulz, Willy (Hrsg.): Meldorfer Gelehrtenschule 1540–1990. Eine gemeine Schole vor de Joget des gantzen Landes, Heide 1990.
Lange, Ulrich (Hrsg.): Geschichte Schleswig-Holsteins, Neumünster 1996.
Launert, Dieter: Nicolaus Reymers – ein berühmter Mathematiker und Naturwissenschaftler aus Dithmarschen und seine Arithmetica Analytica. In: Zs. Dithmarschen, 1994, S. 1.
Lorenzen-Schmidt, Klaus-Joachim: Landhandwerker im Kirchspiel Marne von 1673 bis 1864. In: Zs. Dithmarschen, 1984, S. 25.
Lüdtke, Angela: Zur Chronik des Landes Dithmarschen von Johann Adolph Köster, gen. Neocorus. Eine historiographische Analyse. Heide 1992.
Lühning, Arnold: Haus und Pesel des Markus Swin. Heide 1997.
Marten, Georg/Mäckelmann, Karl: Dithmarschen. Geschichte und Landeskunde Dithmarschens. Heide 1927.
Marten, Georg: Pastor Wendler in Lunden. In: Dithmarschen, Blätter für Heimatpflege und Heimatkultur, 4. Jg. (1928), S. 175.
Ders.: Eine Reise aus dem Jahre 1725. In: Dithmarschen, Blätter für Heimatpflege und Heimatkultur, 4. Jg. (1928), S. 42.

Ders.: Der Thronwechsel 1694 und die Landschaft Norderdithmarschen. In: Dithmarschen, Blätter für Heimatpflege und Heimatkultur, 9. Jg. (1933), S. 78.

Ders.: Wahl eines Landespfennigmeisters für Norderdithmarschen 1730. In: Dithmarschen, Blätter für Heimatpflege und Heimatkultur, 4. Jg. (1928), S. 225.

Martens, Heinrich: Die Entwicklung der Landesverfassung Dithmarschens bis zur Gegenwart, jur. Diss., Kiel 1955.

Michaelsen, Rolf: Die Geschichte der Meldorfer Orgel [von 1566–1956]. In: Zs. Dithmarschen, 1983, S. 1.

Nissen, Nis Rudolf: A. W. Langs Untersuchungen zur Entwicklung des Dithmarscher Watts. In: Zs. Dithmarschen, 1975, S. 13.

Ders.: Leben unter Fürsten. Blätter zur Heimatkunde – Beilage zur Zeitschrift Dithmarschen – Nr. 4, 1980.

Pauly, Friedrich: Die Selbstverwaltung Süderdithmarschens bis zur Gegenwart. In: Jahrbuch des Vereins für Dithmarscher Landeskunde, Band X (1930), S. 71–77.

Peters, Henning: Bedeichungsgeschichte des Lundener Kooges [1615: Rollwagen!]. In: Zs. Dithmarschen, 1975, S. 49.

Prange, Werner: Die Bedeichung der Marschen in Schleswig-Holstein. In: Probleme der Küstenforschung im südlichen Nordseegebiet, Bd. 16, Hildesheim 1986.

Pries, Robert: Das Geheime Regierungs-Conseil in Holstein-Gottorf 1716–1773. Neumünster 1955 (Quellen und Forschungen zur Geschichte Schleswig-Holsteins Bd. 32).

Schlee, Ernst: Kritische Bemerkungen aus dem Jahr 1756. In: Zs. Dithmarschen, 1972, S. 62.

Schwarz, Hans-Sieghart: Eheliches Güterrecht und Erbrecht in Dithmarschen bis 1559; jur. Diss., Kiel 1972.

Staack, Hans: Ein Dithmarscher und Hamburger Pestarzt des 18. Jahrhunderts [Ernst Wilhelm Prangen]. In: Zs. Dithmarschen, 1960, S. 33.

Ders.: Samuel Rachel, ein aus Dithmarschen stammender Klassiker des Völkerrechts. In: Zs. Dithmarschen, 1968, S. 39.

Ders.: Ein Dithmarscher Markbrief aus dem Jahre 1654. In: Zs. Dithmarschen, 1968, S. 100.

Ders.: Zur Geschichte des Majorshofes im Hedwigenkoog. In: Zs. Dithmarschen, 1969, S. 83.

Ders.: Zur Nachkommenschaft des Achtundvierzigers Peter Karsten Detleffs aus Fedderingen. In: Zs. Dithmarschen, 1973, S. 2.

Stegmann, Dieter: Die Stapelholmer Konstitution von 1623 – Zugleich ein Beitrag zur Rezeptionsgeschichte Schleswig-Holsteins, jur. Diss., Kiel 1967.

Steinhäuser, Martin: Der Adel in Dithmarschen. In: Jahrbuch des Vereins für Dithmarscher Landeskunde, Band IX (1929), S. 1–102.

Ders.: Kommunalverfassung in Dithmarschen. In: Jahrbuch des Vereins für Dithmarscher Landeskunde, Band XI (1932), S. 13–52.

Stork, Karl: Dithmarscher Kunst – Dithmarscher Künstler. In: Schriften des Vereins für Dithmarscher Landeskunde, 1931/321, S. 58–86.

Thiessen, Wilhelm: Die Kirchspielvögte in Süderdithmarschen 1559–1862. In: Zs. Dithmarschen, 1963, S. 147.

Thomsen, Johann Wilhelm: Selbstverwaltung im Dithmarschen der Fürstenzeit. In: Zs. Dithmarschen, 1993, Teil 1: S. 49; Teil 2: S. 84 [mehr als schlecht!].

Will, Günther: Das Geschehen in der letzten Fehde. In: Zs. Dithmarschen, 1959, S. 27.

Witt, Reimer: Die Dithmarscher Kapitulationsakte vom Jahre 1559 und ihre Bewertung in der Regionalforschung der letzten 200 Jahre. In: Zs. Dithmarschen, 1969, S. 53.

Ders.: Die Verwaltung Süderdithmarschens – Entwicklung und Besonderheit 1559–1900. In: Nissen, Nis Rudolf (Hrsg.): Süderdithmarschen 1581–1970. Heide 1970.

Ders.: Die Privilegien der Landschaft Norderdithmarschen in gottorfischer Zeit 1559–1773. Neumünster 1975 (Quellen und Forschungen zur Geschichte Schleswig-Holsteins, Bd. 67).

Ders.: 700 Jahre Kirchspiel Albersdorf. In: Zs. Dithmarschen, 1981, S. 62.

Ders.: Die Anfänge der Kartographie und Topographie Schleswig-Holsteins 1475–1652. Heide 1982.

Ders.: Königliche Frauentrachten aus Dithmarschen. In: Schleswig-Holstein Kultur Journal, 4/1988, S. 18.

Ders.: Dithmarschens letzte Fehde 1559 – die Vorgeschichte einer Kapitulationsurkunde. In: Zs. Dithmarschen, 1996, S. 53.

Wohlenberg, Erich: 400 Jahre Deichbau und Landgewinnung zwischen Brunsbüttel und Wöhrden. In: Nissen, Nis Rudolf (Hrsg.): Süderdithmarschen 1581–1970, Heide 1970.

Wohlhaupter, Eugen: Rechtsquellen Schleswig-Holsteins, Bd. 1, Kiel 1938 (Veröffentlichungen der Schleswig-Holsteinischen Universitäts-Gesellschaft Nr. 47).

Wollatz, Heinrich: Hofbesitzer in Hedwigenkoog seit der Eindeichung 1696. In: Zs. Dithmarschen, 1974, S. 36.

Ders.: Die Realgemeinde Hedwigenkoog. In: Zs. Dithmarschen, 1970, S. 37.

Zornig, Hans-Hinrich: 300 Jahre Hedwigenkoog. In: Zs. Dithmarschen, 1996, S. 36.

Zwischen Beharren auf alten Privilegien und Bekundungen zur Modernität. Dithmarschen 1773–1867

Von Eckardt Opitz

Asmus, Walter: Grundzüge der Verkehrsentwicklung Schleswig-Holsteins vom Ende des 18. Jahrhunderts bis zum Ersten Weltkrieg, in: Ders. (Hrsg.): Die Entwicklung des Verkehrs in Schleswig-Holstein 1750–1918, Neumünster 1996, S. 17–51.

Bericht der Kgl. Kommission zu den Schäden der Sturmflut vom Februar 1825, Kopenhagen 1827.

Bolten, Johann Adrian: Dithmarsische Geschichte, 4 Bde. Flensburg u. Leipzig 1781–1788 (Reprint: Leer 1979).

Brockstedt, Jürgen (Hrsg.): Gewerbliche Entwicklung in Schleswig-Holstein, anderen norddeutschen Ländern und Dänemark von der Mitte des 18. Jahrhunderts bis zum Übergang ins Kaiserreich (= Studien zur Wirtschafts- und Sozialgeschichte Schleswig-Holsteins, Bd. 17). Neumünster 1989.

Dithmarschens Krieg. Von der „etzten Fehde" und der Erhebung 1848. Quellen zur dithmarscher Geschichte, in: Dithmarschen. Blätter der Heimatgestaltung, Jg. 16, 1939, S. 149–206.

Elsner, Gerd: Die Verwaltungsform der Dithmarscher Kirchspielslandgemeinde in ihrer Entwicklung bis zur Gegenwart (Jur. Diss. Kiel 1965). München 1966.

Erichsen, Ernst: Schulgeschichte der Landschaft Norderdithmarschen (= Beiträge zur Heimat- und Wohlfahrtskunde, Bd. 11). Heide 1932.

Fischer, Otto: Dithmarschen (= Das Wasserwesen an der schleswig-holsteinischen Nordseeküste, 5), Berlin 1957.

Gehrmann, Rolf: Demographischer und wirtschaftlicher Wandel im ländlichen Schleswig-Holstein des 18. und 19. Jahrhunderts, in: Ingwer E. Momsen (Hg.): Schleswig-Holsteins Weg in die Moderne, Neumünster 1988, S. 91–104.

Hansen, Reimer: Behördenorganisation und Verfassung Süderdithmarschens von 1559 bis 1867, in: ZSHG, Bd. 55, 1926, S. 184–287.

Hansen, Reimer: Der 4. Februar 1825, in: Dithmarschen, Bd. 1, 1925, S. 21–23.

Hansen, Reimer: Zur Topographie und Geschichte Dithmarschens, in: ZSHG, Bd. 27, 1897, S. 191–316.

Hauser, Oswald: Staatliche Einheit und regionale Vielfalt in Preußen. Der Aufbau der Verwaltung in Schleswig-Holstein nach 1867. Neumünster 1967.

Hedwigenkoog. Geschichte eines 300jährigen Kooges, Heide 1994.

Hinrichs-Pahlen, Ernst: Dithmarschen und die schleswig-holsteinische Erhebung 1848, in: Dithmarschen, Bd. 1, 1925, S. 111–113 u. 125–127.

Hundert Jahre Landesverwaltung Schleswig-Holstein 1867–1967, hrsg. im Auftrag der Landesregierung vom Innenminister des Landes Schleswig-Holstein. Kiel 1967.

Jessen-Klingenberg, Manfred: Eiderstedt 1713–1864. Landschaft und Landesherrschaft in königlich-absolutistischer Zeit (= QuFGSH, Bd. 53). Neumünster 1967.

Klose, Olaf/Christian Degn: Die Herzogtümer im Gesamtstaat 1721–1830, in: Geschichte Schleswig-Holsteins, Bd. 6. Neumünster 1960.

Klüver, Wilhelm: Ein Rundblick auf die Geschichte des Kreises Norderdithmarschen, in: Dithmarschen, Bd. 3, 1927, S. 109–113.

Könenkamp, Wolf: Vor 150 Jahren: Revolution in Schleswig-Holstein! – Revolution in Dithmarschen?, in: Zs. Dithmarschen, Heft 2, 1998, S. 34–36.

Kramer, Johann: Kein Deich, kein Land, kein Leben. Geschichte des Küstenschutzes an der Nordsee. Leer 1989.

Kühl, Walter: „Dithmarscher Krankheit", in: Jahrbuch des Vereins für Dithmarscher Landeskunde, Bd. XII, 1932, S. 50–61.

Kühl, Walter: Die Küstenepidemie in Dithmarschen in und nach dem Jahre 1826, in: Dithmarschen. Blätter der Heimatgestaltung, Jg. 11, 1935, S. 94–103.

Kühl, Walter: Die Seuchen in Dithmarschen im 19. Jahrhundert, besonders in den Jahren 1830 bis 1894, in: Dithmarschen. Blätter der Heimatgestaltung, Jg. 12, 1936, S. 105–119.

Kühn, Hans Joachim: Die Anfänge des Deichbaus in Schleswig-Holstein. Heide 1992.

Marten, Georg/Karl Mäckelmann: Dithmarschen – Geschichte und Landeskunde Dithmarschens. Heide 1927.

Marten, Georg: Norderdithmarschen im Jahre 1848, in: Dithmarschen, Bd. 4, 1928, S. 121–126.

Marten, Georg: Der Kampf um die dithmarsche Zollfreiheit, in: Dithmarschen, Bd. 1, 1925, S. 85–90.

Momsen, Ingwer E. (Hg.): Schleswig-Holsteins Weg in die Moderne. Zehn Jahre Arbeitskreis für Wirtschafts- und Sozialgeschichte Schleswig-Holsteins (= Studien zur Wirtschafts- und Sozialgeschichte Schleswig-Holsteins, Bd. 15). Neumünster 1988.

Nissen, Nis R.: Landwirtschaft im Wandel. Natur und Technik einst und jetzt. Heide 1989.

Pauly, F.: Claus Harms, in: Dithmarschen, Bd. 4, 1928, S. 81–93.

Pauly, F.: Die Selbstverwaltung Süderdithmarschens von ihrer Entstehung bis zur Gegenwart, in: Jahrbuch des Vereins für Dithmarscher Landeskunde, Bd. X, 1930, S. 71–77.

Petersen, Marcus/Hans Rohde: Sturmflut. Die großen Fluten an den Küsten Schleswig-Holsteins und der Elbe. Neumünster 1977.

Pfeil, Ulrich: Partikularismus, Sonderbewußtsein und Aufstieg der NSDAP. Kollektive Denkhaltungen 1866–1933, in: ZGSHG, Bd. 12, 1999, S. 135–163.

Prange, Werner: Die Bedeichungsgeschichte der Marschen in Schleswig-Holstein (= Probleme der Küstenforschung im südlichen Nordseegebiet, Bd. 16). Hildesheim.

Reinhardt, Georg: Preußen im Spiegel der öffentlichen Meinung Schleswig-Holsteins 1866–1870 (= QFGSH, Bd. 29). Neumünster 1954.

Rode, Friedrich Carl: Kriegsgeschichte Schleswig-Holsteins. Neumünster 1935.

Schreiber, Isel (Hg.): Ich war wohl klug, daß ich dich fand. Heinrich Christian Boies Briefwechsel mit Luise Mejer, 1777–1785. München 1963.

Schütt, Hasso: Genossenschaften und Landesherrschaft im Deichwesen in den herzoglichen und königlichen Marschen an der schleswig-holsteinischen Westküste von den Anfängen bis um 1800. Ein Beitrag zur Siedlungs- und Verfassungsgeschichte der schleswig-holsteinischen Marschen, Phil. Diss. (masch.) Hamburg 1953.

Steinhäuser, Martin: Kommunalverfassung in Dithmarschen, in: Jahrbuch des Vereins für Dithmarscher Landeskunde, Bd. XI, 1932, S. 13–51.

Stolz, Gerd: Der alte Eiderkanal – Schleswig-Holsteinischer Kanal – Heide31985.

Vollstedt, Olav: Maschinen für das Land. Agrartechnik und produzierendes Gewerbe Schleswig-Holsteins im Umbruch (um 1800–1867) (= Kieler Werkstücke, Reihe A, Bd. 17). Frankfurt a. M. 1997.

Weiland, J. H.: Die Geistlichkeit Schleswig-Holsteins während der Erhebung, in: Schriften des Vereins für schleswig-holsteinische Kirchengeschichte, Reihe II, Bd. 1, Heft 3 (1998), S. 1–94.

Werner, Franz: Einführung und erste Jahre der preußischen Verwaltung in Schleswig-Holstein, in: ZSHG, Bd. 82, 1958, S. 163–215, u. Bd. 83, 1959, S. 117–242.

Wieland, Peter: Küstenschutz und Binnenentwässerung in Dithmarschen, in: Historischer Küstenschutz: Deichbau, Inselschutz und Binnenentwässerung an Nord- und Ostsee. Stuttgart 1992, S. 367–401.

Witt, Reimer: Die Privilegien der Landschaft Norderdithmarschens in gottorfischer Zeit 1559 bis 1773 (QuFSH, Bd. 67). Neumünster 1975.

Wohlenberg, Erich: 400 Jahre Deichbau und Landgewinnung zwischen Brunsbüttel und Wöhrden, in: Süderdithmarschen 1581–1970. Heide 1970, S. 115–170.

Aufbruch in eine neue Zeit – Dithmarschen 1864–1918

Von Nils Hansen

Wie schon bei der Erstauflage muss darauf hingewiesen werden, dass auf das Kapitel „Dithmarschen 1864–1918" einige Forschungsdefizite bestehen, unter anderem in Hinsicht auf die Arbeiterbewegung, die Geschichte des Handwerks, das Vereinswesen, den Wandel der Brauchformen sowie das Alltagsleben im Ersten Weltkrieg, so dass auf manche Aspekte nicht in wünschenswerter Weise eingegangen werden kann. Auch die verwaltungsgeschichtliche Entwicklung wird hier nur gestreift. Die wesentlichen Veränderungen auf diesem Gebiet bis zum Jahr 1876 hat Eckardt Opitz im vorigen Kapitel behandelt.

Baudissin, Adelbert: Schleswig-Holstein meerumschlungen. Kriegs- und Friedensbilder aus dem Jahre 1864. Kiel 1978 (Neudruck).

Becher, Ursula A. J.: Geschichte des modernen Lebensstils. Essen, Wohnen, Freizeit, Reisen. München 1990.

Danker, Uwe: Die Geburt der Doppelstrategie in der „Roten Hochburg" – Arbeiterbewegung in Schleswig-Holstein 1863–1918. In: Demokratische Geschichte. Jahrbuch zur Arbeiterbewegung und Sozialdemokratie in Schleswig-Holstein III (1988), S. 21–62.

Diedrich, Sönke: Die Stimmung in Dithmarschen während der Einverleibung Schleswig-Holsteins in Preußen. In: Zs. Dithmarschen, 1978, S. 25–56.

Dunker, Heinz-Joachim: Zur Geschichte der Zuckerfabrik Süderdithmarschen in St. Michaelisdonn. In: Zs. Dithmarschen, 2002, S. 94–99.

Erichsen, Ernst: Schulgeschichte der Landschaft Norderdithmarschen. Heide 1932.

Gille, Klaus: Ärzte, Patienten, Krankenhäuser in Dithmarschen 1800–1900. In: Zs. Dithmarschen, 1982, S. 58–70.

Gille, Klaus: Häckselschneidereien in Dithmarschen. In: Nis R. Nissen (Hg.): Menschen – Monarchen – Maschinen. Landarbeiter in Dithmarschen. Heide 1988, S. 107–115.

Gille, Klaus: Kohlgeschichte(n). Aus dem Anbaugebiet hinter Dithmarschens Deich. Heide 1991.

Glaser, Hermann: Die Kultur der wilhelminischen Zeit. Topographie einer Epoche. Frankfurt/M. 1984.

Göttsch, Silke: Hungerunruhen – Veränderungen im traditionellen Protestverhalten. In: Zeitschrift für Volkskunde 80 (1984), S. 170–182.

Göttsch, Silke: „… ebenso unpassend wie lächerlich …". Feier wegen Hemmingstedt, 17. Februar 1839. In: Kieler Blätter zur Volkskunde 27 (1995), S. 45–57.

Groos, Heidi: Bestandsaufnahme der ehemaligen Schulgebäude in Dithmarschen. In: Zs. Dithmarschen, 1990, S. 62–72.

Hansen, Nils: Meldorf 1900. Zum Alltags- und Mentalitätswandel in einer westholsteinischen Kleinstadt unter dem Einfluß der Industrialisierung (1869–1914) (= Studien zur Volkskunde und Kulturgeschichte Schleswig-Holsteins, Bd. 29). Neumünster 1993.

Hansen, Nils: „… denn Nichtsthun bedeutet nichts anderes als Zurückgehen …". Anfänge der Industriezeit, Modernisierung und Mentalitätswandel in Dithmarschen bis zum Ersten Weltkrieg. In Edwin Dillmann (Hg.): Regionales Prisma der Vergangenheit. St. Ingbert 1996, S. 157–178.

Hansen, Nils/Tillmann, Doris: Dorferneuerung um 1900. Heide 1990.

Hansen, Nils/Tillmann, Doris: Schleswig-Holsteinische Dörfer in der Kaiserzeit. Heide 1990.

Hansen, Peter Christian: Schleswig-Holstein, seine Wohlfahrtsbestrebungen und gemeinnützigen Einrichtungen. Kiel 1882.

Hauser, Oswald: Provinz im Königreich Preußen (= Geschichte Schleswig-Holsteins, Bd. 8, 1. Lief.). Neumünster 1966.

Heberle, Rudolf: Landbevölkerung und Nationalsozialismus. Eine soziologische Untersuchung der politischen Willensbildung in Schleswig-Holstein 1918 bis 1932. Stuttgart 1963.

Heimbeck, Ole: Kino in Dithmarschen 1897–1960. Versuch einer Bestandsaufnahme. M.A.-Hausarbeit, masch., Philosoph. Fakultät der Universität Kiel. Kiel 1992.

Hirt, Gunter: Soziale Probleme und Sozialismus in Dithmarschen in der zweiten Hälfte des 19. Jahrhunderts. In: Zs. Dithmarschen, 1971, S. 81–102.

Klußmann, Jan: „Christus war Demokrat und Proletarier dazu". Ländliche Unterschichten und soziale Bewegung in Holstein 1848–1850. In: Zeitschrift der Gesellschaft für schleswig-holsteinische Geschichte 123 (1998), S. 149–179.

Lambrecht, Peter/Landgraf, Henning/Schulz, Willy (Hg.): Meldorfer Gelehrtenschule 1540–1990. „Eine gemeine Schole vor de Joget des gantzen Landes". Heide 1990.

Lange, Ulrich (Hg.): Geschichte Schleswig-Holsteins. Neumünster 1996.

Lehmann, Otto: Hausgeographie von Dithmarschen. Stuttgart 1913.

Lembke, Friedrich: Alte Formen ländlicher Wohlfahrtspflege. Heide 1925.

Möller, Rüdiger: „Und mancher Slawe machte sich im Kirchspiel sesshaft". Die Arbeiterschaft der Zuckerfabrik „Charles de Vos" in Wesselburen. In: Zs. Dithmarschen 2002, S 34–42.

Nissen, Nis R.: Besuch eines alten Herren oder: ein Arbeiterkind vom Ammerswurther Sandberg. In: Zs. Dithmarschen, 1977, S. 4–10.

Nissen, Nis R.: Vom Reetdach zur Teerpappe. In: Zs. Dithmarschen, 1984, S. 2–14.

Nissen, Nis R.: Kaiserzeit auf dem Dorfe. Landleben um 1900 auf Fotos von Thomas Backens. Heide 1984.

Nissen, Nis R.: Album 1900. Fotografische Erinnerungen von Thomas Backens. Heide 1986.

Nissen, Nis R.: Kleine Geschichte Dithmarschens. Heide 1986.

Nissen, Nis R.: An der Westküste. In Urs J. Diederichs (Hrsg.): Schleswig-Holsteins Weg ins Industriezeitalter. Hamburg 1986, S. 128–139.

Nissen, Nis R.: Landwirtschaft im Wandel. Natur und Technik einst und jetzt (= Kleine Schleswig-Holstein-Bücher, Bd. 39). Heide 1989.

Nissen, Nis R. (Hg.): Süderdithmarschen 1581–1970. Heide 1970.

Nissen, Nis R. (Hg.): Menschen – Monarchen – Maschinen. Landarbeiter in Dithmarschen. Heide 1988.

Nitschke, August u.a. (Hg.): Jahrhundertwende. Der Aufbruch in die Moderne 1880–1930. 2 Bde. Reinbek 1990.

Pfeil, Ulrich: Vom Kaiserreich ins „Dritte Reich". Heide 1890–1933. Heide 1997.

Radkau, Joachim: Das Zeitalter der Nervosität. Deutschland zwischen Bismarck und Hitler. München/Wien 1998.

Regling, Heinz Volkmar: Die Anfänge des Sozialismus in Schleswig-Holstein (= Quellen und Forschungen zur Geschichte Schleswig-Holsteins, Bd. 48). Neumünster 1965.

Rehbein, Franz: Das Leben eines Landarbeiters. 4. Aufl. Hamburg 1990 (Nachdruck der Ausgabe Jena 1911).

Schrum, Karsten: Zur Entwicklung der landwirtschaftlichen Unfallversicherung. In: Nis R. Nissen (Hg.): Menschen – Monarchen – Maschinen. Landarbeiter in Dithmarschen. Heide 1988, S. 117–123.

Schrum, Karsten: Vorstellungen von „Heimat" in der Zeitschrift „Dithmarschen" 1914–1989. Zum 75jährigen Bestehen des Vereins Dithmarscher Landeskunde (VDL). Heide 1989.

Schrum, Karsten: Meldorfs Theaterleben in der Kaiserzeit. In: Kieler Blätter zur Volkskunde 27 (1995), S. 213–229.

Sievers, Kai Detlev: Sozialgeschichte Schleswig-Holsteins in der Kaiserzeit 1867–1914 (= Geschichte Schleswig-Holsteins, Bd. 8, Teil 2, Lief. 1). Neumünster 1991.

Sievers, Kai Detlev: Leben in Armut. Zeugnisse der Armutskultur aus Lübeck und Schleswig-Holstein vom Mittelalter bis ins 20. Jahrhundert. Heide 1991.

Thomsen, Johann Wilhelm: Landleben in der Weimarer Republik. Heide 1989.

Ullrich, Volker: Die nervöse Großmacht. Aufstieg und Untergang des deutschen Kaiserreichs 1871–1918. Frankfurt/M. 1997.

Zessin, Sabine: Die Margarethenspende. Eine Wohlfahrtseinrichtung in Schleswig-Holstein 1894–1940 (= Studien zur Volkskunde und Kulturgeschichte Schleswig-Holsteins, Bd. 35). Neumünster 1997.

Für Hinweise und freundschaftliche Hilfe danke ich Frau Nina Hennig M.A., Herrn Prof. Dr. Nis R. Nissen und dem Leiter des Meldorfer Stadtarchivs, Herrn Karsten Schrum.

Exkurs: Küstenschutz, Eindeichungen und Wasserwirtschaft in Dithmarschen; Karte: Die Köge Dithmarschens

Von Jörn Kohlus

Dokumentation zur Sturmflut am 3. 1. 1976. In: Zs. Dithmarschen, Zeitschrift für Landeskunde und Heimatpflege. Neue Folge. H. 1, März 1976.

Deutsches Institut für Normung e.V.: Wasserwesen – Begriffe, Normen; DIN-Taschenbuch 211, Berlin, Wien, Zürich, 1994.

Dummann, K: 200 Jahre Karolinenkoog – Chronik und Heimatbuch. Gemeinde Karolinenkoog 1999.

Fischer, Otto: Landgewinnung und Landerhaltung in Schleswig-Holstein. Bd. 1, Teil 3 – Das Festland. In der Reihe: Müller, Friedrich & Fischer, Otto: Das Wasserwesen an der schleswig-holsteinischen Nordseeküste. Berlin, 1955.

Fischer, Otto: Dithmarschen. Bd. 5, Teil 3 – Das Festland. In der Reihe: Müller, Friedrich & Fischer, Otto: Das Wasserwesen an der schleswig-holsteinischen Nordseeküste. Berlin, 1957.

Geertz, W.: Die Bedeichung des Hedwigenkooges und die Entwicklung des Deich- und Sielwesens im Verlaufe von 300 jahren. In: Schulte, Kurt: Hedwigenkoog: Geschichte eines 300jährigen Kooges, S. 16–34, Heide 1994.

Haefs, H.: Ortsnamen und Ortsgeschichten aus Schleswig-Holstein zunebst Fehmarn, Lauenburg, Helgoland und Nordfriesland, München 2004.

Heydemann, Berndt: Die Folgen der Eindeichung der Meldorfer Bucht. In: Landesamt f. d. Nationalpark Schleswig-Holsteinisches Wattenmeer & Umweltbundesamt (Ed.): Umweltatlas Wattenmeer, Bd. 1, Nordfriesisches und Dithmarscher Wattenmeer. Bearb. Kohlus, J. & Küpper, H., Stuttgart, 1999.

Kohlus, Jörn: Unveröffentlichter Forschungsüberblick des Dez. Gewässerkunde, ALR-Außenstelle Büsum zur Entwicklung von Trischen mit Bestimmung von Volumentransport und Flächenveränderung, 1988.

Kunz, H./Panten, A.: Die Köge Nordfrieslands, Bredstedt, 1997.

Laur, Wolfgang: Historisches Ortsnamenlexikon von Schleswig-Holstein. Gottorfer Schriften, Band VIII, 1967.

LVermA – Landesvermessungsamt Schleswig-Holstein (Ed.), Topographischer Atlas Schleswig-Holstein. Bearb. Degn, Christian und Muuß, Uwe. Neumünster 1963.

Meier, E.: 125 Jahre Kaiser-Wilhelm-Koog. Hrsg. V. Gemeinde Kaiser-Wilhelm-Koog, Husum 1999.

Meier, Dirk: Kulturspuren im Dithmarscher Küstengebiet. In: Meier, D., Kühn, H & Borger, H.J.: Der Küstenatlas, S. 57–62, Heide 2013.

Schulte, Kurt Hg.): Hedwigenkoog: Geschichte eines 300jährigen Kooges, Heide 1994.

Stadelmann, R.: Den Fluten Grenzen setzen. Band 2: Dithmarschen und Elbe/Elbmarschen, Inseln Trischen und Helgoland. Husum 2010.

Trende, Frank: Neuland! War das Zauberwort. Neue Deiche in Hitlers Namen. Heide 2011.

Weckeck, H.: Die Entwicklung im Raum Brunsbüttel zwischen dem 13. Und 20. Jahrhundert. Karte des Geolog LA, Kiel, 1995.

Wieland, P.: Küstenfibel. Heide, 1990.

Wieland, P: Küstenschutz und Binnenentwässerung in Dithmarschen. In: Kramer, J & Rohde, H.: Historischer Küstenschutz, hrsg. Vom Deutschen Verband für Wasserwirtschaft und Kulturbau, S. 365–402, Stuttgart, 1992.

Zietz, W./Kruse, H. (Hrsg.): Land aus dem Meer – Teil 1: Einhundert Jahre Wesselburenerkoog,, Heide, 1962 – Teil 2: Einhundertfünfundzwanzig Jahre Wesselburenerkoog, Heide, 1987.

Exkurs: Kunst und Kunstgewerbe in Dithmarschen

Von Jutta Müller

Allgemeines

Beseler, Hartwig (Hg.): Kunst-Topographie Schleswig-Holstein, Neumünster 1969.

Johnsen, Wilhelm: Kunst und Künstler in Dithmarschen, in: ZsD V/1929, S. 83 ff.

Kamphausen, Alfred: Dithmarschen, Land und Leistung, Hamburg 1946.

ders.: Von kirchlicher Kunst in Dithmarschen, in: ZsD XI/1935, S. 50 ff.

Kamphausen, Alfred/Nissen, Nis R./Wohlenberg, Erich: Dithmarschen, Geschichte und Bild einer Landschaft, Heide 1968.

Mehl, Heinrich (Hg.): Volkskunst in Schleswig-Holstein/Alte und neue Formen (= Schl.-Holst. Landesmuseum, Volkskundliche Sammlungen, Bd. 3), Heide 1998.

Schlee, Ernst: Etwas über Eigenes und Fremdes in Dithmarschens Kunstgeschichte, in: Zs. Dithmarschen IX b/1933, S. 49 ff.

Stierling, Hubert: Der Silberschmuck der Nordseeküste, hauptsächlich in Schleswig-Holstein, Neumünster 1935.

Museumsführer

Museumsvorstand (Hg.): Erster Bericht des Museums Dithmarsischer Alterthümer in Meldorf, Meldorf 1896.

Goos, Johannes (Hg.): Illustrierter Führer durch das Museum dithmarsischer Alterthümer, Meldorf 1913.

Kamphausen, Alfred: Kurzer Führer durch das Dithmarscher Landesmuseum in Meldorf, Meldorf 1931.

Nissen, Nis R.: Dithmarscher Landesmuseum/Museumsführer, Meldorf o.J. [ca. 1970].

Müller, Jutta: Museum im Wandel – 140 Jahre Dithmarscher Landesmuseum (hrsg. Vom Dithmarscher Landesmuseum), Meldorf 2012.

Mittelalter

Johnsen, Wilhelm: Die mittelalterlichen Erztaufen in Dithmarschen, in: Zs. Dithmarschen III/1927, S. 55 ff./S. 68 ff./S. 136 ff.

Kamphausen, Alfred: Der Dom der Dithmarscher: Die Kirche zu Meldorf, Düsseldorf 1931.

Nationalmuseum Kopenhagen (Hg.): Dänemarks Kirchen, Bd. 1: Frederiksborg Amt, Kopenhagen 1964, S. 377–392 (dänisch).

Nissen, Nis R.: Anmerkungen zum Foto der Christusfigur im Dänischen Nationalmuseum in Kopenhagen, in: Artikel Hermann A. Wiechmann: Die St.-Remigius-Kirche, in: Zs. Dithmarschen 1, 2/1981, S. 23.

Schilling, Johannes (Hg.): Glauben – Nordelbiens Schätze 800–2000, Neumünster 2000.

Schlee, Ernst: Der romanische Taufstein in der Kirche von Wesselburen, in: Zs. Dithmarschen XIII/1937, S. 2 ff.

Schulze, Heiko K. L. (Hg.): Der Meldorfer Dom, Heide 1992.

Stein, Dietrich: Das Windberger Heilige Kreuz, in: Zs. Dithmarschen 3/1995, S. 68–71.

Teuchert, Wolfgang: Taufen in Schleswig-Holstein, Heide 1986.

Renaissance und Barock

Johnsen, Wilhelm: Meister Jürgen Heitmann der Ältere in Wilster/mit Anhang: Ernst Schlee: Jürgen Heitmann der Jüngere, Wilster 1938.

ders.: Neue Aufschlüsse über die Ausstattung der Marienkirche in Rendsburg, in: Heimatkundliches Jahrbuch für den Kreis Rendsburg 1952, S. 29–60.

Ketelsen-Volkhardt, Anne-Dore: Schleswig-Holsteinische Epitaphien des 16. und 17. Jhs. (= Studien zur schl.-holst. Kunstgeschichte, hrsg. von der Gesellschaft für Schles.-Holst. Geschichte, Bd. 15), Neumünster 1989.

Lühning, Arnold: Haus und Pesel des Markus Swin (= Dithmarscher Landesmuseum Meldorf, 2. Bericht), Heide 1997.

Müller, Jutta: Venus, Merkur, Jupiter. Ein Dithmarscher Hörnschapp in der Sammlung des Museumsberges Flensburg, in: 11:1 Finale Museumsberg Flensburg (= Festschrift zur Verabschiedung von Ulrich Schulte-Wülwer), Heide 2009.

Müller, Jutta/Möller, Olaf: Ein Möbel und seine Restaurierung: Das Hörnschapp aus Edemannswisch, in: Zs. Dithmarschen 3/1997, S. 62–66.

Rasmussen, Jörg (Red.): Barockplastik in Norddeutschland, Mainz 1977.

Schlee, Ernst: Ein Dithmarscher „Bildensnieder": Jürgen Heitmann der Jüngere, in: Zs. Dithmarschen 3/1989, S. 54–59.

Stork, Karl: Johann Hennings. Ein Bildhauer Dithmarschens im 17. Jh. Beiträge zur schlesw.-holst. und niedersächsischen Kunstgeschichte des Barock, Heide 1932.

18./19. Jahrhundert

Franck, Reimer: Zu Besuch in den Dithmarscher Museums-Werkstätten, Heide 1978.

Goos, Johannes: Die Dingener Stube im Dithmarscher Landesmuseum Meldorf, in: Zs. Dithmarschen V/1929, S. 93 ff.

Handweberei Hablik-Lindemann, Katalog zur Ausstellung im Kunsthaus, Itzehoe 1984.

Kaufmann, Gerhard: Töpferware in Schleswig-Holstein, Heide 1981.

Volkstümliche Keramik aus Norddeutschland, Katalog zur Ausstellung im Altonaer Museum, Hamburg 1981.

Wagner, Herta/Arnold, Volker/Meislahn, Ulf: Töpferei in Tellingstedt, in: Zs. Dithmarschen 2/1984, S. 33–53.

Jahrhundertwende und 20. Jahrhundert

Ulrike Andresen privat. Malerei zwischen Individualität und Stereotype. Katalog zur Ausstellung in der Stadtgalerie im Elbeforum Brunsbüttel und der Galerie Stücker, Brunsbüttel 2008.

Ulrike Andresen. Grafische Arbeiten. Katalog zu den Ausstellungen in Rendsburg, Eutin, Ahrensburg, Meldorf und Bayreuth 2010 – 2012.

Willy Graba: Maler in 5 Kontinenten (= Kataloge der Museen in Schleswig-Holstein 18), Breklum 1994.

Hans Gross (1882–1981), Aspekte eines umstrittenen Künstlers. Katalog zur Ausstellung im Dithmarscher Landesmuseum, Meldorf 1992.

Gertrud von Hassel. Mit einer Einführung von Gunhild Roggenbuck, Heide 1978.

Gertrud von Hassel, Künstlerische Arbeiten aus sechs Jahrzehnten. Mit einer Einführung von Dietrich Bieber, Meldorf 1987.

Gertrud von Hassel, Skizzen und Bilder. Mit einführenden Texten von Gertrud von Hassel und Dietrich Bieber, Heide 1993.

Gertrud von Hassel zum 90. Geburtstag, Bilder und Zeichnungen aus sieben Jahrzehnten (= Kataloge der Museen in Schleswig-Holstein 40), Heide 1998.

Kamphausen, Alfred: Friedrich Boie. Ein Maler aus Dithmarschen, in: Zs. Dithmarschen XIII/1937, S. 14–26.

ders.: Nicolaus Bachmann, in: Nordelbingen, Bd. 32, 1963, S. 9–15.

Müller, Jutta: Friedrich Boje (1826–1868) – Ein Dilettant als künstlerischer Entdecker der Dithmarscher Landschaft, Nordelbingen 2009, S. 33–44.

Nissen, Gerda: Liebeserklärungen an ein Stückchen Erde. Nicolaus Bachmann und seine Dithmarschen-Motive, in: Dithmarscher Jahrbuch, NF, Bd. 1, 1990, S. 12–21.

Pauly, Friedrich: Dithmarscher, in: Dithmarschen, Ein Heimatbuch, Hamburg u.a. 1923, S. 59–70.

Trende, Frank: Der Dithmarscher Kunstverein von 1925, in: Zs. Dithmarschen 1/1986, S. 10–21.

Claus Vahle. Mit einer Einführung von Christian Rathke, Heide 1986.

Claus Vahle (= Kataloge der Museen in Schleswig-Holstein 12), Brunsbüttel 1993.

Claus Vahle, Zwanzig Jahre Dithmarschen. Mit Beiträgen von Marina von Assel, Jutta Müller und Frank Trende, Heide 1996.

Ernst Wöhlk, Natur und Figur. Mit einer Einführung von Bärbel Manitz, Heide 1998.

Exkurs: Literatur aus Dithmarschen

Von Frank Trende

Augustiny, Waldemar: Weissenborn, Anna Elisabeth Erna. In Schleswig-Holsteinisches Biographisches Lexikon, Bd. 4. Neumünster 1976. S. 231–233.

Beber, Oskar: Mauritius Kramer, in: Oskar Beber: Marner Zeit- und Charakterbilder. Marne o. J. S. 13–14.

Behrens, Jürgen: Boie, Heinrich Christian. In: Schleswig-Holsteinisches Biographisches Lexikon, Bd. 2. Neumünster 1971. S. 70–72.

Bichel, Inge/Bichel, Ulf/Hartig, Joachim: Klaus Groth – Eine Bildbiographie. Heide 1994.

Brahms, Johannes/Groth, Klaus: Briefe der Freundschaft. Neu herausgegeben von Dieter Lohmeier. Heide 1997.

Carsten Niebuhr und die Arabische Reise 1761–1767. Kat. Landesbibliothek Kiel. Heide 1986.

Cölln, Detlef: Dithmarscher Dichterbuch. 3. Teil: Klaus Groth. Heide 1926.

Cölln, Detlef: Dithmarscher Dichterbuch. 1. Teil: Gesamtüberblick über die Dithmarscher Dichtung. Heide 1927.

Cölln, Detlef: Dithmarscher Dichterbuch. 2. Teil: Friedrich Hebbel. Heide 1928.

Dethleffs, Sophie: Gedichte in hochdeutscher und plattdeutscher Mundart. 5. Auflage mit einem Vorwort und einem Lebensabriß hg. von Klaus Groth. Hamburg 1878.

Dohnke, Kay: Atme den Geist der Kraft, die Himmel sind dir nahe. Zum literarischen Werk von Hans Gross. In: Kat. Hans Gross 1892–1981, Aspekte eines umstrittenen Künstlers. Meldorf 1992. S. 77–90.

Dohnke, Kay: Schleswig-Holstein literarisch. Heide 1996.

Dohnke, Kay/Hopster, Norbert/Wirrer, Jan: Niederdeutsch im Nationalsozialismus. Hildesheim 1994.

Dohnke, Kay/Stein, Dietrich (Hg.): Gustav Frenssen in seiner Zeit. Heide 1997.

Frank, Horst Joachim: Literatur in Schleswig-Holstein. Von den Anfängen bis 1700. Bd. 1. Neumünster 1995.

Frank, Horst Joachim: Literatur in Schleswig-Holstein. 18. Jahrhundert. Bd. 2. Neumünster 1998.

Harms, Claus: Ausgewählte Schriften und Predigten. Bd. 1. Herausgegeben von Peter Meinhold. Flensburg 1955.

Hartig, Joachim (Hg.): Klaus Groth auf Capri. Die Chronik einer Winterreise. Heide 1996.

Könenkamp, Wolf D. (Hg.): Heinrich Christian Boie. Literat und Landvogt. 1744–1806. Sonderausgabe der Zs. Dithmarschen. Heide o. J. (1995).

Lüdke, Angela: Zur Chronik des Landes Dithmarschen von Johann Adolph Köster, gen. Neocorus, Heide 1992.

Merkens, David: Aus Dorf und Flur. Mit einem Vorwort von Adolf Bartels. Glückstadt 1907.

Neumann, Thomas: Völkisch-nationale Hebbelrezeption. Adolf Bartels und die Weimarer Nationalfestspiele. Bielefeld 1997.

Niebuhr, Carsten: Reisebeschreibung nach Arabien und andern umliegenden Ländern. Mit einem Vorwort von Stig Rasmussen und einem biographischen Porträt von Barthold Georg Niebuhr. Zürich 1992.

Pauls, Volquart: Um den Quickborn. Briefwechsel zwischen Klaus Groth und Karl Müllenhoff. Neumünster 1938.

Schedukat, Klaus: Bartels, Hinrich Dietrich Adolf. In: Schleswig-Holsteinisches Biographisches Lexikon, Bd. 3. Neumünster 1974. S. 29–32.

Schmidt, Johann: Claus Harms – Müllersohn und Prediger aus Dithmarschen (1778–1978). In: Zs. Dithmarschen 1/1978. S. 5–9.

Seelig, Geert: Klaus Groth. Sein Leben und Werden. Hamburg 1924.

Stolte, Heinz: Hebbel, Christian Friedrich. In: Schleswig-Holsteinisches Biographisches Lexikon, Bd. 2. Neumünster 1971. S. 168–173.

Stolte, Heinz: Friedrich Hebbel – Leben und Werk. Husum 1977.

Stolte, Heinz: Im Wirbel des Seins. Erkundungen über Hebbel. Heide 1991.

Stoppel, Manfred: Adolf Bartels' Weg zur Heimatkunst. Eine revisionistische Betrachtung (nebst einem Band Adolf Bartels-Auswahlbibliographie). Diss. Innsbruck 1989.

Treichel, Fritz: Niebuhr, Carsten. In: Schleswig-Holsteinisches Biographisches Lexikon, Bd. 5. Neumünster 1979. S. 181–183.

Trende, Frank: Marne war Kindheit. Nachruf auf Ivo Braak. In: Zs. Dithmarschen 3/1991, S. 67–68.

Trende, Frank (Hg.): Karl Müllenhoff – Ein Lebensbild von Wilhelm Scherer. Heide 1991.

Trende, Frank: Marne und die Literatur. In: Chronik der Stadt Marne. Marne 1991. S. 184–188.

Trende, Frank: Die Dichterin am Eiderdeich: Sarah Kirsch zum 60. Geburtstag. In: Zs. Schleswig-Holstein 4/1995. S. 8–9.

Trende, Frank: Wo meine Wiege stand, war vor wenigen hundert Jahren Meeresboden – Anmerkungen zu Kultur und Wissenschaft. In: Ewald Meier: Chronik des Amtes Kirchspielslandgemeinde Marne-Land. Husum 1995. S. 492–498.

Trende, Frank: Dem Zauber des Märchens gibt sich jeder willig hin oder: Wie Müllenhoff die Märchen fand. In: Trende, Frank (Hg.) Schleswig-Holsteinisches Märchenbuch. Heide 1997.

Ulmann, Elisabeth von: Erna Weissenborn, eine Dichterin – eine aus Dithmarschen? In: Zs. Dithmarschen 3/1996, S. 68–72.

Ulmann, Elisabeth von: Erna Weissenborn: Freiwillig – unfreiwillig? – ein Leben lang in Dithmarschen. In: Zs. Dithmarschen 4/1996, S. 91–94.

Weihmann, Magdalena: Dethleffs, Sophie Auguste. In: Schleswig-Holsteinisches Biographisches Lexikon, Bd. 2. Neumünster 1971. S. 121–122.

Wellhausen, Barbara (Hg.): Friedrich Hebbel Bildbiographie – Sein Leben in Texten und Bildern. Heide 1988.Abbildungsnachweis

Abbildungsnachweis

Altonaer Museum in Hamburg – Norddeutsches Landes-
museum: 55, 56/57, 160 u.
Amtsarchiv der Kirchspielslandgemeinde Büsum: 61 u.,
110 M., 123 o.
Archiv des Amtes Kirchspielslandgemeinde Burg: 106 u.,
111 u., 133
Atlas zur Verkehrsgeschichte Schleswig-Holsteins im
19. Jahrhundert, Neumünster 1995: 79, 108, 109
Inge Bichel, Ulf Bichel, Joachim Hartig: Klaus Groth – Eine
Bildbiographie, Heide 1994: 174 u., 176 o.
Jürgen Christiansen: 126/127 (2x)
Deich- und Hauptsielverband Dithmarschen: 58
Der Meldorfer Dom, Heide 1992: 150
Die Hamburger Elbkarte aus dem Jahre 1568. Gezeichnet
von Melchior Lorichs, Hamburg 1985 (3. Auflage): 20
Dithmarscher Landesmuseum, Meldorf: 13, 14, 15 (4x), 17,
23, 25, 48 (3x), 50 o., 59 (2x), 60, 72/73, 74 o. + u.,
76 u., 84, 95 u., 97 u., 99 u., 103 l., 106 o., 114 o.,
119 o., 123 u., 129, 130 o., 133, 134 o., 145, 147,
149 (2x), 153, 154 o., 154 u., 155 (2x), 156 (2x),
158 (2x), 159 (2x), 160 o., 161 (2x), 162 o., 163 u.
(Original im Besitz der Sparkasse Westholstein), 164,
165, 166, 168, 170, 172, 181 (2x)
Kay Dohnke, Dietrich Stein (Hg.): Gustav Frenssen in seiner
Zeit, Heide 1997: 177 u., 179 o.

Willy Graba, Maler in fünf Kontinenten. Ausstellungskata-
log. Husum 1995: 163
Hans Gross (1882–1981), Aspekte eines umstrittenen
Künstlers. Katalog zur Ausstellung im Dithmarscher
Landesmuseum, Meldorf 1992: 179 u.
Hebbel-Museum Wesselburen: 99 o., 100 o., 107 u., 125,
Heide. Geschichte und Gestalt einer Stadt, Heide 1980: 21,
44/45, 70/71
Heimatmuseum Brunsbüttel: 61 o., 100 u.
Hans-Bernhard Henning: 122 u., 96 u., 130 u.
Alfred Kamphausen: Dithmarschen, Land und Leistung,
Hamburg 1946: 151
Kirchengemeinde Hemme: 152
Jörn Kohlus: 136
Landesarchiv Schleswig-Holstein: 12, 36, 38/39, 54 o., 90,
137 o.
Heinz Lewerenz, Brunsbüttel: 110 u.
Rüdiger Möller: 67 o.
Museumsinsel Lüttenheid: 28, 77, 54 o., 68, 102
Museumsinsel Lüttenheid (Fotonachlaß Schölermann):
98 u., 101 u., 118 u.r.
Nationalmuseum Kopenhagen: 146, 148
Nis R. Nissen: Dithmarscher Landesmuseum in Meldorf, in:
Zs. Dithmarschen 2/1979: 18
Nis R. Nissen, Günter Pump: Dithmarschen. Leben mit
Wasser und Wind, Heide 1991: 27, 49
Eckardt Opitz, Reinhard Scheiblich: 175

Peter Peitsch: 182 o.
Hans-Peter Peters: 96 o., 97, 101 o., 105 o., 111 o.,
112 M., 114 u., 115, 121, 124, 128 (2x), 132 o.,
134 u.,
Günter Pump, Nordhastedt: 10/11, 33, 40, 41,43, 52, 116,
132 u., 144, 173 u.
Arne Rautenberg: 182 u.
Kai Rönnau: 95 o.
Schleswig-Holsteinische Landesbibliothek: 51, 62/63,
64/65, 66, 80, 81, 83, 94 o., 98 o + M., 99 M., 100 M.,
103 r., 104, 105 u.,106 M., 113 o., 117 (2x), 118,
119 u., 126
Schleswig-Holsteinisches Biographisches Lexikon: 75
Manfred Schlüter: 131
Kurt Schulte: Büsum – eine Chronik, Heide 1989: 121 u.
Skatclubmuseum Marne: 53, 76 o., 78, 113 u., 120
Stadtarchiv Heide: 50 u., 67 u., 108 o.r., 122 o., 180 o.
Frank Trende (Hg.): Schleswig-Holsteinisches Märchenbuch,
Heide 1997: 176 u., 177 o.
Frank Trende: 180 u., 183 u.
Claus Vahle, Zwanzig Jahre Dithmarschen. Mit Beiträgen
von Marina von Assel, Jutta Müller und Frank Trende,
Heide 1996: 167
Verlag Boyens: 183 l.
Barbara Wellhausen (Hg.): Friedrich Hebbel Bildbiographie
– Sein Leben in Texten und Bildern, Heide 1988: 173 o.
Dr. Hans-Karl Wrede: 97 M., 112 u., 113 M.,

Personenregister

Ortsregister

Autoren:

Dr. Nils Hansen:
Wissenschaftlicher Angestellter beim Institut für Europäische Ethnologie/Volkskunde
    der Christian-Albrechts-Universität zu Kiel
Jörn Kohlus:
Mitarbeiter des Landesbetriebs Küstenschutz, Nationalpark und Meeresschutz, Tönning
Rüdiger Möller M.A.:
Pädagogischer Mitarbeiter beim Verein Volkshochschulen in Dithmarschen

Dr. Jutta Müller
Direktorin der Meldorfer Museen
Prof. Dr. Eckardt Opitz:
Professor (em.) für Neuere Geschichte an der Universität der Bundeswehr Hamburg
Frank Trende:
Leiter des Büros des Ministers für Energie, Landwirtschaft, Umwelt und Ländliche
    Räume des Landes Schleswig-Holstein
Prof. Dr. Reimer Witt:
Langjähriger Direktor des Landesarchivs Schleswig-Holstein